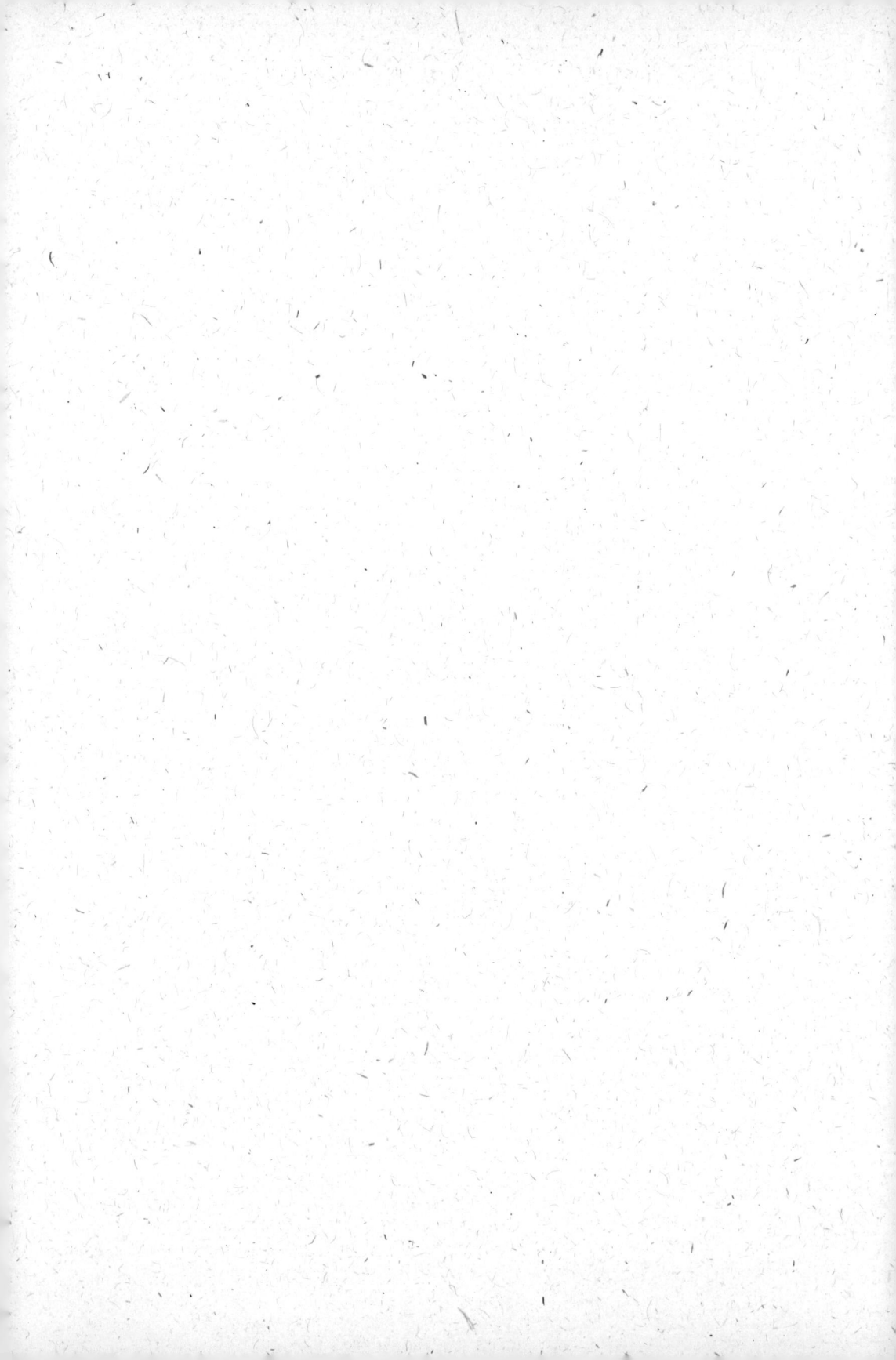

得鱼在筌

先秦诸子政治哲学论稿

林存光　侯长安　著

山东省泰山学者人才工程专项经费资助

天津出版传媒集团

天津人民出版社

图书在版编目(CIP)数据

得鱼在筌：先秦诸子政治哲学论稿 / 林存光, 侯长安著. —— 天津：天津人民出版社, 2021.2
ISBN 978-7-201-16426-7

Ⅰ.①得… Ⅱ.①林… ②侯… Ⅲ.①先秦哲学–文集 Ⅳ.①B220.5-53

中国版本图书馆 CIP 数据核字(2020)第 230411 号

得鱼在筌：先秦诸子政治哲学论稿
DE YU ZAI QUAN:XIANQIN ZHUZI ZHENGZHI ZHEXUE LUN GAO

出　　版	天津人民出版社
出 版 人	刘　庆
地　　址	天津市和平区西康路 35 号康岳大厦
邮政编码	300051
邮购电话	(022)23332469
电子信箱	reader@tjrmcbs.com

责任编辑	金晓芸
特约编辑	康悦怡　燕文青
装帧设计	明轩文化 TEL:23674746　王　烨　邵亚平

印　　刷	天津新华印务有限公司
经　　销	新华书店
开　　本	710 毫米×1000 毫米　1/16
印　　张	18.75
字　　数	268 千字
插　　页	1
版次印次	2021 年 2 月第 1 版　2021 年 2 月第 1 次印刷
定　　价	68.00 元

目　录

前　言

　　先秦诸子乃中国思想之渊薮与宗本,是最能体现中国人精神特性的智慧宝藏,也总是散发出一种永恒的、令人难以抗拒的思想和人格魅力。因此多年以来,我始终怀着一种敬畏的心情来阅读先秦诸子极富思想原创性的经典著作,常常独自沉浸于如痴、如醉、如狂的阅读与思考中,体味着百家争鸣的思想盛宴,感受着诸子竞妍的观念洗礼,分享着先哲们"精神凌空翱翔的体验"。孔子之温良仁爱、老氏之谦弱贵柔、墨家之力行侠义、孟轲之雄辩豪迈、庄周之逍遥放旷、荀况之著述谨严、韩非之孤愤冷峻,读之愈久,味之愈深,而愈为其思想的魅力所吸引。

　　自 2000 年调至中国政法大学政治与公共管理学院工作以来,由于为政治学专业本科生讲授中国政治思想史必修课,我不得不常常思索这样几个问题:究竟什么叫作"思想"? "思想的魅力"究竟何在? 什么叫作中国的"政治思想"? 我曾尝试以言之曰:思者思考,想者想象,而综合地讲,所谓"思想"便是独立的思考加上丰富的想象。故一个善于独立思考并富有想象力的人一定是一个有思想的人,而思想的魅力不过是从思想家富于原创性的独立思考和丰富想象力中焕发出来的一种独特的精神气质。先秦诸子可以说正是这样一群真正意义上从事独立思考和自由探索的思想家。

　　然而颇为吊诡的是,他们却开创了一种推崇圣王统治的政治文化传统,在此极富中国特色的政治文化传统的语境和脉络中,"政治思想"实是以尊王、崇圣为旨归的,故所谓"政治"不过是人之"行为"由帝王支配的政治,所谓"思想"亦不过是人之"心灵"由圣人支配的思想,乃至于占据着中国传统政治文化中心位置的竟是这样两大牢不可破、神圣而不可思议的观念怪物,即"王权至尊"和"圣人至上"。因此可以说,中国的"政治思想"大体上便是围绕着这两大观念怪物或以这两大观念怪物为中心而形成的。依吾师刘泽华先生之见,王权主义实为中国传统政治思想与政治文化之主旨与归宿,斯可谓切中肯綮之宏论!而追随先生的学术足迹以研论先秦诸子政治思想,正是我矢志不渝的学术志愿和一直坚定固守的学术立场。

金岳霖先生在其《论道》一书的"绪论"中亦尝言:"我所谓思想包含思议与想象。"梁启超先生在其《新民说》一书中曾言,传统中国人在政治上只是"服一王之制",在思想上也只是"守一先生之言"而已。李宗吾在其《我对于圣人之怀疑》一文中亦言:"君主钳制人民的行动,圣人钳制人民的思想。"此诚不期然先得吾人之心者,真所谓心同理同,心心相印,乐莫大焉!

正是受到上述"心同理同"的莫大鼓舞,故我不揣谫陋,愿将多年来思考和探究先秦诸子政治哲学问题的一得之见结集出版,以就教于学界方家。

本文集收录了我和侯长安两人探究先秦诸子各家政治哲学问题的十余篇专题性论文。十多年前,我曾经主编过一本《先秦诸子政治哲学研究》,由辽海出版社于 2006 年 12 月出版,本书正是在对其内容进行较大调整和增删的基础上编撰而成,特别将我们近十多年的相关研究成果收录其中,希望能以崭新的面貌呈现于读者面前。

借本书付样之际,特别想向读者朋友做三点必要的说明:

首先,本书中的一些篇章曾以单篇论文的形式发表于不同的期刊或论文集,如《得鱼在筌:中国政治思想史研究方法刍议》原载《天府新论》2015 年第 4 期,《先秦儒家政治思想简论》原载《管子学刊》1995 年第 3 期,《人治主义,抑或人本主义?——儒家政治思想观念的一个分疏》原载《政治学研究》2007 年第 1 期,《〈商君书〉君本位下的经济攫取方略》原载《浙江工商大学学报》2011 年第 2 期,《韩非的政治学说述评》原载

《政治学研究》2004年第1期,《文化的政治学——试论先秦儒家政治思维的文化取向》原载《天津社会科学》2003年第4期,《圣王崇拜:一种政治宗教》原载《王权与社会——中国传统政治文化研究》(崇文书局,2005年),《重读中国古典政治哲学——兼论中国政治思想史研究诸范式》原载《政治思想史》2011年第1期。本书中的部分文稿与正式刊发出的论文在内容上不尽一致,主要是由于发表时或收入本书时有所修改所致。其中老子政治哲学阐释、商鞅的治国方略和先秦诸子的权力理论及其现代反思三部分内容由侯长安撰写,其余部分由我本人撰写。

其次,自20世纪80年代中期以来,本人师从刘泽华先生并一直沿着恩师的学术轨迹探究先秦诸子各家的思想奥义与哲理旨趣,未尝一日稍懈。美国哲学家杜威尝言:"凡是站得住的文明,一定有很可靠的根据。这个根据就是有系统的思想、信仰。"先秦诸子各家系统而极富原创意义的思想信仰体系,可以说正是中华文明生生不息、数千年屹立不倒的可靠根据与源头活水。充分领会和深入反思这一思想根据与源头活水,对我们来讲意义非凡,可以激发、增进和提升我们通过创造性转化和创新性发展的方式而不断开拓前行的精神动力。而且依我之见,不同时代有不同时代的伟大之处:先秦有先秦的伟大,其伟大体现在诸子的思想光辉之上;汉唐有汉唐的伟大,其伟大体现在帝国的恢宏拓展之上;今日中国有今日中国的伟大,其伟大必然体现在对古今中西的含容贯通而自创新统之上。思想之有本有源,精神之血脉贯通,既自创新统而又不忘既往,泱泱中华文明才能亘古至今,历久而弥新。

最后,本书只是汇集和体现了我们探究先秦诸子政治哲学的部分思考成果和一得之见,虽或不免有疏阔愚陋之处,但深愿这本小小的文集能够引起读者朋友进一步深入而有益的思考和讨论。另外,本书与《刘泽华与刘泽华学派——中国政治思想史的王权主义研究范式》一书,均由山东省泰山学者人才工程专项经费资助出版,在此特一并致以最诚挚的谢忱!

林存光

2020年8月3日

得鱼在筌:中国政治思想史研究方法刍议

知识是人类进步的阶梯,方法是获取知识的阶梯。从事任何一个学科的学术研究工作,都需要方法的指引,需要遵循正确而适当的方法,而且只有恰当地运用方法,才能更好地理解和把握、认识和分析所研究的对象与内容。当然,任何一个学科的研究方法,不管是借自于其他学科,还是本学科所独有的,都有一个逐渐形成并趋于成熟的过程。拥有一套系统而高度自觉的方法论理念乃是一个学科成熟水平的重要标志,中国政治思想史这一学科也不例外。本文兹就中国政治思想史的研究方法问题略抒浅见,论述一二,以求教于学界方家。

一、"鱼之乐":思想史研究的可能性问题

人是一种使用符号的动物,主要通过语言来传情达意,然而语言本身却有其言不尽意的固有局限性,书面语言尤其如此,因为语言一旦文本化、固定化,便意味着作者或言说者的死亡。尤其是,承载着过去思想家之思想学说的历史文本,随着时间的流逝,其语言表达的方式及其思想论旨,对今人而言,可以说变得越来越陌生化了。那么,我们真的能准确理解这些文本并清晰地解读他们的思想吗?当然,传统的章句训诂之学、注疏正义之学和名物考据之学可以为我们提供极大的阅读帮助,但我们

的问题更主要的关乎着人与人、思想与思想之间的沟通与理解的问题。

在道家哲学家庄子和其好友惠施之间曾经发生过这样一件有趣的故事，故事的寓意非常耐人寻味。据《庄子·秋水》篇：

> 庄子与惠子游于濠梁之上。庄子曰："鲦鱼出游从容，是鱼之乐也。"惠子曰："子非鱼，安知鱼之乐？"庄子曰："子非我，安知我不知鱼之乐？"惠子曰："我非子，固不知子矣；子固非鱼也，子之不知鱼之乐，全矣！"庄子曰："请循其本。子曰'汝安知鱼乐'云者，既已知吾知之而问我。我知之濠上也。"

按照庄子的观点，"我"（庄子）可以知道"鱼之乐"。按照惠施的观点，"你"（庄子）不是鱼，"你"就不可能知道"鱼之乐"。接下来，庄子按照惠施的观点反问道，"你"（惠施）不是"我"（庄子），又怎么知道"我"不知道"鱼之乐"呢？惠施以为就此可以得出结论说："我"（惠施）不是"你"（庄子），固然不知"你"，而"你"也不是鱼，"你"不知"鱼之乐"，也就是全然无可辩驳的了。那么，到此，庄子真的是无话可说了吗？没有，庄子却出人意料地回答说："请循其本"，当"你"（惠施）问出"汝安知鱼乐"云云，事实上"你"已经知道"吾知之"才会"问我"，那么我现在告诉你，我是在濠梁上知道的。按照惠施的观点，庄子"请循其本"之后的说法无疑是一种强不知为知的狡辩，有的注释者也将庄子的说法理解为偷换概念的诡辩[①]。

不可否认，从一定意义上或仅从字面含义上来理解，庄子的说法的确有一种"狡辩"或"诡辩"的味道，而且这一说法吸引了大多数人关注的眼光。但是我们切勿忘记，庄子的说法是基于与惠施的对话而提出来的，而按照惠施的观点，或将惠施的观点贯彻到底的话，又究竟能够推导出什么样的结论呢？庄子不是鱼，故庄子不知鱼之乐；惠施不是庄子，故惠施不知庄子；正因为惠施不是庄子，不知庄子，所以庄子不是鱼，也不知鱼之乐。我们不禁要问，这一推论真的能够成立吗？这一推导究竟是正确

---

① 曹础基：《庄子浅注（修订本）》，中华书局，2000年，第253页。

的还是一种谬论？对惠施而言,彼此不"是"的主客体关系在庄子与鱼、惠施与庄子(也可以说是人与物、人与人)之间造成了一种完全不能"知"的隔绝,既然如此,那么庄子和惠施两人又怎么能够通过语言进行有意义的交流、沟通和对话,而且彼此还能完全理解对方所说话的意思？事实上,这才是问题的关键。

如果说人与人不能通过语言沟通交流而相知,那么人与人之间彼此交往与相互依存的社会关系将根本不能成立和维持,这一点同样适用于人与物之间有意义的共生关系。笔者认为,庄子所谓的"请循其本",正是要追寻这一"根本",根据这一"根本",如果我们承认庄子和惠施是在进行有意义的语言交流的话,那么惠施反问庄子"汝安知鱼乐"的话语当中,便必然包含着多种可能的意涵,而不仅仅只有一种含义,既可能是问你如何知道鱼乐的,也可能是问你在哪里知道鱼乐的,庄子说"我知之濠上"似乎是指后者,但问题的关键不在这里,而在庄子前面说的一句话,即"子曰'汝安知鱼乐'云者,既已知吾知之而问我",意即你既然问我"汝安知鱼乐",就必然意味着我能够知鱼乐,而且你也能够 "知吾知之而问",否则的话,这一问题根本就不可能提出来。不同于惠施,庄子的根本观点是强调不同的人之间是可以相知的,甚至人也是可以知鱼之乐的,不同的人之间不仅可以通过语言来进行有意义的相互交流,而且"由于移情作用,人也能分享其他存在物的世界,甚至分享非人类的世界。他甚至能理解他的敌人"[1]。相比较而言,与其说庄子的说法是一种诡辩,毋宁说惠施的观点更加荒谬。

因此,相对于现代学者强调庄子说法的"诡辩"性,笔者认为古代注疏家为庄子说法辩护的观点更加合理而可取,如唐代学者成玄英疏曰:"夫鱼游于水,鸟栖于陆,各率其性,物皆逍遥。而庄子善达物情,所以故知鱼乐也。"反之,"惠施不体物性,妄起质疑:庄子非鱼,焉知鱼乐?"[2]有

① [德]米夏埃尔·兰德曼:《哲学人类学》,张乐天译,上海译文出版社,1988 年,第 195 页。
② [晋]郭象注,[唐]成玄英疏:《南华真经注疏》下册,曹础基、黄兰发点校,中华书局,1998 年,第 350 页。

的学者认为庄子与惠施之间的分歧主要在于其认识论立场的差异,体现了两种截然不同的认知事物的态度与方式,庄子所持的是一种直观感受的、移情体验式的和美学观赏的态度与方式,而惠施所持的则是一种主客二分、彼此割裂、人己离析、你我互"非"(你不是我,我也不是你)而不可知论的态度与方式,这的确很有道理,但二人之间的分歧不仅仅是一个认识论的知识问题,更是一个本体论的意义问题,即人与人、人与物究竟能否相知而感通的问题。庄子认为,人与人,甚至人与物之间是可以相知的,不在于你是不是物、我是不是你,尽管"物性不同,水陆殊致",但"达其理者体其情",故庄子于"濠上彷徨",可以"知鱼之适乐",而"惠子云'子非鱼安知鱼乐'者,足明惠子非庄子而知庄子之不知鱼也。且子既非我而知我,知我而问我,亦何妨我非鱼而知鱼,知鱼而叹鱼!"①

庄子与惠施关于鱼之乐的论辩,同样适用于我们关于历史上思想文本的解读问题。古今时代不同,我们不是古人,我们能够知(深切了解)古人吗?文本代表一种独立客观的精神世界,我们不是文本的作者,我们能够准确解读文本的思想吗?如果我们认同惠施的观点,就会认为这是不可能的;反之,如果我们认同庄子的观点,就会认为这不仅可能,而且是理所当然或不言而喻的。综合庄、惠两位哲学家的观点,也许我们将处身在知与不知之间。为什么这样讲呢?因为从"达其理者体其情"的意义上讲,庄子的观点似乎更合乎情理,然而庄、惠之辩却也明确向我们展示了人与人之间所易于发生的认识的分歧、观念的误解和思想的冲突。而研究思想史的困难之处恰恰在于此,思必独立(不倚),想必别致(创新),始具思想的价值,方能启人之思想,然而思想史的研究所面对的也正是由此而造成的充满认识分歧、观念误解和思想冲突的精神世界。

那么,我们通过什么适当的方法才能顺利进入并更好地理解这一精神世界呢?

《庄子·外物》篇另有一段名言:"筌者所以在鱼,得鱼而忘筌;蹄者所

---

① [晋]郭象注,[唐]成玄英疏:《南华真经注疏》下册,曹础基、黄兰发点校,中华书局,1998年,第351页。

以在兔,得兔而忘蹄;言者所以在意,得意而忘言。吾安得夫忘言之人而与之言哉!"这是说,我们可以由筌得鱼,由蹄得兔,由言得意,而在目的实现之后便可以忘掉达成或实现目的的工具和手段。但就学术研究来讲,我们恰恰应该反其言而推论说:得鱼所以在筌,善用筌者而得鱼多;得兔所以在蹄,善用蹄者而得兔多;得意所以在言,善会言者而得意深。唐代著名史学家刘知幾亦有言曰:"盖饵巨鱼者,垂其千钓,而得之在于一筌;捕高鸟者,张其万罝,而获之由于一目。"(《史通·内篇·叙事》)推此以言,学术研究亦舍方法而无能有所成就。既然得鱼在筌,治学由乎方法,故对为学之方、治学之法及在具体运用中得当与否的问题有所总结与反思,还是十分必要的。

当然,关于中国政治思想史学科的研究方法,前哲时贤已多有总结和论述。如梁任公在其中国政治思想史学科开山奠基的经典之作《先秦政治思想史》一书中,对研究方法问题已有系统的反思,并总结为三:一为问题的研究法,二为时代的研究法,三为宗派的研究法,同时指出,此三法"各有短长,好学深思之士,任取一法为研究标准,皆可以成一有价值之名著也"[①]。刘泽华先生对中国政治思想史研究的方式方法问题做了更进一步的细分,主要划分为如下六种研究方式和方法:一是按思想家或代表作进行的列传式研究,二是对流派的研究,三是对社会思潮和一个时代重大课题的研究,四是关于政治思想的重要概念、范畴如礼、德、法、刑、仁、义、爱、赏、罚、势、术等的研究,五是对各种政治思想进行比较性的研究,六是对政治思想与政治实践关系的研究。[②]

另外,就中国政治思想史的学科归属来讲,既可以将其划归为政治学,亦可以将其归属于历史学。而于后者而言,其研究必然涉及史料的鉴别、辨伪和整理,以及文献的校勘、训诂和考证等问题,因此需要大量借鉴和吸取历史文献学的研究方法和学术成果。中国的政治思想亦多与其

[①] 梁启超:《先秦政治思想史》,东方出版社,2012年,第16—17页。

[②] 参见刘泽华:《中国政治思想史集》第一卷《先秦政治思想史》,人民出版社,2007年,"中国政治思想史研究对象与方法"。

哲学思想密不可分，政治思想史的研究与哲学史的研究交叉重叠处甚多，因此研究哲学史的方法亦可以借鉴来用于研究政治思想史，中国哲学的许多名词、概念、观念和范畴亦正是中国政治思想的名词、概念、观念和范畴，如"天""道""自然""阴阳""理""气""性"等，搞清了它们的哲学含义，同时也就能够更深刻地理解其政治思想意涵，因为当这些名词、概念、观念和范畴被用来说明和论证各种政治现象时，"哲学思想就是政治思想"①。职是之故，研究中国哲学史的学者关于中国哲学史研究方法的系统反思和总结，如张岱年先生所著《中国哲学史方法论发凡》②一书，对中国政治思想史的研究来说同样具有重要的启示和借鉴意义。另如胡适先生在《中国哲学史大纲》一书中所说的哲学史的三个目的，亦同样适用于政治思想史的研究。这三个目的分别是：明变，即阐明古今思想沿革变迁的线索；求因，即进一步探寻思想沿革变迁的原因，主要包括思想家个人才性不同、所处的时势不同和所接受的思想学术不同三个方面的原因；评判，即根据每一家学说在同时的思想和后来的思想上、在风俗政治上及在人格上三个方面所产生的影响或所发生的效果，来对各家学说的价值进行"客观的"评判。③

蔡尚思先生尝言："研究学术，以方法为首要。"④有了方法，明确了目的，我们才能知道治学应如何下手，通过什么样的认识路径可以顺利进入学术研究的殿堂。学术的殿堂是神圣的，里面充满了吸引人去深思和探究的无穷奥秘，但方法必须是具体、明确、可传、可学的。方法无秘密可言，诚如清初大儒王夫之《俟解》所言："语学而有云秘传密语者，不必更问而即知其为邪说。"学术乃天下之公器，现代学术研究不仅无独家"秘传密语"可言，而且它还要求研究者必须将自家的研究方法开宗明义地公诸他人，唯有如此，其他研究者才能依其方法而对其结论进行公开、客

---

① 刘泽华：《中国政治思想通史·综论卷》，中国人民大学出版社，2014 年，第 5 页。

② 张岱年：《中国哲学史方法论发凡》，中华书局，2003 年。

③ 参见胡适：《中国哲学史大纲》，东方出版社，1996 年，第 3—4 页。

④ 蔡尚思：《中国思想研究法》，复旦大学出版社，2001 年，第 1 页。

观而有益的批评与检视。可以说,方法论理念的自觉程度及研究方法具体运用的恰当与否,乃是一个学科规范性水平的重要标志,相同学科领域的学者正可以借着对这一问题的系统反思而展开深入的学术交流与对话,甚至是相互批评。

二、得鱼在筌:中国政治思想史的研究方法

结合前哲时贤有关学术研究方法的具体论述,并根据自己学习和研究中国政治思想史的一些粗浅的心得体会,下文将着重谈谈以下四个方面或层次的研究方法及其运用问题。

(一)训名释义

无论是政治思想史的研究还是哲学史的研究,训名释义即首先弄清一些重要名词、概念和范畴的确切含义,乃是进行理论分析的首要前提,是理论分析的一项基础性工作。在此基础之上,我们才能进一步去分析政治思想史和哲学史的一些重要理论命题的思想意义,乃至考察某一种政治思想或哲学学说的基本理论倾向与性质。[1]

譬如,"究天人之际",既是中国哲学思想同时亦是中国政治思想的一个最为显著的思维特征,然而我们必须首先搞清楚"天""人"的含义,才能真正理解这一命题的理论意义。不同思想家、不同学派和不同时代的思想家,他们所谓的"天""人"及其所提出的天人之间的关系命题,有着极为不同的具体含义和思想意涵,因此同样是"究天人之际",他们所关切的问题意识和提出的理论主张可能是大为不同的。大体而言,在中国思想脉络和文化语境中,所谓"天"主要有五种含义,即物质之天、主宰之天、运命之天、自然之天和义理之天,[2]而所谓"人",尤其是关于人之本

---

[1] 参见张岱年先生在《中国哲学史方法论发凡》一书第四章"对于哲学思想的理论分析方法"的有关论述(张岱年:《中国哲学史方法论发凡》,中华书局,2003年,第44—60页);刘泽华主编:《中国政治思想通史·综论卷》,中国人民大学出版社,2014年,第62—64页。

[2] 冯友兰:《中国哲学史(上册)》,中华书局,1961年,第55页。

性的认识和理解,更是"户异其说"(王夫之《尚书引义·太甲二》)。那么不首先搞清楚思想家所说"天"之义和"人"之性的确切含义,便不可能真正了解其思想的实质意义,以及不同学派和不同时代之间的思想差异与发展演变。

又如,生当春秋战国之乱世,诸子异说蜂起,纷纷以言道,九流百家"皆自以为至极,而思以其道易天下"(章学诚《文史通义·原道中》)。可以说,"道"之为"道",正是子学时代"中国思想中最崇高的概念",亦是其"最基本的原动力"。作为中国思想中最崇高概念的"道",也就是"不道之道"意义上的"道",正如金岳霖先生所言,"不道之道,各家所欲言而不能尽的道,国人对之油然而生景仰之心的道,万事万物之所不得不由,不得不依,不得不归的道才是中国思想中最崇高的概念,最基本的原动力"①。然而,如果我们研究诸子各家治国之道的思想实质,便不能不进一步对诸子各家所言之"道"加以训名释义,即阐明其具体定义,而"谈定义则儒道墨彼此之间就难免那'道其所道非吾所谓道'的情形发生,而其结果就是此道非彼道"②。要而言之,我们只有既深刻明了"道"作为"中国思想中最崇高的概念"和"最基本的原动力"的哲学意义,同时又能具体辨析诸子各家治国之道思想各自不同的政治含义,才能全面理解诸子异说、百家争鸣何以能够在春秋战国之乱世造就中国政治思想最富原创性和多元性的"全盛时代"。

比较而言,中国思想家谈论问题的方式,常常不像西方哲学家那样特别注重有关事物的形式或特征的"什么是……?"的明确定义问题,如古希腊哲学家亚里士多德的《政治学》便是一部"一切系于定义"③的政治学著作。中国思想家老子谈玄论道却并不直言其义,而是常常采取一种否定式的言说方式,正所谓"道可道,非常道"(《老子·第一章》),又或者说"道不可言,言而非也"(《庄子·知北游》),言说不可言说者,故道家之"道",就其根本意义而言,是只可意会而不可言传的,唯忘言之士始可

①② 金岳霖:《论道》绪论,中国人民大学出版社,2005年,第15页。
③ [英]约翰·麦克里兰:《西方政治思想史》,彭淮栋译,海南出版社,2003年,第86页。

与论自然之大道。另如，孔子的教学方法具有因材施教的特点，常常是问同而答异，故同是问仁，孔子却有各种不同的具体回答。那么，孔子言"仁"究竟有无一贯之宗旨，孔子仁学的实质意义和思想贡献究竟何在？不做训名释义的工作，便不可能恰当地回答这些问题。显然，孔学的核心概念"仁"和老学的核心概念"道"，就其本身来讲，恰恰最缺乏明晰而确切的含义，甚至是不可定义的，但这并不意味着孔、老的思想就是混乱而无意义的。我们要想真正理解其思想的理论含义，首先需要做的工作就仍然是训名释义，尽管其思想本身的一贯之旨未曾明言，或者其核心概念之明确定义的阙如也给训名释义工作带来诸多的困难，但唯其如此，才更显示出训名释义的必要性和重要性。

试举一例说明，对中国古代思想概念、范畴的训名释义何以能够对其背后隐藏的思想意识之实质含义的理解及其发展演变过程带来重要的启发。如关于"仁"字的含义，庞朴先生曾从字形、字义、字根等入手追溯文字的演变，进而探讨其背后隐藏的思想意识的发展过程，便为我们提供了一个研究中国古代思想概念和范畴的训名释义的佳例。根据庞朴先生的研究，"仁"的古文字形应该是"从尸从二"，尸指尸方，即东夷，"仁"字最初应是指尸方人或东夷民族所特有的一种重视血缘内部亲亲关系的地域性的美德，而"孔子及其后学做了一项非常重要的工作，把'仁'这个地区性的美德提升为普遍性的美德；把这个民族性的美德推广为人类性的美德"，因此在孔孟时代，"人们不再用'从尸从二'的写法来表示'仁'，而是采用'从身从心'的写法"，郭店竹简"从身从心"的"仁"字写法的大量出现便是明证，"而'从身从心'则暗示了普遍性、人类性"，"它显然不再认为仁是夷人的德性和尸方的美德，而是任何身体都具有的一种心态"。因此，古"仁"字上述"字形的变化"，既"反映出'仁'逐步从地域性、民族性的美德转变成普遍性、人类性的美德"，"也展现了学术思想的演进理路"，特别是"孔子及其后学的重要贡献"，他们"把'仁'字改写为'从身从心'"，并强调"'仁'是普遍性、人类性的美德，应该突破血缘界限，把仁爱的德性施行于全人类"，而《说文解字》所说"从人从二"的仁字"只是汉代的写法"，"它本身并不足以说明仁字的原初意义"。①不管其他学者是否赞同庞朴先生的观点,但庞先生至少向我们展示了他研究中国古代思想概念和范畴的特殊方法的独特魅力,对所谓的训名释义无疑具有重要的启示意义。

(二)思想诠释

训名释义固然可以带来重要的启发,并对思想的诠释大有帮助和裨益,但不能解决思想诠释的所有问题。譬如,孔子言"仁"何以问同而答异,以及"仁"作为普遍性、人类性之美德的根本意义及其更为具体而丰富的意涵,仅仅通过字形字义的训释是难以使我们获得确切了解的,仍然有许多思想诠释的工作有待我们去深入挖掘和探究。依笔者之见,对思想诠释至关重要的有两大原则,一是整体性原则,二是本义性原则。前者是指思想家使用的许多抽象名词与概念,我们只有将其放入到文本的整体语境、思想脉络和语义结构中,通过言之表层而深入其内理,才能获得对这些抽象名词更为贴切而恰当的理解,因此,思想的整体理解与诠释反过来亦会深刻影响到训名释义的问题。西方学者所谓的"解释学循环",即要理解一个文本的整体的逻辑结构,必先了解其各个部分的含义,而对各个部分的准确理解又依据于文本的整体的逻辑结构或文本的整个语境,所强调的也是同样的意思。而后者则是指思想诠释应尽可能符合思想家思想的本来含义,简言之,即应遵循其思想的"本义",或者说,应思如其思,想其所想。否则倘若思之不周,虑之不深,对名词、概念所在文本的整个语境或逻辑结构及思想家思想的本义缺乏应有理解的话,仅仅是望文生义,乃至训名不确,释义不当,恐怕只会带来学术思想之无谓的纷争而已。试举例阐明如下:

如有的学者欲为"三纲"正名,一方面反对现代学者将"三纲"之义理解为"绝对服从或绝对尊卑",力主"'三纲'只是指以某人为重"②,然而据他本人对"三纲"的所谓"正确理解",却又强调说,根据"三纲"的观念,尽管在君臣、父子、夫妇之间"上下、主次、轻重的划分,容易给一方滥用权

---

① 庞朴:《中国文化十一讲》,中华书局,2008 年,第 99—106 页。

② 方朝晖:《为"三纲"正名》,华东师范大学出版社,2014 年,第 16 页。

力的机会，甚至带来极为严重的后果"，"但是在实践中，还是必须这样做"①，这不是要求臣对君、子对父、妇对夫、下对上的"绝对服从"，又是什么呢？唯其如此，为"三纲"正名者竟至于又老话重提，反复陈言"君要臣死，臣不得不死"的道理的绝对正确性。如果笔者理解不错的话，显然，他所反对的又正是他自己所主张的，自陷于逻辑悖谬而不自知，皆由于对儒家思想缺乏系统完整的理解乃至训名释义之不正不当所致。②

另外一个类似的例子，如有的学者列举了《韩非子》书中不少言"智"、论"智"和尊崇"智术之士、能法之士"的句子，不仅要反驳、推翻和否定"法家是中国反智论的代表"的观点，而且公然提出一个"法家不仅不反智，而且崇智、扬智"，甚至"最为重智"，乃至正是法家开启了中国"智性的传统"的反论题③。的确，我们需要认真考察和训释韩非和法家所谓"智"的确实含义，然后才能完整和准确地理解其思想的理论意义，限于篇幅，在此只能稍做辨析。有一句话是立论者和反驳者所共同引用的材料，即《韩非子·主道》篇中的这段话：

> 明君无为于上，君臣竦惧乎下。明君之道，使智者尽其虑，而君因以断事，故君不躬于智；贤者敕其材，君因而任之，故君不躬于能；有功则君有其贤，有过则臣任其罪，故君不躬于名。是故不贤而为贤者师，不智而为智者正，臣有其劳，君有其成功，此之谓贤主之经也。

立论者据此认为，"'尊君卑臣'论发展到韩非才真正鞭辟入里，深刻周至；反智论反智到韩非才圆满成熟，化腐朽为神奇"，你看，"有智识有才能的人只要肯听'明君'的话，规规矩矩地'尽虑''守职'，他们的智识、

---

① 方朝晖：《为"三纲"正名》，华东师范大学出版社，2014年，第14页。

② 参见林存光：《儒家思想的多重面相——评方朝晖〈为"三纲"正名〉》，《中国哲学史》2014年第3期。

③ 周炽成：《荀韩人性论与社会历史哲学》，中山大学出版社，2009年，第214—215页。

才能便都变成了'明君'的智识、才能"，而所谓的"有功则君有其贤，有过则臣任其罪"，也就是后世所谓"天王圣明，臣罪当诛"。然而反驳者却说，"有功则君有其贤，有过则臣任其罪"的说法虽然"是非常错误的"，但"这种错误的说法并不能如某先生所说的那样，可以被认作法家反智论的根据"，因为韩非还紧挨着说了"明君之道，使智者尽其虑，而君因以断事，故君不穷于智；贤者敕其材，君因而任之，故君不穷于能"的话，既然讲"使智者尽其虑"而"君不穷于智"，怎么就反"智"了呢？因此反驳者断言道："这恰恰是智的表现，怎么能被认作反智呢？"仅此一句反问的话似乎就把立论者的观点完全驳倒了。

　　究竟应如何理解韩非所言的意思呢？如果仅仅抠字眼的话，韩非主张明智的君主应善于"使智者尽其虑"，当然如反驳者所说，韩非无疑是主张"用智"的，但君主对臣下之"智"的纯粹工具性利用是否就意味着"崇智"，其实是大可置疑的。而且紧接着，韩非不是还说了"不贤而为贤者师，不智而为智者正"的话吗？据此我们似乎也可以断言，韩非又是一位主张君主"不贤""不智"的思想家。反驳者也许可以进一步反诘说，韩非所谓的"不贤""不智"难道不是"大智若愚"式的"天王圣明"的一种极高明的体现吗？不错，这也正是立论者所承认的。但问题的关键是，韩非政治思想主张的实质意义究竟是什么？与君主是否"用智"，君主本人是明智、圣明抑或不智、大智若愚，究竟具有什么样的意义相关性？立论者所谓的"反智论"又究竟何所指？是否真正切中了韩非政治思想主张的核心要旨？单纯的抠字眼并仅仅从字面意义上去理解的话，肯定会纠结于韩非是主张"用智"还是"反智"。但问题的实质，其实并不在韩非话语中"智"与"不智"这些表面用词的字面含义上，而是隐藏在韩非话语的字里行间当中，所谓的"反智论"所针对的正是隐藏在韩非话语字里行间中的微言大义，也就是韩非话语背后的思想实质，非好学深思、心知其意者不足与论此。

　　反驳者只知其一，不知其二，既对韩非思想的主旨缺乏深切的认识，亦对所谓"反智论"的基本论旨缺乏同情的了解，故看上去是在训名释义，事实上却是在误用训名释义的方法，乃至自陷于浮浅之见、皮相之谈而不自知，而且还振振有词地说："智的反面是愚。而法家对于愚是很反感的……尤其值得注意的是，韩非子用我们前面讲过的经验论来非愚："无参验而必之者，愚也。"这句话当然意味着，参验必之者，智也。人之智愚，是与人之是否注重经验相关的，一个闭目塞听的人必愚，而一个不用耳目而又乱猜瞎说的人则更愚。愚和智不两立，正如可以攻破一切盾的矛与可以抵挡一切矛攻击的盾不两立一样。非愚者必崇智。从法家之反愚，我们不难看到他们对智的态度。"①这一番说辞可谓掷地有声，颇有不容置辩的味道，论者徒知法家对于"愚"有很反感的一面，却不知法家对于"民愚"又有很喜欢的一面，因为"愚农不知，不好学问，则务疾农"(《商君书·垦令》)，故"民愚则易治也"(《商君书·定分》)。不管怎样，论者似乎已完全认同法家的理论主张，并认为它是理所当然的绝对真理，法家的理论主张也就是思想学说之智与愚的绝对标准，因此法家说谁愚谁就愚，法家认定哪一家思想学说是"无参验而必之"的愚蠢学说，哪一家的思想学说就是愚蠢的，这样才真正显得法家是反愚崇智的。

韩非说："明主之国，无书简之文，以法为教；无先王之语，以吏为师。"(《韩非子·五蠹》)依据上述论者的愚、智不两立的训名释义，韩非的这句话大概是最能体现深知治国之要道或"作为有远见和善明察的智术之士"的法家的"智性精神"的，难怪深受韩非"智性精神"影响的秦始皇帝和李斯非要焚书坑儒不可了，不焚坑那些"无参验而必之"的愚书和愚儒，又怎么能够充分彰显法家的"智性精神"呢？因为"非愚者必崇智"。两相比较，如果我们真正完整地理解了法家政治思想主张的实质含义，也许我们可以获得这样一种认识，有学者之所以将法家作为中国政治思想上"反智论"的代表，其实正是针对此论者所谓法家的"智性精神"而言的。尽管法家也推崇圣君明主的统治，他们心目中理想的统治者便是拥有"知万物之要"(《商君书·农战》)和能够"使天下不得不为己视，天下不得不为己听"(《韩非子·奸劫弑臣》)之高度聪明智慧的统治者，然而正是在这样的圣君明主的统治下，所有臣民将不可避免地成为专制君主为实现富国强兵或猎取霸王之大利而任意支配和操控、宰制和利用的玩偶与

---

① 周炽成：《荀韩人性论与社会历史哲学》，中山大学出版社，2009年，第210页。

工具,那么,从政治思想的角度讲,说法家不是反智论的代表,而是智性传统的开启者,于情于理都是笔者所不敢苟同的。

或许论者会争辩说:"作为目光敏锐,头脑犀利的人,法家人士都具有相当高的智商。他们以其智性的精明看待人和人的关系,看到家庭成员之间'犹用计算之心以相待',看到'君以计畜臣,臣以计事君;君臣之交,计也。'这里体现的智性是无情的,冷冰冰的。"因此,"面对这种冷冰冰的智性,很多人在内心都会感到不安。这种不安,不是源于感到法家反智或智商不高,而且感到他们的智商太高了,他们太聪明了……在这种情况下,他们的智常显冷严,令常人难以接受"①。笔者也许只是一个愚钝的"常人",不能接受并认同正是法家太高的智商和太过聪明的冷冰冰的无情的智性开启了中国智性传统的观点和说法,这样讲,并不意味着笔者对法家有着太高的智商和太过聪明的冷冰冰的无情的智性这一说法持否定或相反的观点,但问题的关键仍然在于,所谓的反智论或主智论与这一说法并不在同一个问题意识的层次上,而且有学者明确论述道:"法家的反智论从来不是玄想,也不是情绪,它是从战国(特别是中晚期)的政治经验中逐步发展成熟的;韩非则运用他的冷酷的理智(cool reason)总结了以往一切经验,而加以系统化,使它变成了专制政治的最高指导原则之一。秦始皇和李斯则又根据韩非所总结的原则而在全中国的范围内开创了一个反智的新政治传统。'焚书'和'坑儒'这两件大事便是法家反智论在政治实践上的最后归宿。"显然,"反智论"的说法正是基于对法家"冷酷的理智"的批评反省而提出来的,如此说来,这一说法绝不是简单地依据《韩非子》一书中所说的"智"呀、"愚"呀之类的字眼,并仅就其表面含义进行训名释义所能轻易驳倒的,我们只有在对法家思想进行系统理解和整体诠释的基础上,才能更好地理解和把握《韩非子》书中论"智"说"愚"的实质意涵,以及"反智论"的真实意旨。

上述两个训名释义的例子还不仅仅错在误在训名释义本身,其更为严重的诠释谬误实则在于强以己意来读解古人之书,此即是王夫之

---

① 周炽成:《荀韩人性论与社会历史哲学》,中山大学出版社,2009年,第214页。

先生所批评："读书者最忌先立一意，随处插入作案，举一废百，而圣人高明广大之义蕴隐矣。"（《读四书大全说》卷七《论语·微子》）又或者是："学者之大病，才读一句书，便立地要从此解去，以趋悖谬。安得好学深思之士而与论大义哉！"（《读四书大全说》卷九《孟子·离娄下》）船山先生反复致意，无非是希望学者读书之际一定要慎思明辨、反复估量，切忌以一己先入为主之意见妄下论断，并据此读解古人之书，乃至举一废百，以趋悖谬。那么，读古人之书，诠释古人的思想，究竟应遵循什么样的原则和方法呢？除了应避免以偏概全而遵循整体性的原则和方法外，还应遵循本义性的原则和方法，简言之，即应思如其思，想其所想。这也就是施特劳斯所谓的"按照那些思想家理解他们自己的那种方式"①来理解他们。当然，"原原本本地去了解原来思想家原原本本的思想"在诠释的意义上是不可能的，换言之，"纯粹客观的诠释"可能只是一个"神话"。②但尽量接近于还原原来思想家的真实面目及其思想的本真含义，乃是学术研究和思想诠释的天职。在思想诠释的求真过程中，没有最好，只有更好，误读也许是不可避免的，甚至有时能够启发思想创新的机缘，但这与完全放弃求真的目的而刻意（甚至是恶意）曲解古人之义截然不同。

有一个关于法家人性论的思想诠释的例子值得在此申论一二。③法家主张人性是好利自为的，学界主流的观点是将法家的这一人性观点称作是性恶论，而且常常依据荀子明确主张人性之恶，而推论其学生韩非的人性观也肯定是一种性恶论。如熊十力先生说："韩非之人性论，实绍承荀卿性恶说，此无可讳言也……通观韩非之书，随处将人作坏物看，如防蛇蝎，如备虎狼，虽夫妇父子皆不足信。""只从人之形骸一方面着眼，专从坏处看人，本未尝知性，而妄臆人之性恶，妄断人皆唯利是视之天生

① ［美］利奥·施特劳斯：《关于马基雅维里的思考》，申彤译，译林出版社，2003 年，第365 页。

② ［美］傅伟勋：《从西方哲学到禅佛教》，生活·读书·新知三联书店，1989 年，第389—390 页。

③ 参见林存光：《政治的境界：中国古典政治哲学研究》，中国政法大学出版社，2014 年。

恶物,是戕人之性,贼人之天,而人生永无向上之几也。"①冯友兰先生亦有言:"法家多以为人之性恶。韩非为荀子弟子,对于此点,尤有明显之主张。"②郭沫若先生亦说,韩非"在骨子里是把荀子的'法后王'和'性恶'说作为现实的根据而把自己的学说建立了起来","他是把一切的人看成坏蛋的,所谓'君人南面之术'的另一种秘诀,也就是要把一切的人看成坏蛋。所以一切的人都不可信"。③韦政通先生同样认为:"韩非是荀子的学生,荀子主张性恶,韩非也主张性恶,因此认为韩非性恶说得之于荀子,这是可以肯定的。"④

　　熊、冯、郭、韦及其他许多学问大家均以法家和韩非的人性观为性恶论,是一极有意思而耐人寻味的学术现象和人文景观,这一现象和景观无疑出于一种误解,但此种误解并非是一般意义的学术上的错误,而是源自论者自身价值立场、人文情怀或道德信念的一种无意的投射,值得我们予以同情地理解。依笔者之见,韩非的人性观的确有或明或暗地"专从坏处看人"或"把一切的人看成坏蛋"的嫌疑,而且明显是由其理论立场上的狭隘偏见所造成的,然而我们能否据此而断言其人性观便是一种性恶论呢?特别是因为荀韩之间的师徒关系,便能够自然而然、毫无异议地得出这一结论呢?答案不是肯定的。其中最浅显的一点就是,商韩之间虽无师承关系,但其人性观却是前后一脉相承或相通一致的,如果说韩非的人性观是性恶论的话,那么商鞅和《商君书》的人性观也肯定属于性恶论,但商鞅与荀子并无师承关系,而且商在前、荀在后,因此仅仅依据荀韩师徒关系并不能推论出他们的人性观都属于性恶论,而且后者绍承自前者,正如郭沫若先生所言:"他们纵然有过师弟的关系,但他们的主张是成了南北两极的"⑤,这同样适用于他们人性观的不同。事实上,即使说法家和韩非"专从坏处看人"或"把一切的人看成坏蛋",也并不意味着

① 熊十力:《韩非子评论与友人论张江陵》,上海书店出版社,2007年,第17、21页。
② 冯友兰:《中国哲学史(上册)》,中华书局,1961年,第398页。
③ 郭沫若:《十批判书》,科学出版社,1956年,第368页。
④ 韦政通:《中国思想史(上)》,上海书店出版社,2003年,第248页。
⑤ 郭沫若:《十批判书》,科学出版社,1956年,第373页。

他们就持一种人性本恶论，或者认为人生来就是恶的，或者人生来就都是坏蛋。对人性本身的看法与"专从坏处看人"或"把一切的人看成坏蛋"并不完全是一回事，不能混同来看。

总的来讲，荀子虽力言人性之恶，但其根本意图是要以礼义矫饰和驯化人性而使人改恶向善，故其言人性虽恶，而且是不学而能、不事而成的，但却相信人的恶性是可节可化的；相反，韩非和法家虽然"专从坏处看人"，却根本无意于改造人性，他们所主张的只是藉权势和法术来控制人的思想与行为，但这并不意味着对人性本身就持有一种或善或恶的价值论立场，或者认为人性本身就是恶的。从或善或恶的价值论立场来看待人性，荀子视人性为恶，其实与孟子道性善的根本用心并无二致，都是希望人能够努力向上、修德向善；而"专从坏处看人"却不必视人性为恶，正唯如此，故无须人生向上的努力，而只应或必须在政治上受君主权势和法术的控制，反过来讲亦可。在法家看来，人之好利自为之性自然生就，无可改变，亦无须改变，性之不可化实际意味着人之不必做任何向善向上的努力，故亦不必视人性为恶，不过，人性好利自为易使人彼此相憎相害，乃至危及君主的统治，亦不利于国家的治强，故须在政治上对人的思想和行为加以严厉控制，职是之故，即从政治控制的角度来看，则亦不妨"专从坏处看人"。因此，与荀子视人性为恶而力主化性而导民向善不同，法家正因为不视人性为恶，所以才极力主张因循人之性情，并建议君主运用威胁利诱的方式对人的思想和行为加以严厉控制，[①]而所谓的"专从坏处看人"，只是从统治和控制臣民的角度为君主的权势和法术做合理化的正当辩护和有效论证而已，因其目的专"以止奸为务"，而非意在引人向上、导民向善，故往往被误解为是一种性恶论的观点，其实，这一误解只是由于论者将自身的道德信念、人文情怀和价值立场不自觉地投射到法家观点之上所致，并非法家人性论的本意。

如果我们"按照那些思想家理解他们自己的那种方式"来理解他们的话，那么韩非和法家的人性好利自为说，与其说是一种性恶论，毋宁

---

① 参见韦政通：《中国思想史（上）》，上海书店出版社，2003年，第250页。

说是一种无所谓善恶的中性论;与其说他们"专从坏处看人",毋宁说他们专从人性的弱点看人。从人性好利自为的角度来看,所有人都是趋利避害或计利自为而不可信的,对君主而言尤其如此,但也正因为如此,所有人也都是可以用威胁利诱的方式加以诱导和控制的,在此意义上,人性好利自为实不过是一种可资因循利用的人性弱点而已。韩非和法家虽不从价值的角度(希望人向上向善)来看人,也不从善恶的角度来界定人性,而是站在中性的立场上来看人和观察人性,认为人性不可改变,也是无须改变的,但人性的弱点却可以使所有人都成为君主操纵和控制的对象,而且正是由于在人性观上持一种过于冷静而客观的中性观点,所以他们才会站在君主统治和控制臣民的立场上,持有一种不带任何人文价值和道德感情色彩的异常刻薄少恩、峻急严酷的政治主张和观点。

美国境遇伦理学家约瑟夫·弗莱彻说:"爱的真正对立面其实不是恨,而是冷淡。恨尽管是恶,但毕竟视世人为'你',而冷淡却把世人变成了'它'——物。所以,我们可以认为,实际上有一样东西比恶本身更坏,这就是对世人的漠不关心。"②从这一伦理学观点重新审视人性善恶的问题,也许可以帮助我们更好地来理解韩非和法家人性好利自为说的思想实质。在笔者看来,性善论的真正对立面其实不是性恶论,而是价值中立立场上的人性好利自为说,性恶论虽视人性为恶,但仍然希望人们在师法之化、礼义之道下去伪向善,而价值中立的人性好利自为说对人性持一种无所谓善恶的冷静而淡漠的态度和观点,正是这样一种态度和观点把世人变成了一种纯粹的工具——为实现国家富强和君主利益而任由君主操纵和控制的物,因此,其实质性意义还不只是"专从坏处看人"的问题,它实际上比"专从坏处看人"更坏,这就是对世人的道德上的漠不关心乃至冷酷无情。唯其如此,如果按照法家理解他们自己的那种方式来理解他们及其人性论观点的话,那么,法家韩非之流与其说是人性本恶论者,毋宁说是真正的"恶的教诲师"。

---

① [美]约瑟夫·弗莱彻:《境遇伦理学》,程立显译,中国社会科学出版社,1989年,第50页。

(三)比较异同

就思想的诠释来讲,仅仅就某一文本或思想家的思想自身做整体的理解与诠释,或者是仅仅遵循本义性原则而思如其思、想其所想本身,事实上仍然有其局限性,如上述有关法家人性论的观点,如果不参照百家争鸣时代思想对话情境中的其他各家人性论特别是儒家人性善恶论并与之进行深度比较,我们仍然难以理解和把握其人性论思想的实质。正如徐复观先生所言:"只有在比较的观点中,才能把握到一种思想得以存在的特性。"①

比较可以说是人文社会科学研究最常用到的方法,没有比较,我们甚至无法进行人文社会科学的研究工作。就政治思想史的研究来讲,当我们面对各种各样的思想流派和社会思潮时,没有比较,甚至无法进行思想的诠释。诚如刘泽华先生所说:"只有比较才能进行鉴别,评价得失,权衡利弊。比较研究可以从不同角度进行,如人与人之间的比较,不同流派比较,流派内部不同代表人物比较,不同时代的比较,中外比较等。比较研究能够开人视野,利于从总体上把握和估价各种思潮。"②当然,比较的首要问题是有其可比性或者有比较的价值与意义,然后则是比较什么或如何进行具体比较的问题。为此,需要首先明确的便是比较的要求和目的,黑格尔的下面一段话最能阐明这一点:"假如一个人能看出当前即显而易见的差别,譬如,能区别一支笔与一头骆驼,我们不会说这人有了不起的聪明。同样,另一方面,一个人能比较两个近似的东西,如橡树与槐树,或寺院与教堂,而知其相似,我们也不能说他有很高的比较能力。我们所要求的,是要能看出异中之同和同中之异。"③"要能看出异中之同和同中之异",即能够深刻理解和把握两个东西异同的实质,而不仅仅是停留于表面上"显而易见的差别"或"知其相似",这样的比较才具有真正创新性和启发性的学术价值和意义。

---

① 徐复观:《两汉思想史(第二卷)》序,华东师范大学出版社,2001 年。

② 刘泽华:《中国政治思想史集》第一卷《先秦政治思想史》,人民出版社,2007 年,"中国政治思想史研究对象与方法",第 7 页。

③ [德]黑格尔:《小逻辑》,贺麟译,商务印书馆,1980 年,第 253 页。

如就中西古典政治哲学的比较而言,学者们最常关注和论及的一种思想现象就是古希腊哲学家柏拉图的"哲学家-王"与中国哲学家的"内圣外王"两种观念之间"很像"[1]的相似性。然而,仅知其相似是不够的,我们还必须要深入其核心理念并结合其整体的思想脉络来了解其实质性的差异,把握其各自的思想特性,否则可能会被其表面上的相似性所误导而简单地将它们混同起来。

众所周知,古希腊政治哲人关注的中心问题主要是政治制度即国家构成的政体问题[2],故苏格拉底、柏拉图和亚里士多德才会广泛而系统地考察城邦的本性及其政体种类问题,深入地比较论究各种政体的优劣利弊,孜孜于研讨什么是城邦最好的政治制度等。因此,古希腊政治哲学可以说遵循的是以制度为中心来寻求解决城邦政治出路问题的思维路向。即使是柏拉图,虽然他在《理想国》中推崇哲学家的统治,认为只有真正的哲学家的统治才能实现城邦的正义,但对柏拉图来讲,真正的哲学家是作为"制度的画家"并依据善的理念来为城邦创制立法的,他亦应是城邦和法律的守卫者,故波普尔评之曰:"柏拉图的政治纲领更多的是制度的而不是个人主义的。"[3]

因此,柏拉图的"哲学家-王"理念与中国哲人的"圣王"理念之间的相似性只具有次要的意义,更具根本性意义的是它们之间存在着一些绝不容轻忽的实质性差异。概括地讲,它们之间的实质性差异有这样几点:

一是"哲学家-王"的理念仅仅表达了柏拉图个人的关于城邦的最好的政治制度的理想,而且即使是他本人也承认"这种制度不说不可能也

---

① 冯友兰:《中国哲学简史》,涂又光译,北京大学出版社,1985年,第10页。

② 据美国著名政治哲学家列奥·施特劳斯和约瑟夫·克罗波西主编的《政治哲学史(上)》,"'政体'(regime)一词是我们对希腊语 politeia(国家构成)的翻译。我们称之为《理想国》的这本书在希腊文中就叫 Politeia。这个词通常被译作'政制'(constitution),指的是被理解为城邦形式的政府形式,即是这样的东西:它通过规定城邦所追求的目的或其仰望的最高目标,以及通过规定城邦的统治者而确定城邦的特征。"([美]列奥·施特劳斯、[美]约瑟夫·克罗波西:《政治哲学史(上)》,李天然等译,河北人民出版社,1993年,第59—60页。)

③ [英]卡尔·波普尔:《开放社会及其敌人(第一卷)》,陆衡等译,中国社会科学出版社,1999年,第251页。

几乎是无法实现的"①，所以他会在其后的《政治家》中"揭示了《理想国》没有说出的东西，即《理想国》中描述的最好的政治制度的不可能性"②。而中国哲人的"圣王"理念却是中国政治哲人的普遍性的政治信念③，而且在他们看来，由圣人作王乃是拯救整个天下的唯一希望所在。

二是在《理想国》中，"由于哲学家的统治不被当作正义城邦的一个要素而是被当作实现正义城邦的手段，所以亚里士多德有理由在批判分析《理想国》时漠视这一制度"④，而圣人作王对于中国的政治哲人来讲却是重整天下秩序或实现平治统一天下这一最高政治目标的一个决定性的要素，"内圣外王"观念表达的是中国政治哲人的终极理想，如荀子曰："圣也者，尽伦者也；王也者，尽制者也；两尽者，足以为天下极矣"（《荀子·解蔽》）。

三是如果说柏拉图推崇哲学家统治的政治纲领更多的是制度的话，那么中国政治哲人推崇圣王统治的政治纲领则更多的是个人主义的，因为圣人代表的是一种纯粹个人性的主体道德修身或人格完全发展的最高成就。

四是在柏拉图和亚里士多德师徒之间有一发人深思而最值得重视的转向，即从政治哲学向政治科学的转向，这一转向之所以发人深思而最值得重视，是因为它预示甚或决定了整个西方政治思维理路的基本走向。虽然柏拉图的《理想国》对政治现象的哲学探讨"大量涉及政治制度的类型和本性的问题"，但与亚里士多德的政治科学相比仍然有着"本质区别"，柏拉图的《理想国》"全神贯注于一种最好的政治

---

① ［美］列奥·施特劳斯、［美］约瑟夫·克罗波西主编：《政治哲学史（上）》，李天然等译，河北人民出版社，1993年，第144页。

② ［美］列奥·施特劳斯、［美］约瑟夫·克罗波西主编：《政治哲学史（上）》，李天然等译，河北人民出版社，1993年，第71页。

③ 当然，亦存在极少数的例外情况，如《汉书·艺文志》评农家曰："无所事圣王，欲使君臣并耕，悖上下之序。"然而这一评语亦透露出了一个重要消息，中国主流的知识分子的政治心态是反对农家"无所事圣王"的政治理念的。

④ ［美］列奥·施特劳斯、［美］约瑟夫·克罗波西主编：《政治哲学史（上）》，李天然等译，河北人民出版社，1993年，第54页。

制度"①,而亚里士多德的政体科学"不仅要考虑绝对好的政体,也要探讨适用于特殊城邦的最好政体,以及既是最好的同时又对绝大多数城邦最适合或可接受的政体"②。而在中国的政治哲人之间,他们的政治哲学与圣王理念虽然存在着这样那样的差异,但始终遵循着以作为统治者的圣贤式政治主体为中心来寻求解决政治出路问题的思维路向。

总之,柏拉图的"哲学家–王"的理想在西方政治哲学史上应该说是一个"异数",以至于他那《理想国》中的"令人惊异的理论"在西方不断遭遇到自他的学生亚里士多德以来的政治哲学家们的漠视、非议和批评,而中国的政治哲人却始终未能跳出圣王崇拜的窠臼,始终没有从推崇圣王统治的政治理想转向科学的政治探究方式。

上述比较分析主要是因其相似而求其相异,即于同中求异,反之,比较亦可于异中求同,关键是通过比较要"能看出异中之同和同中之异",能既知其同又辨其异。不过,如王夫之所言:"学者须于同中显异,方能于异中求同,切忌劈头便从同处估量去,则直不知择"(《读四书大全说》卷十《孟子·告子上》)。美国学者阿兰·布鲁姆亦曾说过:"在相似中寻找差异,在差异中寻找相似,尤其需要关注的是差异"③,因为唯有差异的揭示,特别是在同样的问题意识与脉络框架、相似的思想取向与观念范畴、共同的信仰理念与核心主题之间的实质性差异的揭示,才能真正使我们对思想特性的表述和诠释成为可能。

(四)知人论世

以上还仅是就思想本身的诠释和比较而言,然而,我们要想对一个思想家或一个时代的思想乃至古今思想沿革变迁的线索及其原因,有更进一步的深切而笃实的了解与把握,还必须要结合思想家本人的生命历

---

① [美]列奥·施特劳斯、[美]约瑟夫·克罗波西主编:《政治哲学史(上)》,李天然等译,河北人民出版社,1993年,第144页。

② [美]列奥·施特劳斯、[美]约瑟夫·克罗波西主编:《政治哲学史(上)》,李天然等译,河北人民出版社,1993年,第155页。

③ [美]阿兰·布鲁姆:《文本的研习》,见丁耘、陈新主编:《思想史研究(第一卷)》,广西师范大学出版社,2005年,第208页。

程和个人才性,以及整个时代的生存环境和时势背景来做更为宏观而整体的观察与反省。孔子的温良平和,孟子的豪迈雄辩,荀子的学思宏富,老子的柔弱谦下,庄子的自由旷达,墨子的兼爱利他,商鞅、韩非的严酷冷峻,莫不与其个人才性和时代背景有着密切的关系,是其个性、才思、学派和时代环境等各种错综复杂的主客观因素交互影响的结果。因此,思想研究的重要方法和途径之一便是要知人论世,此即孟子所谓"颂(同'诵')其诗,读其书,不知其人可乎?是以论其世也"(《孟子·万章下》)。这不仅是一般思想史的研究方法,更是政治思想史的研究方法,因为政治思想尤其与时代性的生存难题及政治生活环境有着更为直接而密切的反思与回应性的交互影响关系。

一个思想家的生命历程与生活体验,往往会影响和决定其政治思想的基本倾向与立场。就先秦诸子而言,大体上我们可以将诸派思想家的思想倾向与政治立场区分为两大类,如冯友兰先生所言:"儒墨及老庄皆有其政治思想。此数家之政治思想,虽不相同,然皆从人民之观点,以论政治。其专从君主或国家之观点以论政治者,当时称为法术之士,汉人谓之为法家。"[1]思想家之所以站在不同的立场或从不同的观点来论政治,除了个人才性方面的原因外,还与思想家的社会阶级属性有着密不可分的关系,因此所谓"知人"也理应包括了解思想家的社会阶级属性。但如何确定和分析思想家的政治立场与社会阶级属性,却是一个需要慎重对待的问题。一个思想家的思想既可能体现和维护某一阶级的特殊利益,同时更可能体现和表达社会或共同体的普遍利益。过去人们习惯于只是贴标签式地划定思想家的社会阶级属性,这样一种庸俗化的阶级分析方法显然已经过时,刘泽华先生所著《先秦政治思想史》[2]一书的一个重要贡献,就是突破了把政治与阶级性等同的意识形态教规和框框,而给思想家实行了"脱帽礼"[3]。不过,这既不意味着简单否定阶级分析的方法,

① 冯友兰:《中国哲学史(上册)》,中华书局,1961年,第383页。

② 刘泽华:《先秦政治思想史》,南开大学出版社,1984年。

③ 刘泽华:《中国政治思想史集》第一卷《先秦政治思想史》再版弁言,人民出版社,2007年。

也不说明思想家及其思想完全没有阶级性,较为可取的做法是应该兼顾政治思想分析的阶级性和社会性,或进行"阶级–共同体综合分析"。依刘泽华先生之见,在分析基础性的社会关系形态问题时,"运用马克思主义有关生产力与生产关系的理论所勾勒出的社会关系",从总体上看仍然是"最贴近历史,或者说解释力最强",据此而言,"基础性的社会关系即阶级关系"。然而我们不应轻忽的是,在阶级关系之外还有其他各种社会关系,从类别上讲,"社会共同体"便属于不同于乃至比"阶级关系"更复杂的另一大类社会关系,"社会共同体有大有小,小至一个家庭,大至民族、国家,现在又有世界村、国际联合体等","其中既有阶级关系的内容,又超越阶级关系",因此社会关系分析和政治思想研究需要运用"阶级–共同体综合分析"的方法。①

思想的研究和诠释还应结合其社会的环境与时代的背景来进行,因此注重思想与社会互动的宏观整体研究不仅是必要的,而且理应成为思想史特别是政治思想史研究的一种非常重要的视角、方法和路径。但是知人不易,论世亦难,而要打通或贯通思想与社会的研究尤难,因此研究文本并据此诠释思想家的思想乃是一般思想史研究所采取的最主要的传统方法,乃至一般思想史的研究往往与社会史的研究彼此不甚相干。诚如刘泽华先生所尝言:"近二十年来,思想史与社会史的研究都取得了很大的进展,就实而论,思想与社会本应打通。但就笔者的观察看,这点似乎有所忽视,或者说尚未引起充分的注意。思想史研究的大抵主要是研究思想家的文本、思想逻辑、学术传承和抽象继承,相对而言,很少注重与社会历史的关系;社会史研究的主流是社会的实体问题,相对来说,疏于与思想的结合。"②此前,侯外庐先生主编的多卷本《中国思想通史》③可以说是较早开拓性地具体运用思想与社会关联性的整体研究方法所取得的一项重要成果,而刘泽华先生对以王权主义为主旨的中国传统政

---

① 刘泽华:《洗耳斋文稿》,中华书局,2003 年,第 671—672 页。

② 刘泽华:《洗耳斋文稿》,中华书局,2003 年,第 679 页。

③ 侯外庐主编:《中国思想通史》,人民出版社,1957 年。

治思想与政治文化的研究更是基于对思想与社会互动的宏观整体研究方法的充分自觉,而且积极倡导从这一视角和方法开展政治思想史的学术研究,认为思想与社会都不是孤立的历史现象,"思想关联着特定的语境(社会)",而"'社会'也不是与思想相分隔的",二者之间是一种有机互动的整体,"并以历史的形态存在和延伸着"。因此,唯有采取一种宏观性的整体研究的综合视角,才能对思想史和社会史及它们之间的关系,乃至整个历史获得一种完整的认识和理解。①

西方学者亦有同样注重思想之语境相关性的方法论观点和主张,如英国"剑桥学派"的政治思想史研究就特别注重思想的社会历史语境,强调文本与语境之间的互动关系,或将文本置于语境中加以理解、分析和阐述。在笔者看来,美国汉学家史华慈对于思想史及其研究路径与方法的看法,也特别值得我们吸取和借鉴。史华慈"对思想史的看法是不将之视为观念自主的演变,而是与思想以外的因素互相影响"②,正因为如此,思想史的中心课题或其所关注的根本兴趣所在,不应仅仅是"观念本身的内容",而是"人类对于他们本身所处'环境'(situation)的'意识反应'(conscious responses)"。③这样一种思想史的研究,"主要是把观念放在人类对于他所处的生活环境的脉络之中",当然,"观念与观念之间的关系是不容忽视的,因为前代的思想潮流及当代的思想潮流正是构成环境本身的一个重要而不可或缺的部分",而"另一方面,除了思想潮流本身以外,举凡制度、技术成就、政治环境等等,也都是这个环境的一部分"。④另外,最能体现史氏最为独到之观点和见解的是,他强调"历史环境事实上总是充满着模糊与暧昧",或"在本质上具有高度的问题性与不确定性",因此在"环境以及由于环境而产生的各种意识反应两者之间"并非"只是一种简单的因果联合","即一种特定的环境只能'导致'(causes)一种特

① 刘泽华:《洗耳斋文稿》,中华书局,2003年,第679—684页。
② 许纪霖、宋宏编:《史华慈论中国》,新星出版社,2006年,第19页。
③ 许纪霖、宋宏编:《史华慈论中国》,新星出版社,2006年,第4页。
④ 许纪霖、宋宏编:《史华慈论中国》,新星出版社,2006年,第6页。

定的反应"。①史氏一方面并不"相信思想可以决定一切"②,而另一方面又认为人类对于他们所处的环境所产生的意识反应也"并非完全处于被决定的状态",要之,在人类对于他们所处环境的意识反应中有一些"有限的自由"或"有限的创造力",因此之故,"人类对其环境所产生的意识反应"才构成了"变迁的环境之中的动因之一"或"整个人类行为的动因之一"。③史华慈就思想史的概念所持的上述观点与看法,对于我们从知人论世和思想与时代环境交互影响的动态过程与整体视角来研究政治思想史,无疑具有非常重要的启发意义。

三、小结:"运用之妙,存乎一心"

以上所论,挂一漏万,不可能涵盖中国政治思想史研究的所有方面、层次和领域。有志于中国政治思想史研究的学者或者是择一而用,或者是综合运用,以做自觉的探索、尝试和实践,苟能深造自得,必会在学术研究上有所创新和贡献。诚如梁启超先生所言,任何一种研究方法,其实都"各有短长",而"好学深思之士,任取一法为研究标准,皆可以成一有价值之名著也"。④

总而言之,方法是学术研究的工具和手段,是学者治学的津梁和门径,没有方法,研究者便如盲人摸象或暗夜行路,只能凭借本能的直觉,或者只是跟着感觉走,乃至不得要领,难辨方向,故无法不如有法。但是有法而运用不善或不当,亦会使研究者误入歧途,难以取得良好的效果。一般而言,研究总须循方法以进,目的乃在获得有关思想研究和诠释的学术上的客观认识或理论上的真知灼见。方法是科学的、具体的,方法的运用却需要智慧,属于艺术,正所谓"运用之妙,存乎一心"。同时,方法的运用需要不断的实践和经常的反省,而在经验的逐渐积累中也应不断自

---

① 许纪霖、宋宏编:《史华慈论中国》,新星出版社,2006年,第5页。

② 许纪霖、宋宏编:《史华慈论中国》,新星出版社,2006年,第21页。

③ 许纪霖、宋宏编:《史华慈论中国》,新星出版社,2006年,第9、11页。

④ 梁启超:《先秦政治思想史》,东方出版社,2012年,第16—17页。

觉地完善方法的运用,从而正确地训名释义,恰当地在字里行间进行阅读和理解,完整并符合其思想本义地诠释思想家及其文本的思想,乃至在比较中诠释,在诠释中比较,并最终通过知人论世的方式和途径获得对古今中外政治思想史的贯通性的宏观认识与深度理解。反之,方法运用不当不善,则任何方法都有可能成为片面曲解、浮浅之见、皮相之谈,乃至过度诠释与系统误读的根源与渊薮。当然,问题不在方法,而在研究者自身。

先秦儒家政治哲学概说

孔子创立的儒家学派,其政治哲学以伦理道德为中心,为谋求整顿世界秩序而倡导一种政治上的"德政""礼治",以期在终极的普遍性意义上解决现实社会政治生活中存在或发生的种种具体问题,特别是"礼坏乐崩"的文化失范。从其内在思维理路上讲,儒家所以倡导"德政""礼治",乃是基于彼此冲突的两种认识或态度:一是对人类道德理性自觉的基本信任;二是依儒家人物的实际经验,现实中的政治完全是一种受利欲支配的非理性过程。儒家正是基于前者而倡导通过道德政治的理想以化解、转化后者的,故由此而推导出一种理想主义的"政者正也"的实质性政治概念,而这一点也正体现了我们据以识别其理论特色的儒家政治哲学的本质特征。

鉴于儒家政治哲学的旨趣主要在建构一种规范理论,因此,笔者拟从以下四个方面就儒家政治哲学的诸理论取向予以概述与阐释。

一、人性论基础

春秋战国是"人"自身或曰人性价值发现的时代。先秦儒家对人性状况之根本改善深怀着热切的愿望,他们对人性之可善,主要是从两个方面运思揭示其可能性,一是人的自主性即自我实现的能力,二是社会环境的作用。孔子虽然罕言人性问题,但其"性相近"之说无疑奠定了儒家对人性之可善的一贯的基本信任态度。至孟荀二子出,一主性善论,一倡性恶说,表面上看来,此两说似同水火,其实从基本的人性可善的信任态度上讲并无实质性的差别,只是性善论主要关注人的自主性,而性恶说则特别强调社会环境的作用。因此,孟荀可谓殊途而同归,他们基于人性的自我完善或社会改造而最终得出的却是一种别无二致的圣人理念,即"人皆可以为尧舜"或"涂之人可以为禹"。正是这样一种人性之可善乃至"止于至善"的信念为儒家政治哲学提供了融通一贯的人性论理论基础。

就孔子而言,他一方面以人性的完善赋予人自身道德自择的能力,所谓"为仁由己"(《论语·颜渊》)、"我欲仁,斯仁至矣"(《论语·述而》);另一方面又强调教化的作用或人的外在可塑性,如子曰:"工欲善其事,必先利其器。居是邦也,事其大夫之贤者,友其士之仁者"(《论语·卫灵公》)。这两个方面也就是孔子的"德政""礼治"政治主张的逻辑起点。"仁"——一种人性价值之自我实现的道德理想,及"礼"——大众生活规范化的必要的外在形式或秩序准则,正构成了孔子思想的两个相反相成的基本方面。特别是孔子的"仁者爱人"或忠恕之道的思想,更充分体现了他对人与人之间的积极互动与人格的健康成长的深切反思与洞察。孔子基于"性相近"的命题而对人提出的总的期望:一个乐于生活在人群中的人必须受到道德自我完善或实现愿望的引导,并应遵循经由长期层累损益而形成并一直行之有效的必要的礼制文明的生活秩序。

孔子后学中的思孟学派极力阐扬孔子"仁"的学说,从而发展出了一种深具特色的人的概念,《中庸》曰:"成己,仁也""仁者,人也",孟子曰:"仁,人心也"(《孟子·告子上》)、"仁也者,人也"(《孟子·尽心下》)。这就是说,仁是人的本质属性所在,是人之所以为人者,仁内在于人心而不假外求,仁心善性的扩而充之正是一个人的成长即自我完善而日趋于人性化的过程。而荀子则一反思孟学派的性善论而倡言性恶说,但是荀子仍然认为人之所以为人的本质属性在于人的道德性即人之有礼义。依荀子之见,"凡人之欲为善者,为性恶也"(《荀子·性恶》),不过人的道德的培植需要师法的教化、习俗的注错,尤其是圣人的"起伪"以

"化性"，"伪"即圣人心力所生的礼义法度。如此，荀子实赋予了孔子的"礼治"主张更为内在的人性基础，从而在理论上将礼治主义发展到了一种更为完备的地步。

总的来讲，先秦儒家虽然对其身处的时代的世界秩序和精神状况基本上抱持着一种否定的悲观态度，但是由于他们又深切地怀有上述对人心向善的基本信任态度，故他们提出的德政礼治主张虽不免于太过理想迂阔之讥，然而与老庄的无为而治的政治方案相比较而言，却仍可谓是一种积极的较富建设性的整顿社会秩序及人心的社会政治方案。纵观孔孟荀的人性设准，无论是孔子的"性相近也，习相远也"、孟子的道性善，还是荀子的言性恶，可以说为他们的德教、仁政或礼治主张都提供了一种共同的基本人性预设，即人作为一种类存在，人之所以为人者的本质属性在于其道德性，而人们的社会生活唯有富有道德意义才是有价值的，据此我们也才能更好地去理解现实的政治过程及人们的政治行为。

二、社会历史观

春秋战国亦是社会大变革的时代，社会的大变革不仅激发了人对自身价值及本质性的认识，也促使思想家们不得不去反观人类社会的历史进程，社会生活何以演变而至于现阶段的状况？众所周知，儒家用以审视、考量与评估社会历史状况的价值标准，主要是视维系整个社会文明秩序的礼乐制度的完善及破坏程度而定。据此，先秦儒家并未给予他们所处"现时代"以一种"变革性"的积极的价值估定，而是认为人类社会降至春秋战国已然是"礼坏乐崩""子杀其父，臣弑其君"的最为文化"失范"的境况，从三王之世至今，历史每况愈下。孔子曰："天下有道，则礼乐征伐自天子出，天下无道，则礼乐征伐自诸侯出……天下有道，则政不在大夫。天下有道，则庶人不议。"（《论语·季氏》）话语中明显含着对"现时代"的否定性的价值定位。孟子更直言不讳："五霸者，三王之罪人也；今之诸侯，五霸之罪人也；今之大夫，今之诸侯之罪人也。"（《孟子·告子下》）然而,儒家并未由此而陷入道家那种悲观的反社会、反文明的社会历史观,他们虽对王道或古圣先王治下的"有道之世"心向往之,但是他们反观历史得出的结论却是:人类社会总的趋势是一种"一治一乱"的交替更迭,仁则治,不仁则乱,"礼义之谓治,非礼义之谓乱也"(《荀子·不苟》)。这一社会历史观激发和催生了儒家那独具特色的强烈政治信念:"五百年必有王者兴"或治世圣王必定适时地降临人间。不过,身处乱世,他们更多地将整顿世界秩序、维系礼乐文明制度的道德使命赋予"君子"这一社会政治职责、道德文明的传承者角色,这对于儒家的政治信念具有特殊重要的意义。

从理论上讲,儒家对君子与小人的道德区分,实是对世俗人文世界中两种人格及其生活世界观的辨析与区分,这就是:君子的人格与生活是受道德自我实现的愿望主导着的,他以一种积极的淑世主义的态度与爱心努力达成人际的和谐并成就他人,他有着泰然自若的人格风范、不为穷厄时遇所困扰而一心向道;小人的人格和生活则恰好相反,他受利欲支配而不思进取,党同伐异而肆无忌惮,忧戚愁苦而任人塑造。然而这一品分却又绝不暗示:世界是由善与恶两种绝对对立的力量构造而成的,相反,孔子正是从这两种人格与生活世界观的分化对立中看到了世界的希望,因为人的本性是相近的,而孔子又相信人具有潜在的可塑性,特别是学与教的力量,尽管这个时代天命不足恃,维系社会政治秩序的大人失落了权威,知识与道德范型的圣人也不得而见,但是君子与小人通过"教"与"学"却仍然足以达成对道与德的共信,即如"困而不学"的下民,也仍然有可能通过"道之以德,齐之以礼"而化其"有耻且格"(《论语·为政》)。

从现实需要上讲,儒家既然赋予"君子"以担负人文教化即传播、实践人道价值的政治使命,无疑"君子"在儒家眼中应是融学识、道德与职位于一身的道义担当的政治角色,因此,随着"礼坏乐崩"和"王纲解纽"而周天子权威式微之后,孔儒便自然将维系礼乐文明于不坠的历史使命寄托在了"君子"的身上,寄托于他们的道德感召力或政治作为之上,这也为儒家估定现实的政治状况提供了一种规范性的价值支点。这一价值支点便是:考量社会的治乱与维系礼乐文明于不坠的终极依据并非在于现实社会制度本身,而毋宁说是一个作为道德与政治之主体的个人心力与态度的问题,用孔子的话说:"我欲仁,斯仁至矣"(《论语·述而》),孟子也说:"夫道若大路然,岂难知哉?人病不求耳"(《孟子·告子下》)。孔儒便由此而推导出他们的"以人为本"的政治主张,所谓:"为政在人""文武之政,布在方策。其人存,则其政举;其人亡,则其政息"(《中庸》)。一句话,社会历史总会循着"一治一乱"的轨迹走下去,然而先王治道已是备具不爽,在历史进程中,"圣人当王"为现实政治设定了终极的合法性根据,而君子为政或贤者在位则会使现实政治过程富于道德生成的意义,礼乐文明的传承全赖乎此。

三、道德政治论

儒家的道德政治论乃是出自一种理想主义意愿的规范理论,因此在研讨其道德政治论之前,首先厘清其理想主义的含义及其实质是十分必要的。质言之,儒家的道德理想主义是指社会的、政治的、文化的一切活动的根本或终极性规范价值,一概统摄于特殊道德个体的责任与自觉中,即从个人的道德品质寻求一切人类活动的普遍的基础性或根源性说明。从另一方面讲,儒家在终极意义上赋予人的是一种道德的定义,即"凡人之所以为人者,礼义也"(《礼记·礼运》),礼义道德的这一本体意义从而也就为个体的人提供或设置了一种人与非人的文化生存结构,德礼的规范亦由此构成一种人与非人的文化生存张力,这就是:循礼向德乃是"人化"的本质要求,相反,不德非礼者则被儒家斥之为"非人"或曰"禽兽"。

正是依据上述理想主义的人道观念,儒家以德政礼治为中心的政治哲学特质概言之就是将政治完全置于道德的论域来予以审视与反省。具体地讲,主要包括以下三个层面的问题:

首先,关于人道与政治的关系问题。据《礼记·哀公问》篇,孔子回答哀公问时讲过一句富有深刻含义的话,即"人道政为大",这是说"政"处于人道价值符号系统的核心地位。它包括两个方面的含义,一方面是强调政治秩序遵循人道主义的价值期望,另一方面政治又被视为组织社会生活的枢纽,换言之,"政"又被赋予了肩负、播化人道主义价值原则的责任与使命。孔儒礼治主义的政治主张与观念便基于这一政治期望之上。把礼作为治国为政的根本,这是西周以来的政治文化传统,孔儒继承并致力于发展这一传统,如子曰:"为国以礼"(《论语·先进》)、"为政先礼,礼其政之本与!"(《礼记·哀公问》)而且,孔儒更进而赋予了"礼"一种普遍性的人文道德的意义,所谓"人道曰礼"。这就是说,对孔儒来讲,"礼"不仅是一种社会等级秩序的制度化规定,更是一个人立身为人即"人化"的根据和标志。在礼的规范意义上,人的行为应符合其社会政治身份地位的角色要求,这属于"应然"的道德规范要求,更具有人之为人的道德意义。

其次,由上述一般性的政治期望,也就自然衍生出这样一种对政治实施过程的认识:为政的枢要取决于拥有权位而作为道德和政治生活之主体的人,政治实施过程也就是道德感化过程,即由正己而正人,这要求为政者应作为道德"人化"的楷模致力于化人导民的政治目标,此即所谓的"以人治人"(《中庸》),换言之,统治者的政治合法性必须也只能源自也应归于政治人或权力主体的道德人格魅力,或其富有道德意义的政治行为,而不是别的什么。由此孔儒所追求的社会政治等级秩序的和谐也就在爱人化人与被化易使的道德化的人际互动过程中被稳定与合理化了,政治道德教化的实质不外是维系社会成员各自不同的等级身份地位的合理性及其自我的认同,而道德教化的实施亦首先要求统治者必须发挥自身内在的自我完善的道德自觉性,孔子之言"为政以德""政者正也"便是将统治者的道德自觉作为重整社会政治生活秩序的根基,《中庸》《大学》更进一步主张修身为齐家治国平天下之本,政治生活的本质不外是个人品质的延伸,统治者个人的行为品质和道德修养构成了整个社会政治生活的根本性的支撑点。孟子讲:"君仁莫不仁,君义莫不义,君正莫不正。一正君而国定矣。"(《孟子·离娄上》)其意亦在此。荀子虽然强调礼法的作用,而最终仍是将政治实施过程的决定性因素归之于"人"——

作为"治之原"的君子,认为人是法、礼和政策的主体而决定着其实施的可能性与有效性,所以他说:"法不能独立,类不能自行;得其人则存,失其人则亡。法者,治之端也;君子者,治之原也。"(《荀子·君道》)总之,依儒家之见,政治实施过程与道德感化过程都是"由己及人"的过程,政治问题最终应被置于道德实践的意义领域来加以审视与反省。

最后,关于孔儒的伦理政治观。在传统的农业文明社会中,人们主要生活在家庭血缘关系的纽带网络之中,家乃是国的组织细胞与社会基础。正是根于这一事实现实,孔儒极力宣扬治国平天下乃修身齐家的延伸与扩大,以及忠孝的内在精神的贯通一致性,并将亲亲、孝悌作为贯通己、家、国、天下的精神中枢。孔子讲"正名"并以之为礼治的起点,"正名"落实在政治上,其基本要求便是"君君,臣臣,父父,子子",又宣传孝道即具有从政的意义。《大学》作者亦讲:"君子不出家,而成教于国。孝者,所以事君也;弟者,所以事长也;慈者,所以使众也。"孟子更倡言:"尧舜之道,孝弟而已矣。"(《孟子·告子下》)从一般意义上讲,这自是表达了一种伦理的政治化或政治的伦理化的政治期望。在这一意义上,政治社会化或有意识的政治教育(忠君意识的内化)与人的社会化(孝道的践行)是二而一的问题。问题的关键尚不止于此,在更深层次的文化价值的意义上,伦理与政治问题实可以最终归结于共同的为人之道的问题。故孔子讲君父臣子,孟子极言"无父无君,是禽兽也"(《孟子·滕文公下》)。《礼记·丧服小记》篇曰:"亲亲尊尊长长,男女之有别,人道之大者",又《礼运》篇亦讲:"父慈、子孝、兄良、弟弟、夫义、妇听、长惠、幼顺、君仁、臣忠。十者谓之人义。"而《郊特牲》篇则曰:"无别无义,禽兽之道也。"那么,在礼义的规范下,君臣、夫妇、父子、兄弟、长幼关系所具有的是同样的为人之道的价值与意义,而人对忠孝之德等的践行亦根于共同的人性化的内驱力。因此,"子杀其父、臣弑其君"或"礼坏乐崩"之社会政治文化的"失范"问题自可同样被定性为人性价值的失落。从这一意义上讲,儒家的伦理政治观,其实质即在于将政治最终的根本问题视为人与非人的内在价值的冲突与调适的问题。

综上所述,正是儒家从理论上孕育、培植了古代中国人将政治置于道德论域的政治思维习惯，并由此而塑造了中国古代政治的人本传统。这一政治思维习惯起自对人的道德本体的反思与觉悟，最终亦将政治实施过程及政治的最终目的归结于人道或人性化价值的充分实现，这可以说是儒家政治哲学的总体特征。不管后儒为之披上"神学目的论"还是哲理化的外衣，先秦儒家的道德政治论却是被始终不渝地一贯坚持的。作为一种政治规范理论，道德政治论为儒家批评时政暴君提供了一种理想主义的价值准则。持道德政治论的儒家人物总是怀着介入现实的政治的热忱，而不是认为政治是人性的桎梏（如道家庄子的政治信念所示）；他们身处乱世，却不鼓动人君去做审时度势的政治投机（如纵横家所为）；他们崇信以实现人性价值为理想目标的王道政治，而反对以"君权至上为核心的利害关系之操作"为说的纯权力政治观（如法家所主张）；他们视政治为道德实践最重要也是最能检验其效用的领域，他们是政治目的与手段统一论者。

四、圣王理想

儒家把政治置于道德论域的理论取向，自孔子而后，基本上划分为两大派别：一是以孟子为代表，把道德式的政治视为具有极大诱惑力的"乌托邦"，即仅凭仁慈的感召就足以获得一统天下的权力这样一种理想性的"王道"政治期望，所谓"以德行仁者王"（《孟子·公孙丑上》），而"王之不王，不为也，非不能也"（《孟子·梁惠王上》）；二是以荀子为代表，他主张的"礼治"熔儒家的礼与法家的法于一炉，尽管在他看来君权的最终合法性基础仍应是道德（"道德之威"），然而就政治实施过程而言，他的王霸论事实上将道德的"上行下效"与强制性的"令行禁止"合二为一了，其王霸政治由此也就具有了实现为极权主义统治的最大的现实可能性。但不管是哪一种理论取向，其政治哲学的核心与实质，可一言以蔽之，即圣王主义。

孔子似乎热衷于宣传他的君子之道和"由己及人"的仁道，但是在他的内心深处却有一种强烈的渴望，即圣王出世才能真正从根本上救治世道的沦丧,不过孔子的圣王理想还较为平实,子曰:"如有王者,必世而后仁。"(《论语·子路》)而圣之为圣指"博施于民而能济众"者(《论语·雍也》)。到孟荀那里,圣王理想作为他们思想的核心则得到了最充分系统的理论化的展开。他们都是从人性入手来极力阐扬他们的圣人理想的,换言之,人性是他们的共同的理论起点。我们可以用一个统一的公式来表达孟荀的圣人观:

圣人(性不异于众→人的最高理想范型)

孟荀说"性"截然相反,而我们所以要用一个统一的公式来表达他们的圣人理念,是要表明其圣人理念的理论意义在根本上是一致的。

孟子认为"仁、义、礼、智根于心"(《孟子·尽心上》),"仁、义、礼、智,非由外铄我也,我固有之也"(《孟子·告子上》)。这就是说,人性之善是人心中内在固有的,人同此心,心同此理。因此在先天具足的人性意义上,圣人并不异于他人,所以说"圣人,与我同类者"(《孟子·告子上》),"圣人之于民,亦类也"(《孟子·公孙丑上》),"尧舜与人同耳"(《孟子·离娄下》)。而圣人之所以为圣人,正在于他"先得我心之所同然耳""心之所同然者何也?谓理也,义也"(《孟子·告子上》)。显然,对孟子而言,圣人乃是首先将人心内在的善性加以不断地扩而充之、真正实现了的人,所以我们不妨称孟子的"圣人"为"充分人性化的人"。

荀子则认为人性本恶,"人之性恶,其善者伪也"(《荀子·性恶》)。而圣人之所以为圣人正在于他能"化性而起伪",荀子曰:"圣人化性而起伪,伪起而生礼义,礼义生而制法度;然则礼义法度者,是圣人之所生也。故圣人之所以同于众,其不异于众者,性也;所以异而过众者,伪也。"(《荀子·性恶》)荀子讲得已十分清楚,他的"圣人"指的是能对人性充分加以改造的人。

一是充分实现了人性的人,一是充分改造了人性的人,这两种圣人观基于对人性的不同认识而显得截然相反,其实差异并不是实质性的,我们完全可以用一种同一性质的语言来表达,即他们的圣人都是人实现为人或人性完善的至人,因为它们产生了同样的理论上的和政治上的意义,并由此而隐含着儒家思想中最大的悖论。

悖论之一:自我超越的主体性幻觉

从圣人性不异于众的认识出发,孟荀都抛给了世人一种人人皆可以成圣的希望,因为从本质上说人人都具有与圣人一般无二的向善的资质,以至人人都有超越自我而成为圣人的潜在可能性。然而孟荀却又实实在在地在圣人与一般人之间划了一道深深的鸿沟,即荀子所说"能不能之与可不可,其不同远矣"(《荀子·性恶》)。而途之人可以成为圣人而不肯为,故终究是途之人而不能成圣,孟子以例说之曰:"夫徐行者,岂人所不能哉?所不为也"(《孟子·告子下》)。当然,有古圣先王之道在,"尧舜之道,孝弟而已矣。子服尧之服,诵尧之言,行尧之行,是尧而已矣"(《孟子·告子下》)。或者是"人之性恶,必将待圣王之治,礼义之化,然后皆出于治,合于善也"(《荀子·性恶》)。因此,圣人之所以为圣人,与其说是向人展现了主体实现自我完善或自我超越的无限可能性,毋宁说构成了人性的樊篱,即"规矩,方员之至也;圣人,人伦之至也……欲为君尽君道,欲为臣尽臣道,二者皆法尧舜而已矣"(《孟子·离娄上》)。孟子是根据圣人(尧舜)的最出色行为(孝悌)来估价、肯定人的价值的,从而将成圣的主体性限定在了某种具体特定的德行之上,而荀子则更将人们成圣的超越意向导入对外在社会规范(君上之势、礼义、法正、刑罚)的顺服。所以说,"人皆可以为尧舜"或"途之人可以为禹"的命题,实在为人设置了一种自我超越的主体性幻觉,并未为人的主体性拓展别开一生面。

悖论之二:"圣人最宜于作王"[1]的幻想

圣人作为人化的终极与范型,无疑为他作王提供了人性上的根据,然而圣与王毕竟是两个截然不同的范畴,正如荀子所言:"圣也者,尽伦者也;王也者,尽制者也;两尽者,足以为天下极矣。故学者以圣王为师。"

---

[1] 参见冯友兰:《新原道》,商务印书馆,第123页。"所以圣人,专凭其是圣人,最宜于作王。如果圣人最宜于作王,而哲学所讲的又是使人成为圣人之道,所以哲学所讲的,就是所谓'内圣外王之道'。"

(《荀子·解蔽》)也就是说圣人属于人伦、人道的范畴,而王则属于权力、势位的范畴;圣人是"人之至"者,王则是"势无上"者;二者同为世间最具影响力者,但一是对人的心灵,一是对人的行为。儒家盛称古圣先王是因为他们认为古圣先王代表了圣与王一体的历史的实际典范,然而这已属过去,所以他们那"圣人最宜于作王"的信念所具有的只是一种"应然"的理想意义,如孟子所言:"惟仁者宜在高位。不仁而在高位,是播其恶于众也。"(《孟子·离娄上》)接着说,便是应该由"备道全美"的圣人去作那"势位至尊"的天子或王,即"圣人最宜于作王",荀子对此做了最具体详尽的诠释:

> 故天子唯其人。天下者,至重也,非至强莫之能任;至大也,非至辨莫之能分;至众也,非至明莫之能和。此三至者,非圣人莫之能尽。故非圣人莫之能王。圣人备道全美者也,是县天下之权称也。(《荀子·正论》)

不过自孔子一出,在作为儒徒的孟荀及后儒的心目中,孔子是中国历史上的最后一位圣人,而且是未得作王、不得势的圣人,相反,实际上把持天下居于王者之势、天子之位者却未必有圣人之德,正是这种道(德、理)与势的分离也就使他们那"圣人最宜于作王"的理想成了难以真正实现的幻想。但是他们受这样一种圣王理想的激励,一方面极力"推明孔氏",另一方面也不愿放弃努力去以先王之道或王道劝说乃至规范世主的政治行为。如孟荀作为"圣人之徒"即首先以服膺孔圣、献身于弘扬孔子之道于天下为职志。孟子曰:

> 圣王不作,诸侯放恣,处士横议,杨朱、墨翟之言盈天下。天下之言,不归杨,则归墨。杨氏为我,是无君也;墨氏兼爱,是无父也。无父无君,是禽兽也……杨墨之道不息,孔子之道不著,是邪说诬民,充塞仁义也……能言距杨墨者,圣人之徒也。(《孟子·滕文公下》)

荀子曰：

> 今圣王没，天下乱，奸言起。(《荀子·正名》)
> 今夫仁人也，将何务哉？上则法舜禹之制，下则法仲尼子弓之义，以务息十二子之说，如是则天下之害除，仁人之事毕，圣王之迹着矣。(《荀子·非十二子》)

其次，当他们努力去以先王之道或王道理想劝服乃至规范世主的政治行为时，对现世的权势却怀着一种矛盾的心理，他们既批评"无礼义而唯权势之嗜者"(《荀子·非十二子》)，却也并不蔑弃权势；他们崇尚坚贞不移的独立人格，如孟子之说"大丈夫"、荀子之说"士君子之勇"和"上勇"，然而又认为权势地位是人欲中所不免的，如荀子所言："夫贵为天子，富有天下，名为圣王，兼制人，人莫得而制也，是人情之所同欲也"(《荀子·王霸》)；他们虽没有这样一种明确的观念："权力腐蚀人，绝对的权力绝对地腐蚀人"(英人艾克顿爵士的名言)，但也感到了权势会使人误入歧途而导致人性的扭曲，不过，正当地驾驭权势又会增强道德的效能，因此期望有德者在位、圣人去作王。一言以蔽之，势位对儒家而言是一柄双刃剑，当他们在道(孔圣之道)与势(帝王之势)相分离的历史状态下寻求二者的结合时，自行其是、难以驯服的权势既可能使他们的愿望落空，却也不排除"道"假"势"而倡行的可能，而可以断言的是最终儒学必因此陷入与现实政治难解难分的纠葛之中。

人治主义抑或人本主义

——为儒家政治哲学一辩

在论及儒家政治哲学与理念的诸多经典名著乃至一般文献中，我们会发现一种耐人寻味的现象，以"人治"或"人治主义"来界定和概括儒家政治哲学的实质，不管是在肯定性的描述意义上还是在否定性的针砭意义上，学者们几乎是众口一词。然而，这样一种界定和概括，究竟是明确而贴切地揭示了儒家政治理念的本真含义，还是意义含混地使儒家背负上了一种理所当然的污名？事实上，人们往往是非常自觉而明确地在一种不加辨析而理所当然的含义上来使用"人治主义"这一名词来描述儒家的政治理念，当这一描述成为一种习焉不察的学术惯习的时候，那么，人们心中也就会在儒家政治哲学和人治主义的主张之间自然而然地建立起一种意义彼此印证的必然关联，即当人们谈论儒家的政治理念时自然会联想到人治主义，反之，当人们讲到人治主义时也会自然想到儒家的政治理念。果如是言的话，则以人治主义命名儒家的政治理念或给儒家的政治哲学简单地贴上一个人治主义的标签，实已成为一种学术上的先入之见和习惯说法。笔者本人过去亦是习焉不察地认同和持有这一先入之见，并在论及儒家政治思想和主张时常常使用这一习惯说法，但是依笔者今日之见来看，这一先入之见是极成问题的。果如是言，那么我们能否对儒家的政治哲学的实质做出一种更好、更中肯而允当的概括和描述呢？兹就这一问题略陈管见。

一、人治与法治之辨

在中国政治思想史的经典论著中,最早将儒家的政治理念和主张描述为人治主义的是梁启超先生的《先秦政治思想史》。依梁先生之见,"人治主义,是儒家墨家共同的,拿现在的话讲,就是主张贤人政治"[1],并认为人治主义"本来是最素朴平正的思想,所以儒墨两家都用他"[2],此所谓的人治主义(贤人政治)丝毫不带有任何的贬义,只是问题在于"他们理想的贤人靠不住能出现"而已,所以"欲贯彻人治主义,非国中大多数人变成贤人不可",而"儒家的礼治主义,目的就在救济这一点"[3],因为儒家的礼治主义"专务'移风易俗'",其最高目的在"使人人有士君子之行"[4]。继梁氏之后,萧公权先生在其所著《中国政治思想史》一书中亦在主张贤人政治的意义上将儒墨称之为"人治派"。而在将儒家命名为"人治主义"或"人治派"的同时,他们很自然地在一种对立的意义上将法家称之为"法治主义"或"法治派",即法家之法治"与儒墨之人治恰相对立"[5]。对儒、法两家政治理念和主张的这样一种描述与概括由此而被广泛地接受并固定了下来。但是人治与法治的含义却并未因此而固定下来,人们可能会在极为不同的含义上来使用这一对名词,并对儒、法两家政治理念和主张做出极为不同的评价。

那么究竟何谓人治和法治?二者之间是一种什么样的关系?用这一对名词来描述和概括儒、法两家的政治理念和主张是否适当?围绕着这些问题的争议可谓由来已久。

关于人治与法治的含义、本质特征及其相互联系等诸多问题,学术

---

① 梁启超:《先秦政治思想史》,东方出版社,2012年,第271页。

② 梁启超:《先秦政治思想史》,东方出版社,2012年,第258—259页。

③ 梁启超:《先秦政治思想史》,东方出版社,2012年,第278页。

④ 梁启超:《先秦政治思想史》,东方出版社,2012年,第282页。

⑤ 萧公权:《中国政治思想史》,新星出版社,2005年,第18页。

界在 20 世纪 80 年代初就曾展开过热烈的讨论，其中涉及的一个焦点就是对儒、法两家政治理念和主张的评价问题。大体而言，有的学者认为，"所谓人治，就是靠掌权者个人的意志来决定国家的大政方针，治理国家"，而有的学者则认为，"人治不是一般地讲人在管理国家中是否起作用，杰出人物在历史上是否起重大作用的问题，而是说一个国家的治理与动乱，不在于法律的有无和好坏，而在于国君或领导人是否贤明"；有的学者将人治和法治视作是两种根本不同的治国方法，前者倾向于专制而后者倾向于民主，而有的学者则反对这样一种笼统的断定；具体到儒、法两家的政治主张来说，有的学者认为，儒家的人治与法家的法治是根本对立的，如水火之不相容，而有的学者则认为，不应"片面强调儒家主张'人'治而法家主张'法'治……似乎以礼治、德治为内容的人治就意味着专制"，事实上，"儒家主张君主制，但提倡对君主权力有所限制"，相反，"法家鼓吹君主专制，宣扬君主应当享有至高无上的权力，同时又提倡严刑峻法，实行愚民政策，玩弄统治权术，有其糟粕的一面"，而"如果以儒家的'人治'和法家的'法治'相比较，倒是法家的法治中包含的民主最少、专制最多，而儒家的人治却恰恰比它还要'民主'几分"。①

然而问题并没有真正得到解决，学者们在如何理解和界定人治与法治的内涵和本质特征，以及如何评价儒家和法家的政治理念和主张的问题上，至今并未达成统一的共识。人们习惯上还是以"人治"和"法治"分别指称儒家和法家的政治理念和主张，这似乎成了一种约定俗成的通识性说法，这一说法一直在各类学术著作中广泛地流行着，而且在相关的学术话语之中依然充满着各种各样的歧义。这些歧义概括起来主要涉及如下几个方面：

一是在一种截然对立的意义上，所谓的人治与法治主要是指专制型的人治与民主型的法治。正是在这一意义上，人治之为人治亦可称之为

---

① 黎昌：《关于人治与法治问题讨论简介》，《法学杂志》1980 年第 1 期。

"个人的无法统治"①。

二是当人们从人治与法治对立的意义上来阐释儒法之争的时候，却又不得不做出种种含义上的限定，以区别于上述人治与法治对立的意义。

三是由于意识到理论层面的理念与现实层面的问题之间的区别，故有的学者又试图在理想化的理性人治观与现实的专制人治观之间做出区分以厘清某些问题。②

四是无论是在对"人治"或"法治"一词的使用，还是在对人治观或法治观的评价，事实上都包含着褒、贬二义，尤其是在评价所谓儒家"人治观"的问题上人们又往往交错混用褒、贬二义。

显然，历史上的儒法之争绝不能被说成是第一种意义上的人治与法治之争，因为与现代民主型法治理念相比较而言，法家所谓的"法治"较之所谓儒家的"人治"，在本质上更是一种专制型的"人治"理念，因此，萧公权先生才会如是说："盖先秦之法家思想，实专制思想之误称。其术阳重法而阴尊君。"③正因为如此，才会有学者在一种限定了的对立意义上来谈论在中国历史上"并非无关宏旨"的儒法之间"人治"与"法治"之争的可行性问题。④

不过，在笔者看来，其中的"误称"或误解的问题并没有因限定其意义而消除，有时人们仍然从其"与现代法治观念背道而驰"的视角或与现代民主型法治截然对立的意义上来批评儒家的"人治"理念和主张，如有的学者虽然对儒家政治哲学之精义及其所蕴涵的深刻的政治智慧的阐

---

① 据［美］列奥·施特劳斯、［美］约瑟夫·克罗波西主编《政治哲学史（上）》："个人的无法统治，即人治……'无法'在这里并不意味着没有任何形式的法律或习惯。它意味着政府习惯于漠视法律，特别是意在限制政府权力的法律：一个可以改变任何法律或'至高无上的'政府就是无法的政府。"在这一意义上，若将文中"政府"一词替换为"君主"，便最适于用以说明中国传统的人治理念，即意味着君主个人的无法统治。（李天然等译，河北人民出版社，1993年，第75页。）

② 李英华等：《中西政治思想比较论稿》，海南出版社，2004年。

③ 萧公权：《中国政治思想史》，新星出版社，2005年，第179页。

④ 阎步克：《士大夫政治演生史稿》，北京大学出版社，1996年，第211—212页。

释是富有启发意义的，但其阐释却是明确地以论述"人治主义"的名义进行，而且之所以要冠之以"人治主义"的名义，最终强调的仍不过是因为儒家的"人治主义"毕竟在本质上是带有深刻的"官本位的政治偏见"而"与封建专制主义联系在一起的"①。

虽然有的学者在理性人治观与专制人治观之间做出区分，以便厘清在理想化的理念与现实层面的问题之间可能会出现的一些不必要的混淆，并指出"先秦儒家与古希腊哲人都批判专制人治，而赞同理性人治"，其人治观"可以说是一种理想化的圣王之治、哲学王之治，是一种人性化的、充满道德理想色彩的人治"，但又认为儒家的人治(礼治)理念"从现代法治概念看"本质上仍然是"属于人治范畴的"。那么，这样一种区分究竟有什么意义呢？如果说现代法治概念是属于民主型的话，那么，"从现代法治概念看"，所谓的"本质上属于人治范畴"也就暗示说儒家的人治理念本质上是专制型的，依此推理，先秦儒家就既是批判专制人治的又是主张专制人治的，这样一种看法显然与上一种观点同样具有一种内在自我否定的悖论意味。因此，所谓的理性人治观与专制人治观的区分，似乎并没有真正抓住问题的实质而帮助我们厘清问题。

二、一项误解的厘清

当代著名中国政治思想史家刘泽华先生亦主将儒家的政治理念和主张称为"人治"或"人治主义"，不过其所谓人治或人治主义的含义却发生了一种重要的转换，虽然梁、萧所谓人治主义的含义并未完全被摒弃，但刘先生是从极为不同的视角来评价它的，如认为儒家的人治主义强调统治者或君主个人的修养和以身作则，虽然"有它一定的合理性"，但"从理论上考察"，它却"没有抓住政治中的根本"，因为君主实行专制统治的地位与权力不是靠道德而是靠强大的国家机器来维系的，"撇开

---

① 宋惠昌:《论儒家的人治主义》,《齐鲁学刊》2002 年第 6 期。

这个前提,光谈个人的修养是不切实际的空论"①。另外,刘先生亦认为,"人治主义与当时兴起的法治思想形成尖锐的对立"②,或者说,"法治与人治是儒、法在政治思想上的一个重要分野"③。强调儒、法之间在政治思想上的分野固然是不错的,但是,其分野是否就是人治与法治的对立,特别是由此对立能否直接做出如下的推论,即认为法家之慎到对"身治"、韩非对"心治"的批评完全是针对儒家之"人治"而言的,④笔者认为那是需要加以辨析的,否则很可能导致一种认识上的极大误解。如刘先生所谓:

> 儒家主张人治,慎到与之相对立,鲜明地提出实行法治,反对"身治"。身治即人治。慎到指出"身治"有两大弊端:第一,"身治"无一定标准,随心而定。"君人者,舍法而以身治,则诛赏予夺,从君心出矣。"君主以自己的主观好恶进行诛赏予夺……赏罚不公,"怨之所由生也"(《慎子·君人》)。第二,人治使"国家之政要在一人之心矣"(《慎子·威德》)。⑤

同样,韩非针对儒、墨的抨击之一是:

> 仁爱慈惠与法相对立。法术要求按规范化的规定处理问题。仁爱慈惠则以同情心为基础,表现为人治和心治。以同情心亦即个人情感为基础处理事物,必然是随心而定,而没有客观标准。《八说》云:"仁者,慈惠而轻财者也……慈惠则不忍,轻财则好与……不忍

---

① ② 刘泽华:《中国政治思想史(先秦卷)》,浙江人民出版社,1996 年,第 174 页。

③ 刘泽华:《中国政治思想史(先秦卷)》,浙江人民出版社,1996 年,第 275 页。

④ 笔者过去即这样认为,如在《以法治天下——〈韩非子〉》一文中就曾如是说:"在韩非看来,儒家的仁政,不过是舍法而从心的'心治',与暴政并无本质的差别。"(庞朴、刘泽华主编:《中国传统文化精神——代表中国传统文化的三十本书》,辽宁人民出版社,1995 年,第 144 页。)

⑤ 刘泽华:《中国政治思想史(先秦卷)》,浙江人民出版社,1996 年,第 275—276 页。

则罚多宥赦，好与则赏多无功。"《奸劫弑臣》说："世主美仁义之名而不察其实，是以大者国亡身死，小者地削主卑。何以明之？夫施与贫困者，此世之所谓仁义；哀怜百姓不忍诛罚者，此世之所谓惠爱也。夫有施与贫困则无功者得赏；不忍诛罚则暴乱者不止……吾以是明仁义爱惠之不足用。"《难三》也说："惠之为政无功者受赏，而有罪者免，此法之所以败也。"人们都喜欢高谈仁爱而厌恶残暴，其实在韩非看来，仁爱与残暴都是亡国之道，仁与暴是心治的两个极端，仁者与暴者并无本质的差别，"仁暴者，皆亡国者也"（《韩非子·八说》）。就实而论，韩非这种见解是相当有道理的。因为舍法而从心，失去了政治标准，在无标准的情况下，与其把仁义与残暴视为对立，不如视为一个问题的两方面。[1]

刘先生就慎到和韩非对"身治"和"心治"的批评所做的概括是精当而准确的，不过，笔者认为对慎、韩批评的矛头指向问题需要详加辨析，以便厘清慎、韩批评及儒法之争的真正含义及其实质性意义。

慎、韩对人君世主舍法而以身治或从心而治的批评，是不是真的针对所谓的儒家"人治"理念和主张而提出的？慎、韩所批评的是否就是儒家所主张的？

在上述引文中，慎到本人并未明言其批评是针对儒家的"人治"理念和主张，第一点批评显然是直接针对"君人者"本身而言的，而第二点批评的主旨在强调治国应依恃势位而无须慕贤智，"慕贤智则国家之政要，在一人之心矣"。而韩非在《难三》中的批评是明言直接针对孔子"政在悦近而来远"的主张，认为孔子因"民有背心"而主张"政在悦近而来远"乃是"教民怀惠"，而"惠之为政，无功者受赏，而有罪者免，此法之所以败也"。在韩非看来，若民有背心的话，也唯有持势才能禁制之，故孔子之言实则是"亡国之言"。此外，韩非在《奸劫弑臣》中明言批评的是"世俗之言"，所谓"世之学术者说人主，不曰乘威严之势，以困奸衺（邪）之臣，而

---

① 刘泽华:《中国政治思想史（先秦卷）》,浙江人民出版社,1996年,第343—344页。

皆曰仁义惠爱而已矣"。但，不管是针对孔子"悦近而来远"的主张，还是针对"世之学术者"的"世俗之言"，韩非的批评总的来讲是前后一贯的，与慎到的第一点批评亦是一致的，即认为仁爱慈惠之为政必然会导致法制的败坏，从而使无功者受赏而有罪者免诛，或如慎到所言"诛赏予夺，从君心出矣"，相反，"圣人之治国也，赏不加于无功，而诛必行于有罪者也"（《韩非子·奸劫弑臣》）。

的确，若从字面意义上讲，无论是明言还是暗指，慎到、韩非批评的矛头可以说主要是指向儒家的，因为慎到反对"慕贤智"而儒家是主张"贤人政治"的，韩非反对"仁人在位"①而儒家是主张"惟仁者宜在高位"（《孟子·离娄上》）的，孟子主张以不忍人之心行不忍人之政也的确有将国家之政要系于"一人之心"的意味。因此乍然一看，慎到、韩非似乎是在批评儒家，然而若仔细推敲的话，我们却不能不进一步追问：慎到、韩非所批评的真的就是儒家所主张的吗？儒家的说教真的是要无功者受赏而有罪者免诛吗？

孔子"政在悦近而来远"的说教无疑是针对统治者而言，是孔子站在同情人民百姓的政治立场上而向统治者提出的一种政治期望，而韩非却批评孔子在"教民怀惠"，显然是偷偷转换了话题的含义与意向。当然转换可能是不自觉的，或者说并不是出于一种故意歪曲的恶意，但不管是有意还是无意，却肯定是由于其政治态度与政治立场的根本不同所致，即韩非的基本政治主张是要统治者主要用赏罚的手段来控制民众以使之不得不服从人君世主的政治统治。因此，韩非的批评不过是属于两种不同的政治理念与主张之间的辩难与攻讦而已，争议的焦点在于德政与法禁何者才是最有效的统治手段与方式的问题。至于"无功者受赏，而有罪者免"而导致法制败坏的问题，也并非是孔儒的德政所期望的结果，因为孔儒虽极力倡导统治者应主要以德政、礼治来化导民众，却也并不完全排斥使用刑政，当然他们是反对把刑赏作为最主要的治国理民的统治手段的。就此而

---

① 《韩非子·八说》："仁人在位，下肆而轻犯禁法，偷幸而望于上；暴人在位，则法令妄而臣主乖，民怨而乱心生。故曰：仁暴者，皆亡国者也。"

言,则韩非批评孔儒没有劝导人君世主以孔儒"并不打算追求的某些东西"来作为治国理民的统治手段,显然犯了一种"外在论的谬误"①,也就是说,韩非的批评如果真的是针对孔儒的话,那他的批评肯定是不得要领的,甚至是完全出于政治立场上的偏见,因为孔儒主张以德政、礼治来化导民众,绝不意味着是要统治者上下其心地滥施赏罚。

那么当我们说慎到、韩非们的批评是针对儒家的"人治"理念和主张的时候,想表达的又究竟是一种什么意思呢? 是说孔儒的"人治"理念和主张本来就是期望统治者上下其心地滥施赏罚的吗? 这肯定是出于误解,不是法家误解了儒家主张的真义,就是我们误解了法家的批判所指,或者是由前一种误解导致了后一种误解。而误解的根源在哪里呢? 我认为,若是法家的误解,那是由于他们与儒家不同的政治立场而导致了他们对儒家的"外在化的批评"的缘故,这不难理解;而若是我们的误解,则是由于我们以"人治"来指称和概括儒家的政治理念和主张的缘故,因为"人治"之为"人治",在贬义上本来指的就是一种"个人的无法统治",法家所批评的正是这样一种"人治",即君主舍法而以身治或从心而治,如果说儒家是主张"人治"的话,那么法家所批评的不是儒家的主张还能是哪家的主张呢? 这肯定是一种误解,而误解的根源就在于人们在用"人治"或"人治主义"概括和评价儒家的政治理念和主张时,往往是不加辨析地交错混用其褒、贬两种含义(贤人政治和个人的无法统治),结果我们就会发现对儒家的"人治"或"人治主义"理念和主张同时有两种截然相反的评价。从儒法之争或人治与法治的对立意义上讲,一方面,如果说慎到、韩非所批评的"身治"或"心治"即是儒家所主张的"人治"的话,这话的潜台词显然是在暗示并指责儒家所主张的是一种"个人的无法统治"意义上的"人治";另一方面,对儒家的人治主义又可以做出这样的评价:"人治主义与当时兴起的法治思想形成尖锐的对立。从某种意义上

---

① [英]帕特里克·贝尔特:《二十世纪的社会理论》,瞿铁鹏译,上海译文出版社,2005年,第7页。"某些社会理论的评论者犯了'外在论的谬误',因为他们表现出对所讨论作者的外在化的批评。这就是人们经常批评社会理论不能完成理论家起初并不打算追求的某些东西。"

讲,提倡人治,特别是提倡掌政者要以身作则,是有它一定的合理性的。在君主专制的条件下,这种主张对君主提出了标准与要求,从理论上对君主也是一种制约,有时又是批评君主的武器。"①笔者认为,前一种暗示和指责肯定出于一种误解②,而后一种评价却是中肯而精到的,而最大的问题在于这两种评价是不相容的,即认为儒家既是主张制约和批评君主的,同时又是主张君主个人的无法统治的。这一隐含的观点本身显然内含着一种自我否定的悖论。

上述自我否定的悖论无疑是由"人治"这一概念的不当使用造成的,或者说,只要人们用"人治"或"人治主义"来描述和概括儒家政治哲学的实质,就不可避免地会为混乱所困扰,甚至会引起严重的歧义和误解。因为在使用中,"人治"这一概念或术语兼有截然相反的褒、贬二义,而且它们有时同时被用于概括和评价同一种政治理念和思想主张的实质,这肯定是不适当的。

如果说一个概念或术语不应兼容两种截然相反的含义,并被同时用于概括和评价同一种政治理念和思想主张的实质的话,那么为了避免混乱和误解,有没有一种可能,即对儒家政治哲学的实质做另外一种更好的概括和描述呢?笔者认为,这完全是可能的,通过一种适当的概念替换便可以避免混乱和误解。而关键的问题在于人们是否愿意接受和认同这一概念替换,因为人们往往囿于习惯上的思维定式而不愿修正自己的看法和观点。诚如侯外庐先生所言:"学人探求真理,立说是不容易的,订正学说更不容易。"③

---

① 刘泽华:《中国政治思想史(先秦卷)》,浙江人民出版社,1996年,第174页。

② 荀子对赏罚问题有非常明确的阐述,其态度和观点最具代表性,如"赏不欲僭,刑不欲滥"(《荀子·致士》),并认为"夫德不称位,能不称官,赏不当功,罚不当罪,不祥莫大焉"(《荀子·正论》),即便极力倡导以不忍人之心行不忍人之政的孟子,亦明言曰"徒善不足以为政"(《孟子·离娄上》),并力主人君世主应遵先王之法、行先王之道,而绝非主张人君世主可以上下其心、舍标准而从政为治,其所以汲汲于"正人心"者,也正是出于对"生于其心,害于其政;发于其政,害于其事"(《孟子·公孙丑上》)的深切忧虑。

③ 侯外庐:《中国古代社会史论》,河北教育出版社,2003年,第78页。

用什么适当的概念可以替换"人治"或"人治主义"的说法以更好地概括和描述儒家政治哲学的实质呢？笔者的建议是用"人本"或"人本主义"来替换"人治"或"人治主义"。虽然萧公权先生亦间或偶尔称儒家"贤人政治"的政治理念和思想主张为"人本政治之主张"①，刘泽华先生亦认为儒家的政治理念重在强调"在人与政治制度等政治实体的关系中，人是活的主动的因素……治国之本在人而不是政治实体，如制度、法律等"②，但萧公权先生主要将儒家归属于"人治派"的名下③，刘泽华先生亦主要将儒家"治国之本在人"的政治理念称为"人治"思想与主张。笔者的建议主要来自美国著名心理学家马斯洛主张"以人本心理学为依据建立新政治"的启示。马斯洛说：

> 任何社会系统，无论其法律多好或多高尚，最终还是要以好的人为基础。今天世界上一些最无人道、压迫性最强的国家与最文明的国家一样，都同样有漂亮的写在纸上的宪法和法律。从来没有一个好的政治体制仅仅是靠写出来的或是规定出来的。相反，它取决于生活在其中的人，取决于执行这一制度的人。在每一个街头角落，在每一天的日常生活中的人。如果人们互相憎恨，互不信任，或力图相互利用，如果他们贪婪而又恶毒，那么，这些法律和规则就无法得到有效的实施。它们成了一个不可能完成的任务，只不过是一些空洞的条文。提高人的素质是当务之急。④

---

① 萧公权：《中国政治思想史》，新星出版社，2005年，第18页。

② 刘泽华：《中国政治思想史（先秦卷）》，浙江人民出版社，1996年，第173页。

③ 将儒家的政治理念同时并称之为"人本"与"人治"的说法可以说是颇为习见的，另如徐复观先生虽在与法家"法本主义"相对的意义上称儒家的政治思想是"人本主义"的，但同时也仍然称儒家的政治思想是"人治"的，如谓："儒家是人本主义，以法的'械数'从属于人的本质，因而尚德、尚贤。法家是法本主义，不重视人的本质，使人从属于法，使法为主而人为客……儒家的人治乃与德治是相关连的，这点是和法家截然不同。"（徐复观：《中国思想史论集续篇》，上海书店出版社，2004年，第301页。）

④ ［美］马斯洛著、［美］爱德华·霍夫曼编：《洞察未来》，许金声译，华夏出版社，2004年，第160页。

马斯洛依据人本心理学所阐述和强调的新政治的上述一般原则,应该说正是儒家所一贯坚持的核心政治理念,我们不妨称之为人本政治观或人本主义政治观。所不同的是,马斯洛所阐述的一般原则在性质上属于民主社会的新政治构想,而儒家的人本政治观是新的君主制政治理想的一部分。

三、儒家人本主义政治观的思维理路

当笔者建议以"人本"或"人本主义"来替换"人治"或"人治主义"以概括和描述儒家政治哲学的实质时,事实上也就是要在它们之间划一条含义上的界限,以便厘清两种政治理念之间的边界。如果说这样一种界分与厘清的学术工作有利于帮助我们廓清混乱与误解的话,那么这一界分和厘清的工作便是适当的和必要的。为此,笔者主张仍然保留亦仅仅保留"人治"或"人治主义"的贬义的含义,以便使我们能够继续以"人治"的名义对专制政治的弊端保持一种批判的维度。

所谓"人治",便是指"个人的无法统治",即统治者个人的意志凌驾于一切之上,因此"人治"必然会导致专制统治。人本或人本主义政治观则另有所指,甚至与"人治"的这一意旨截然相反。当我们以人本主义来概括儒家政治哲学的实质时,事实上指的也就是一些学界贤达以人治主义的名义对儒家政治哲学之精义及其所蕴涵的深刻的政治智慧所做的正面阐释。而学界贤达以人治主义的名义对儒家人本政治观所做的探究与研讨已相当系统、深入而充分,似乎无须再在此赘述饶舌。但在一种区别于"个人的无法统治"之"人治"的意义上,概要性地阐述一下儒家人本政治观的基本理念仍然是十分必要的。

顾名思义,所谓的人本政治观乃是指以人为本位的政治理念和主张,然而,究竟何谓"以人为本位"?当我们说儒家政治哲学的实质或核心理念是人本主义的,究竟指的是什么意思?诸如此类的问题仍有待做进一步的阐明。

儒家最根本的政治理念和主张可以一言以蔽之,就是孔子所谓的

"政者,正也"(《论语·颜渊》),虽然话语简洁,但其寓意却深刻而丰富。如果我们把这句话放到当时的社会-历史背景中来考察的话,是不难理解这一点的。孔子生当政治体制由西周春秋贵族分权制度向战国秦汉君主专制制度转型过渡的时期①,在世袭社会里,贵族的统治所凭借的主要是一种继承而来的传统合法性,而由先赋的、血缘的身份地位决定的不对称的或尊卑贵贱的统治权力关系是稳定而僵固的。而在君主专制的时代,君主个人的专断权力主要是依靠庞大的非人格化的官僚机器代理行使的,这一政治体制一方面足以确保君主的个人意志可以凌驾于一切之上,另一方面非人格化的官僚机器的有效运作又有赖于"选贤任能"的用人原则的实现程度②。正是在中国传统政治体制由前者向后者转型过渡的时期,孔子及其后学对于政治统治的合理性或正当性问题进行了深入而系统的反思。因此,如果我们要对孔儒就统治合理性所做的理论反思进行一种社会-历史分析的话,首先不能忘记一个基本的事实,即他们是在一种由世袭的身份地位决定的"结构性"社会关系背景下来思考问题并提出解决问题的办法的,所谓"结构性"是指"在各种资源、权力、机遇与生活机会的分配和取得方面,其特点是相对稳定的不对称和差异"③。而正是面对世袭的贵族统治特权的衰败和宗法政治体制的解体,特别是整个"封建"天下秩序及其礼乐制度文明日趋于崩坏的状况,孔儒在深表"是可忍也,孰不可忍也"(《论语·八佾》)的悲愤与抗议的同时,提出了他们"以人为本位"的积极的因应解救之道。

　　孔儒针对时代困境所提出的因应解救之道之所以是以人为本位的,是因为在现实政治体制由贵族专政向君主专制转型演化的历史进程中,

---

　　① 如萧公权先生所言:"秦灭六国为吾国政治史上空前之巨变。政制则由分割之封建而归于统一之郡县,政体则由贵族之分权而改为君主之专制。"(萧公权:《中国政治思想史》,新星出版社,2005年,第173页。)

　　② 诚如王亚南先生所说:"选贤任能是官僚政治的口号,'能者在位,贤者在职'的理想的实现程度,确也能测定那种政治场面的休咎与吉凶。"(王亚南:《中国官僚政治研究》,中国社会科学出版社,1981年,第102页。)

　　③ [英]约翰·B.汤普森:《意识形态与现代文化》,高铦等译,译林出版社,2005年,第165页。

贵族统治的特权已不能再一如既往地维持下去，即使是君主也越来越难以仅仅靠自身的世袭的先赋的身份和地位生活并维持其统治地位了，因此，孔儒的政治关怀转向了寻求一种符合人伦之道的合理统治！而且对他们来讲，政治的根本问题并不在于制度本身，而在于人自身的德性修养或其政治行为是符合还是偏离了人伦之道。故在孔子看来，他所处时代面临的最大问题是至周而粲然大备的礼文被僭越而遭受破坏的问题，而唯有人们在君子的引领下努力践行"克己复礼"之道，才能使世界秩序得以重新恢复，那么，对于执政当权者来讲，躬行君子之道以修身正行才应是重建其政治统治的合法性的根本途径。孔子正名主义及其"政者，正也"的政治理念和主张正是基于这样的思维理路提出来的。据此，我们似可将先秦儒家人本主义政治观的整个思维理路条贯概括如下：

第一，正如许多学者已经指出过的，孔子与儒家思想的一贯主题，可以说正是"学做人"的问题，即杜维明先生所言："儒家传统的根本关怀就是学习如何成为人。"①换言之，"人"才是世界问题的总根源，故唯有从"人"本身下手才是解决问题的根本之道。儒家意义上要做或成为的"人"主要是指富有德性修养的人，即儒家所关怀的是人之道德生命的开显。由此根本关怀推及以言政治，故儒家认为政治的最大问题就是正己以化人的问题，或者说，儒家是以教化或化人为政治的根本功用与目的②。

第二，如果说政治的根本功用与目的在于教化或化人的话，那么对儒家而言，在权威与服从或治者与被治者之间所建立的教化性关系，与其说是一种依恃强力或特权的"统治"③的关系，毋宁说是一种富有人道色彩的交互性的感化互动关系，此正是孔子反复申言"君使臣以礼，臣事

---

① 杜维明：《东亚价值与多元现代性》，中国社会科学出版社，2001年，第120页。

② 如萧公权先生曰："近代论政治之功用者不外治人与治事之二端。孔子则持'政者正也'之主张，认定政治之主要工作乃在化人。非以治人，更非治事。故政治与教育同功，君长与师傅共职。"（萧公权：《中国政治思想史》，新星出版社，2005年，第45页。）

③ 如英国学者约翰·B.汤普森所言："当既有的权力关系是系统地不对称的，那么这种情况可以称之为一种统治。权力关系是'系统地不对称的'指的是特定的人们或人群持久地握有权力，排除他人或其他人群（使之明显地得不到）而不问这些排斥的依据是什么。"（[英]约翰·B.汤普森：《意识形态与现代文化》，高铦等译，译林出版社，2005年，第167页。）

君以忠"(《论语·八佾》)、"君子学道则爱人,小人学道则易使也"(《论语·阳货》)、"君子之德风,小人之德草,草上之风,必偃"(《论语·颜渊》)的根本政治意旨所在。

第三,依孔儒之见,圣贤或仁人君子之在位对于上述政治目标的实现来讲是至关重要的,甚至具有决定性的影响与作用,孔儒所谓的"为政在人"(《中庸》)即集中体现了这样一种政治理念,而孔儒一贯的政治主张亦是"举贤人""尊贤使能"或"尚贤使能",或如孟子所言,"惟仁者宜在高位。不仁而在高位,是播其恶于众也"(《孟子·离娄上》),这一"仁人在位"或贤人政治的主张应该说是再"朴素平正"不过的了,因为我们总不至于期望"惟恶人或不肖之人宜在高位"吧。

第四,儒家所谓的圣贤或仁人君子主要是道德人格的典范,因此所谓的贤人政治,便主要有两个方面的含义,一是期望统治者成为圣贤式的或仁人君子式的政治人物,即要求他们必须通过修身来不断提升自己的道德人格并努力拓展自身道德生命的价值;二是统治者也唯有通过修身并充分发挥自身道德人格的魅力才能重塑其政治统治的合法性。综合而言,儒家贤人政治的主张事实上是要将整个政治生活的根基建立在个人的修身或德性的修养之上。因此,可以说,孔儒所谓的"修己以敬""修己以安人""修己以安百姓"(《论语·宪问》),所谓的以德润身、为政以德、以德化民,均是贤人政治的题中应有之义。

第五,在儒家以人为本位的理论架构中,君主是被置于理想的教化型政治关系的主导性中心地位的,如孟子所谓"君仁莫不仁,君义莫不义,君正莫不正。一正君而国定矣"(《孟子·离娄上》)。如是,君主所拥有的理应是一种道德型的权威,其道德权威主要来自"居仁由义"之行、礼义修明之效,如《荀子·强国》所谓"礼义则修,分义则明,举措则时,爱利则形。如是,百姓贵之如帝,高之如天,亲之如父母,畏之如神明。故赏不用而民劝,罚不用而威行。夫是之谓道德之威"。因此,我们可以说儒家君主制的理想主要是强调君主的道德权威。

第六,儒家人本主义政治观,从政治统治的权力主体意义上讲是贤人政治,而从政治统治的治理对象意义上讲便是民本主义。关注民生,重视民利,敬畏民力①,以化民(新民德、化民俗)为务,以养教为本,是儒家人本主义政治观的一贯理念。对此,学者们多有论述,在此只强调一点,即在儒家以教化为中轴的理想的政治关系架构中,君与民或主体与对象之间的交互性的感化互动关系决定了儒家必然采取"双本位"的政治理念,所谓的"双本位"的政治理念,也就是刘泽华先生所谓的君本与民本互相依存的"阴阳组合结构"的政治理念。

第七,归根结底,上述儒家政治意义上的人本主义,或所谓的以人为本位,说到底,乃是以儒家传统的根本关怀即所谓的"人道"(人之为人的人伦之道)为本位。据《礼记·哀公问》篇,孔子回答哀公问时讲过一句富有深刻含义的话,即"人道政为大",这是说"政"处于人道价值符号系统的核心地位。它包括两个方面的含义,一方面是强调为政必须遵循、符合"人道"的价值期望,以及政治性的君臣关系在整个人伦秩序中本身便是重要的人之大伦之一,另一方面为政亦应以实现"人道"或以"人道"化导人民为其根本的政治目标追求。也就是说,政治必须符合人伦之道并为人伦之道服务,从理论上讲,如果说儒家追求的根本政治目标在化人的话,那么所谓的"化人"或"治人"不是仅仅要教化人们服从现行的权力统治,而是应引导人们走上人伦之道的正确生活道路。

依笔者之见,上述七个方面大体可以囊括儒家人本主义政治观的基本含义,而且这七个方面彼此是相互关联为一体的。不管如何去评价儒家的上述人本政治观,但显然我们是不能把它与"个人的无法统治"意义上的"人治"主张简单地加以混同的。

四、对儒法思想分野的再辨析

由于人们习惯上将儒法之争定性为人治与法治之争,笔者过去亦认同这一点,但现在看来实在有必要来重新反思和考察一下究竟儒法所争

---

① 儒家之所以敬畏民力乃是因其可以反抗乃至推翻暴政,这与法家持铸、控御民力为君主所用的理念是根本不同的。

的是什么,或者儒法之争的实质性意义是什么。限于篇幅,以及为了避免离题太远,所以笔者在此并不打算对儒法之争的问题进行面面俱到的详尽考察,而是只根据我们上面对儒家人本政治观基本含义的概括,从与之相对的意义上来简要评述一下儒法的思想分野和理论对立。

第一,不管儒家人物对人性是做一种善的还是恶的评判,他们都是根据人之向善的可能性和可塑性来提出政治的"化人"功用和目标,从人性的意义上讲,"化人"即是要教人,扩充人之善性或改造人之恶性,以实现人伦之道的和谐秩序,即孟子所谓"人人亲其亲、长其长,而天下平"(《孟子·离娄上》)。而对法家来讲,人性或民情是好利的,他们对此并不做善恶的评判,亦不主张对之加以改造,而是主张君主利用人的好利之情,运用赏罚的手段和办法,"御民之志而立所欲",抟民之力而为己用。因此,对法家来讲,政治的根本功用和目的不是"化人",而是追求国家的富强和人君的霸王之大利。

第二,与儒家以温情脉脉的眼光来看待君臣或君民之间以德礼相交与感化的政治关系截然不同的是,法家认为君臣或君民之间均是一种以利相交的买卖交易关系。故韩非曰:"臣尽死力以与君市,君垂爵禄以与臣市,君臣之际,非父子之亲也,计数之所出也。"(《韩非子·难一》)"且夫死力者,民之所有者也,情莫不出其死力以致其所欲。而好恶者,上之所制也,民者好利禄而恶刑罚。上掌好恶以御民力,事实不宜失矣。"(《韩非子·制分》)"夫上所以陈良田大宅,设爵禄,所以易民死命也。"(《韩非子·显学》)

第三,儒家人本政治的主张亦可说是一种道德政治的主张,而道德政治目标的实现必然会对执政当权者特别是君主提出个人德性修养方面的严格要求,换言之,政治角色圣贤化的政治期望是儒家人本政治观或道德政治观的题中应有的根本之义。而法家反对儒家圣人作王的政治期待,他们所追求的是可以使中君、庸主足以治国理民而万无一失的治道,也就是说,人君不必要具有超人的才智和能力,即使中人之君甚至是庸主,只要守持法术、审明赏罚或"抱法处势",就完全可以做到令行禁止。所谓"立法,非所以备曾、史也,所以使庸主能止盗跖也"(《韩非子·守道》),"使中主守法术,拙匠守规矩尺寸,则万不失矣"(《韩非子·用人》)。

第四,在现实的政治秩序中,执政当权者特别是人君世主事实上处于权力统治关系的主导性的中心地位,故对整个政治生活的状态和走向具有决定性的影响作用。正因为如此,所以儒家才格外关注并强调执政当权者特别是人君世主个人的修养和品德。①但是对儒家来讲,君臣虽然是人之大伦,却毕竟又只是整个人伦关系秩序中的一伦,而且实施道德教化的政治目标的责任也并非仅仅是由执政当权者来承担的,承担实施道德教化的政治目标或以之为己任也理应是不在位的仁人君子责无旁贷的责任。因此,儒家人本主义道德政治观的问题意识是不以现实的权力统治关系为限界的,虽然他们强调"德化"目标的实施主要是以君主、以君主的道德行为取向和本位的,如孟子曰:"君仁莫不仁,君义莫不义,君正莫不正。一正君而国定矣。"(《孟子·离娄上》)同时,他们又总是站在人本主义的理论立场或根据人伦之道的行为准则和以道义为归的价值理想,来批评性地反思和审视现实的权力统治关系与状况。②而与之根本不同的是,法家是以维护和强化现实的权力统治关系为根本政治目标的,并力主将君主与臣民之间的权力不对称关系绝对化,而且其整个理论视野就局限于这一点。比较而言,如果说儒家君主制的理想主要是调化君主道德权威的话,那么法家君主制的理想便是加强君主的绝对专制权力。

第五,从治道的角度来讲,儒家"德化"或德治的政治效果的取得,一方面主要是靠充分发挥在上者以身作则的道德表率作用,另一方面亦对在下者受感化而向善的可塑性寄予深切的期望。如是,上行下效,便可达到"夫君子所过者化,所存者神"(《孟子·尽心上》)的理想化境。法家亦认为"民之治乱在于上,国之安危在于政"(《慎子·佚文》),然而他们所推崇的是一种"寄治乱于法术,托是非于赏罚"(《韩非子·大体》)的治道理念,这样一种治道虽然要求君主应"缘道理以从事"而绝不能"无缘而妄意

---

① 诚如刘泽华先生所言:"在君主专断的时代,……君主的一念之差常常会造成不同的后果。正是基于这样的事实,孔子特别强调执政者个人的修养和品德。"[刘泽华:《中国政治思想史(先秦卷)》,浙江人民出版社,1996 年,第 139—140 页。]

② 我们应主要从这一意义上来理解孟子的"民贵君轻"和荀子的"从道不从君"之说。

度""弃道理而妄举动"(《韩非子·解老》),但它既不要求君主有超人的智能和高尚的品德,更不期望人民受在上者道德人格的感化而向善,而只需要君主手握权势、运用法术以使臣民"秉法为善"而"不得为非"。故韩非曰:"夫圣人之治国,不恃人之为吾善也,而用其不得为非也。恃人之为吾善也,境内不什数;用人不得为非,一国可使齐。为治者用众而舍寡,故不务德而务法……国法不可失,而所治非一人也。故有术之君,不随适然之善,而行必然之道。"(《韩非子·显学》)而所谓的"秉法为善"而"不得为非",不过是要求臣民完全听命于君主的权力意志和政治统治,即"顺上之为,从主之法,虚心以待令,而无是非也"(《韩非子·有度》)而已。

第六,如果说儒家以养教为本的"德化"治道观使儒家必然采取"双本位"的政治理念的话,那么法家"寄治乱于法术,托是非于赏罚"的治道观所采取的则是单一的君本位,而且是单一而狭隘的君利中心主义的君本位的政治理念。儒家的"德化"建立在君主和执政当权者以身作则的道德理性与民本主义的责任意识之上,而法家的"法治"却是以"胜民""弱民"为务、以加强君主的绝对专制权力为鹄的的,其所谓"法治"实非今之所谓"法治",其精神和实质绝非意在确立一种最低限度的道德行为准则,并旨在约束、限制权力的滥用或者是保障公民权利免受国家和政府的任意侵扰,而毋宁说是君主强加给臣民的一种必须绝对服从的规定,所谓"一民之轨,莫如法"(《韩非子·有度》)。"言行而轨于法令者必禁。"(《韩非子·问辨》)"禁奸之法,太上禁其心,其次禁其言,其次禁其事。"(《韩非子·说疑》)因此,"以法为教"和"以吏为师"(《韩非子·五蠹》)不过是旨在保证君主绝对权力意志的有效贯彻与执行。

第七,儒家所追求的根本政治目标是要通过五伦之教来构建一种"父子有亲,君臣有义,夫妇有别,长幼有叙,朋友有信"(《孟子·滕文公上》)的道德共同体,是要实现一种理想的"群居和一"①的社会生活愿景,

---

① 《荀子·荣辱》:"故先王案为之制礼义以分之,使有贵贱之等,长幼之差,知愚能不能之分,皆使人载其事,而各得其宜,然后使悫禄多少厚薄之称,是夫群居和一之道也。故仁人在上,则农以力尽田,贾以察尽财,百工以巧尽械器,士大夫以上至于公侯,莫不以仁厚知能尽官职,夫是之谓至平……故曰:'斩而齐,枉而顺,不同而一。'夫是之谓人伦。"

这一愿景主要有两大特征,一是追求社会等级秩序的和谐,二是强调以人伦道德来规范和调节错综复杂的人际关系网络。显然,儒家的这一愿景,对不同阶层、不同群体、不同角色的社会成员追求其生活目标的实现和生活需要的满足来讲,具有广泛的适应性和包容性。相对来讲,法家所追求的根本政治目标乃是一种过于简化单调的社会生活图景,它仅仅是一种"上下贵贱相畏以法,相海以利"(《韩非子·八经》)的政治共同体和利益结合体,在其中君主的权力和利益高高地独居于国家之巅。

综上所述,在法家政治理念的参照下,我们也许可以更好地审视儒家的人本主义道德政治观。萧公权和冯友兰两先生对法家思想的实质曾做过精到的评价,萧先生以为"先秦之法家思想,实专制思想之误称"①,冯先生认为法家所讲的不过是一种"极权主义的"理论和方法。②果如是言,那么从儒法思想分野和理论对立的意义上来审视儒家的政治理念的话,应该说儒家的政治信念实在值得我们给予更多的同情地理解。如果说儒家的贤人政治论"本质上是一种官本位的权力观"而与"现代法治观念背道而驰"③,那么法家"以法为教""以吏为师"的政治观则在本质上更是一种官本位的权力观并与"现代法治观念"背道而驰得更甚更远。因此,就其精神实质而言,如果说法家所谓的"法治"实乃"专制"之误称的话,那么与之相对应的所谓"儒家政治哲学的实质是人治主义"的断言也肯定是一种误称,特别是从"人治"意味着"个人的无法统治"的意义上来讲,简单地将儒法之争说成是"人治"与"法治"之争显然是极易令人产生误解的。

五、正名的意义

到此为止,我们一直在试图通过一种正名的工作为儒家政治哲学进行辩护。这一正名工作的意义究竟何在呢?笔者认为,将儒家政治哲学的

① 萧公权:《中国政治思想史》,新星出版社,2005 年,第 179 页。

② 冯友兰:《中国哲学简史》,涂又光译,北京大学出版社,1985 年,第 178 页。

③ 宋惠昌:《论儒家的人治主义》,《齐鲁学刊》2002 年第 6 期。

实质命为"人本主义"，以区别于"个人的无法统治"意义上的人治主义，这项正名工作的意义并不在于要对儒家表达一种纯个人情感上的好恶态度，而在于观念的厘清，或者说笔者希望它能够起到观念厘清的作用。只有观念厘清之后，我们才能更公允地来评判儒家在政治理论上的真实贡献，认清其可能造成的弊端并提出可行的矫正救治之法，这对于我们更好地理解和把握儒法之间的思想分野和理论对立，以及它们与传统专制型人治和现代民主型法治的相关性问题也是大有裨益的。

然而我们由此也将自己置于了错综复杂的问题性的难题之中。为了使问题变得更加清晰而易于处理，有必要再来明确地概述一下我们的意图。第一，我们主张在一种限定的贬义的意义上即"个人的无法统治"的意义上来使用"人治"或"人治主义"一词，此可称为"人治"的限定义。第二，我们一直是在孔孟之道或先秦儒家本来的意义上来谈论儒家人本主义政治哲学的，强调"为政在人"即作为政治主体的"人"（圣王贤君或仁人君子）在整个政治生活中起着决定性的作用，这是儒家人本主义政治哲学的根本义。第三，由于"只有在比较的观点中，才能把握到一种思想得以存在的特性"①，所以我们试图在一种对立的意义上厘清法家主张君主应完全依恃权势和法术来控御臣民的治道理念的专制主义的性质，并由此来反观儒家政治哲学的人本主义特性。第四，要把握一种政治哲学的真实意义，还需结合它与现实的政治实践和政治实体的关系或它对现实的政治实践和政治实体所可能及实际上产生的影响作用来对其意义加以阐明。第五，由于时下人们又针对儒家政治哲学与现代民主和法治观念的相关性问题而提出种种富有争议的批评性意见，那么要把握儒家人本主义政治哲学的特性，除了应在儒法之间做比较之外，尚需参照现代的民主与法治的政治理念来审视儒家的人本主义政治哲学。

就"人治"的限定义而言，"个人的无法统治"无疑是与古今中外的专制政体紧密联系在一起的，正是在专制政体之下，国家的治乱与命运完全取决于执政当权者的个人意向，特别是"在君主专断的时代……君主

---

① 徐复观：《两汉思想史（第二卷）》序，华东师范大学出版社，2001 年。

的一念之差常常会造成不同的后果"，正所谓"一言可以兴邦""一言可以丧邦"（《论语·子路》），但"正是基于这样的事实，孔子特别强调执政者个人的修养和品德"①。反过来讲，孔儒之所以特别强调执政者个人的修养和品德而倡导人本主义的道德政治观，其根本用意正在于要试图化解由个人意志可以任意决定一切的人治化的君主专制政治的弊害。但是，正是在这一点上，由于儒家倡导人本主义的道德政治观而强调"为政在人"，即以为政治的平正或苛暴和国家的治乱取决于执政当权者个人的修养与品德，这一方面会给人造成一种儒家似乎"光谈个人的修养"的"不切实际的"片面性的印象②，另一方面因儒家明言曰"其人存，则其政举；其人亡，则其政息"（《中庸》）或"得其人则存，失其人则亡"（《荀子·君道》），使儒家亦极易遭受到一种批评，即儒家所持的是一种弊害极大的"人治"主张，如陈鼓应先生所谓"人治最大的弊害在于人存政举，人亡政息"③。笔者并不认为儒家是完全撇开"君主实行专制的前提条件"来"光谈个人的修养"的，他们虽然对个人的修养和品德及道德教化的方式给予优先的关注和强调，但并不是要统治者完全撇开国家机器和放弃刑政的手段来进行统治，据此而论，则对儒家的片面性印象便是易于消除的。后一种批评却可能对儒家的政治理论和主张带来极严重的损害而使之蒙上一种似是而非的主张"人治"的污名，如果不在儒家的人本政治观的根本义与"人治"的限定义之间做一种观念的辨析厘清的话，儒家背负的污名便是难以消除的，因为"由个人意志可以任意决定一切的人治化的君主专制政治"亦同样不可避免地会造成类似于"人存政举，人亡政息"乃至治乱循环的政治后果。但是，儒家所强调的"人"作为政治主体所起的决定性的作用与个人意志可以任意决定一切的"无法统治"，在笔者看

---

① 刘泽华：《中国政治思想史（先秦卷）》，浙江人民出版社，1996年，第139—140页。

② 刘泽华先生就曾这样评价儒家的修养论："从理论上考察，人治主义没有抓住政治中的根本，即使在君主专制条件下，专制的君主地位也不是靠道德来维系的，强大的国家机器是君主实行专制的前提条件。撇开这个前提，光谈个人的修养是不切实际的空论。"[刘泽华：《中国政治思想史（先秦卷）》，浙江人民出版社，1996年，第174页。]

③ 陈鼓应：《老庄新论》，上海古籍出版社，1992年，第178页。

来,理应属于不容混淆的、两类不同性质的问题,故应正名以区别之。

那么儒家为什么要讲"其人存,则其政举;其人亡,则其政息"或"得其人则存,失其人则亡"呢?或者说,其话语的背后隐藏着的究竟是一种什么样的问题意识呢?质言之,这一儒家话语所要强调的主要是如何看待作为"治之本"或"法之原"的政治主体的"人"(君师或君子)与礼、法、政策或制度之间的关系问题。故子曰:"文武之政,布在方策。其人存,则其政举;其人亡,则其政息。"(《中庸》)《中庸》曰:"礼仪三百,威仪三千。待其人而后行。"孟子亦曰:"徒善不足以为政,徒法不能以自行。"(《孟子·离娄上》) 而荀子对儒家的这一看法所做的阐发可以说最为周详而明确,如谓:"君师者,治之本也。"(《荀子·礼论》)"有乱君,无乱国;有治人,无治法……故法不能独立,类不能自行;得其人则存,失其人则亡。法者,治之端也;君子者,法之原也。"(《荀子·君道》)很明显,依孔儒之见,文武之政或礼仪、法度、政策与制度不论其有多么完备和美善,说到底是要靠"人"来贯彻、实施和推行的,否则的话,它们再好也是不可能自动而有效地运作或发挥作用的。正因为如此,他们才一贯地坚持惟圣人最宜于作王、"惟仁者宜在高位"及"治生乎君子"的观点,并以尊贤使能为急务。

然而究竟是"人"的因素重要而具有决定性的作用,还是权术势位或礼法制度的因素重要而具有决定性的作用?这大概是古今中外政治哲学论域中最富争议的论题之一。就儒法之争而言,法家最反对和激烈批评儒家的就是他们的那种圣人作王、仁人在位的政治期望,并极力主张"唯法为治"而反对以仁义正国治天下,[①]法家亦明言其治道理念乃是为"上不及尧、舜,而下亦不为桀、纣"(《韩非子·难势》)的"中材之君"准备的。那么,批倒、推翻了儒家人本主义的"治人"观念,是否就一定意味着一种政治观念上的进步呢?胡适先生在其《中国哲学史大纲》一书中便如是评

---

① 如《商君书·画策》载:"仁者能仁于人,而不能使人仁;义者能爱于人,而不能使人爱。是以知仁义之不足以治天下也。"韩非更讥评儒家仁义之无用说:"夫称上古之传颂,辩而不悫,道先王仁义而不能正国者,此亦可以戏而不可以为治也。"(《韩非子·外储说左上》)

价慎到的"势位"观念："这个观念，在古代政治思想发达史上很是重要的。儒家始终脱不了人治的观念，正因为他们不能把政权与君主分开来看，故说：'徒法不能以自行。'又说：'惟仁者宜在高位。'他们不知道法的自身虽不能施行，但行法的并不必是君主乃是政权，乃是'势位'。知道行政执法所靠的是政权，不是圣君明主，这便是推翻人治主义的第一步。慎子的意思要使政权（势位）全在法度，使君主'弃知去己'，做一种'虚君立宪'制度。君主成了'虚君'，故不必一定要有贤智的君主。荀子批评慎子的哲学，说他'蔽于法而不知贤'，又说'由法谓之，道尽数矣'。（《解蔽篇》）不知这正是慎子的长处。"[1]胡适先生言下之意，显然是要强调并肯定慎到的"势位"观要比儒家的"人治"观有其"长处"。然而，我们却不能不问法家理想中的君主虽"不必一定要有贤智"，但真的是一位"虚君"吗？所谓的"推翻人治主义"的"长处"又究竟对谁有利呢？由于慎子尚主张"立天子以为天下，非立天下以为天子也。立国君以为国，非立国以为君也"（《慎子·威德》），故他迈出的"推翻人治主义的第一步"还有较多值得肯定之处的话，而当法家渐行渐远，终于彻底推翻了所谓的儒家"人治主义"之后，从而使"中君""庸主"只要"抱法处势"、守持术术便足以将天下人或整个社会囚禁在君主的权力牢笼或国家机器之中，而能够随心所欲地控御臣民以实施极权统治[2]的时候，我们又当如何来评价儒家的"治人"和法家的"治法"的观念呢？究竟是儒家的"治人"观还是法家的"治法"观更易于流为或深陷君主"个人的无法统治"意义上的"人治主义"的泥沼呢？

比较而言，我们似应给予儒家的"治人"观以更多的同情理解和激赏，因为他们的人本主义政治哲学中毕竟蕴含着较多的值得我们吸取和借鉴的富有深刻价值的政治智慧与精义，如他们既强调"人"的决定性作

----

① 胡适：《中国哲学史大纲》，东方出版社，1996年，第308—309页。

② 如美国学者乔·萨托利在《民主新论》一书中所言："极权主义是指把整个社会囚禁在国家机器之中，是指对人的非政治生活的无孔不入的政治统治。"（[美]乔·萨托利：《民主新论》，冯克利、阎克文译，东方出版社，1998年，第223页。）

用，故对作为政治教化之主体的执政当权者与君主提出了更严格的理想性的道德要求和约束性的行为规范，并深切地期望他们富有以身作则的道德理性精神，以及肩负起以养教为本的民本主义的政治责任，而且在儒家以人为本位的道德理想主义的温床上也往往会生长出一种对现实政治的强烈批评精神。法家的整个治道理念由于主要乃至完全是围绕着以君主的权力与利益为本位来架构的，故其理论是朝着愈来愈放弃对君主加以限制的方向发展的，竟至于到李斯向秦二世劝进"督责之术"，一篇纯粹御用文人的"暴政颂歌"，一种要君主"专以天下自适"而"恣睢"无限的绝对君主专制主义的理论与事实"遂赫然出现于中国"。对此，萧公权先生有极精到的论述①，而笔者想强调的是，在中国政治思想史上真正明明白白而肆无忌惮地鼓吹"个人的无法统治"的人治主义政治主张的恰恰是法家理论的实践家李斯，这是最值得我们好好反省的一件事。

六、进一步的反省

我们究竟应好好反省什么呢？

首先，以"人治与法治对举"来概括和描述儒、法之间的思想分野与理论对立，无疑存在诸多需要加以辨析和厘清的极易产生混淆和令人发生误解的观念上的问题。如果这不仅仅是一个一般性的"智者见智，仁者见仁"的问题的话，那么我们就有充分而正当的理由来使用新的概念来

---

① 萧公权先生曰："盖先秦之法家思想，实专制思想之误称。其术阳重法而阴尊君。故其学愈趋发展，则尊君之用意愈明，而重法之主张愈弱。《管子》书中颇注重君主之立法自守，而亦屡言纳谏节欲诸事。故君权虽尊，而犹多限制。韩非不复持'令尊于君'之说，则去法治愈远而距专制愈近。然《十过》篇斥'不务听治而好五音'，'耽于女乐不顾国政'，'离内远游而忽于谏士'，'过而不听于忠臣而独行其意'诸事，其用意在限约君主，不任恣睢……及李斯佐始皇助其营治宫室，劝其拒谏，随之远游。相二世则逢迎其恣睢之欲，发为督责之书。于是并韩非所立之限制亦一举废除。'独制于天下而无所制'之绝对君主专制理论与事实，遂赫然出现于中国。"（萧公权：《中国政治思想史》，新星出版社，2005 年，第 179 页。）

重新命名和描述这一问题。以"人本"替换"人治",对"人治"的含义加以严格的限定,阐明法家"法治"理念的实质以区别于现代法治的观念等,正是为了要厘清观念以消除一些不必要的误解。

其次,依照荀子的说法,对于儒、法之间的思想分野与理论对立,与其以"人治与法治对举",毋宁使用传统的术语和观念,即以"治人"与"治法"对举,更能准确地彰显其问题意识的真义或本义。以"治人"与"治法"对举的传统观念所要强调的,只是对天下、国家和社会的"治理"来讲,究竟是"人"还是"礼法"(制度)最终起着决定性、主导性的作用。这一说法显然并不像"人治与法治对举"的说法那样会被附加上许多现代人所持的观念上的意义。当然,我们并不主张简单地恢复使用传统的术语和观念,我们之所以极力主张以"人本"替换"人治",并阐明法家"法治"理念的实质,是因为这不仅仅可以厘清观念以消除一些不必要的误解,而且更能帮助我们全面而深刻地理解和把握儒家政治哲学的实质,以及儒、法之间思想分野与理论对立的丰富意涵,而不是将儒法之争单纯限定于"治人"与"治法"的观念分歧。

再次,我们之所以主张以"人本"替换"人治",是因为"人本"乃是一个相对中性化的词语,以"人本"替换"人治",可以消除由于"人治"一词的使用所可能带来的一些先入为主的不必要的误解,有利于我们对儒家的政治哲学理念从正反两个方面做客观而公允地审视与评价。我们之所以限定"人治"的含义,而不是简单地摒弃"人治"这一概念和术语的使用,是因为"人治"的限定义对我们仍然极其有用。特别是从比较的观点来看,在限定的意义上,与其说儒家的君主制的理想及其治道理念是倾向于"人治"的,毋宁说法家的君主制的理想及其治道理念是更倾向于并在实践上最易于导致"人治"化的极权统治的。

然后,就人与礼法或制度的关系及其作用的问题而言,儒、法之间的分歧与对立究竟是绝对的还是相对的,是一种非此即彼而两极相反式的分歧与对立,还是一种有可能最终走向调和互补的层次性的分歧与对立?笔者认为是后者,因为人的因素和制度的因素不会单纯地起作用,正如英国著名政治哲学家波普尔所言:"一种纯粹的人格主义是不可能的。

但也必须说，一种纯粹的制度主义同样不可能。"①就儒家的"治人"观念来讲，诚如萧公权先生所言："国家不能徒赖完善之制度以为治，诚为至明显而不可逃避之结论。""吾人应注意，孔子虽谓为政在人，非即谓为政不必有制。""孔子之注重'君子'，非以人治代替法治，乃寓人治于法治之中，二者如辅车之相依，如心身之共运。后人以人治与法治对举，视为不相容之二术，则是谓孔子有舍制度而专任人伦道德之意，非确论也。"②而法家虽言君主不必一定要有贤智，而"寄治乱于法术"，但亦非即谓为政完全无关乎个人因素，君主"体道"、戒慎其所为对法家而言亦同样是治理成败的关键性因素。而我们究竟应如何来评价儒家的人格主义或人本主义和法家的制度主义呢？问题的关键并不在于对他们而言"人"与"制度"的因素孰重孰轻或哪一个因素更具有决定性的意义，而在于他们的根本政治意图究竟是要赋予君主制一种更高道德要求的理想目标还是仅仅要强化绝对的君主专制的权力本身。换言之，仅仅泛泛而谈人与制度的因素究竟孰重孰轻的问题，并没有触及或抓住问题的实质，我们必须要进一步追问的是所谓的"人"与"治"究竟是善人善治还是恶人恶治，所谓的"法"与"制"究竟是良法良制还是恶法恶制。而如果非要提出人与制度的因素究竟孰重孰轻的问题的话，那么这也许是一个需要我们面对而又难以轻易下定论的永恒的政治难题，不过，有一点却是绝对无疑的，那就是"个人的无法统治"意义上的"人治主义"或"人治"的政治传统却应成为一个被人们永远唾弃的历史陈迹！

最后，我们还应从其与现实的实践性互动关系的角度来考量乃至参照现代的观念来审视一种历史上的思想或观念的意义。众所周知，儒家人本主义道德政治观的中心理念便是他们那仁君圣王的理想，法家之所以激烈批评和反对儒家的这一中心理念，自有他们的理由和用意所在，即旨在倡导一种使"中君""庸主"式的君主也能够随心所欲地贯彻其政

①［英］卡尔·波普尔：《开放社会及其敌人（第一卷）》，陆衡等译，中国社会科学出版社，1999年，第237页。

②萧公权：《中国政治思想史》，新星出版社，2005年，第49页。

治意志以实施绝对的专制统治的治道理念。显然,我们绝不应再步法家之后尘而给予儒家同样的批评,然而这却并非是说我们就不再需要对儒家的这一政治理念做任何批评性的反省了。

笔者所谓的"批判性的反省",乃是指对儒家的政治理念的意义应做一分为二观。而所谓"一分为二观",一方面,我们应充分肯定儒家人本主义的道德政治观从理论本身来讲自有其重要的价值与意义,如我们上面已指出过的,儒家对作为政治教化之主体的执政当权者与君主事实上提出了更严格的理想性的道德要求和约束性的行为规范,并深切地期望他们富有以身作则的道德理性精神,以及肩负起以养教为本的民本主义的政治责任;他们所追求和向往的仁君圣王的政治理想与期望,既旨在激赏和提升君主的道德权威,而又试图借此理想的激发来化解"人治化"的专制暴政的严重弊害,为此,他们亦以仁人君子作为对自我的期许而不惮乎"务引其君以当道"①"以德致位"甚或"以德抗位"②,故有时对专制暴政提出猛烈的政治批评,众所周知,孟子这方面的言辞最为激烈,故萧公权先生称孟子的政治(仁政)思想乃是"针对虐政之永久抗议"③。就此而言,笔者并不认为儒家人本主义的道德政治观、"君君臣臣"的正名主义理念及其仁君圣王化的君主制理想和政治期望可以径直被称为是"专制主义的"。另一方面,我们也应指出,儒家人本主义的政治理念在思维方式上也同时存在着严重的缺陷,以至可能导致严重的政治后果,即儒家的人本主义政治理念一如法家的权术法治理念,亦同样是易于为历史上大大小小的僭主们所利用的,诚如徐复观先生所言:"专制政体与文化思想的关系,都是买椟还珠的关系。"④在与汉之后大一统帝国的专制政体结合为一种制度化的政教相维的关系中,儒家人本主义政治理念的精义之被歪曲利用乃至遭遗弃可以说是不可避免的。

---

① 如《孟子·告子下》载:"君子之事君也,务引其君以当道,志于仁而已。"
② 如萧公权先生:"孔子欲君子之以德致位,孟子则以德抗位。"(萧公权:《中国政治思想史》,新星出版社,2005年,第63页。)
③ 萧公权:《中国政治思想史》,新星出版社,2005年,第62页。
④ 徐复观:《两汉思想史(第二卷)》,华东师范大学出版社,2001年,第40页。

七、正视儒家政治思维的缺陷

儒家人本主义政治理念在思维方式上究竟存在着什么样的严重缺陷呢？

(一)儒家仁君圣王观念的内在悖论

对孔子来讲，"圣人"在他的时代已是不得而见了，而"博施于民而能济众"(《论语·雍也》)的圣人之治应该说也只是一种可望而不可即的政治理想，即使是历史上的"尧舜"之治亦是有所不及的。但是儒家的政治理念演化至孟荀则发生了一种微妙而深刻的转向，他们所关注的根本政治问题或其问题意识的焦点集中在了对仁政王道或仁君圣王之治的政治诉求。为此，他们各自提出了一种普遍性的人性善恶的基本预设，并基于人之可以自我完善的可能性而推导出一个人人皆可以为圣人的普遍命题。但是，尽管从圣人性不异于众的认识出发，孟荀共同抛给了世人一种人人皆可以成圣的希望，因为从本质上说人人都具有与圣人一般无二的向善的资质，以至人人都有超越自我而成为圣人的潜在可能性。然而，孟荀却又实实在在地在圣人与一般人之间划了一道深深的鸿沟，即荀子所说"能不能之与可不可，其不同远矣"(《荀子·性恶》)。

正因为如此，所以人人皆可以为圣人的普遍命题事实上却只具有一种特殊的政治意义，即圣王之治是唯一具有实现的真实可能性的，故孟子曰："人皆有不忍人之心。先王有不忍人之心，斯有不忍人之政矣。以不忍人之心，行不忍人之政，治天下可运之掌上。"(《孟子·公孙丑上》)换言之，亦唯圣人最宜于作王，故荀子曰："天下者，至重也，非至强莫之能任；至大也，非至辨莫之能分；至众也，非至明莫之能和。此三至者，非圣人莫之能尽。故非圣人莫之能王。圣人备道全美者也，是县天下之权称也。"(《荀子·正论》)显然，孟子之标举"人皆有不忍人之心"，主要是为仁君圣王行仁政、实现王道之治做可行性论证；而荀子之推许"备道全美"的圣人，亦主要是为了要赋予其治理至重、至大、至众之天下的重任。尤其值得我们做深刻反思的是，他们的上述仁君圣王观念已不再仅仅是一种理想与期望,而是成为他们深信不疑的政治信念,即对孟荀来说,圣王之治不仅在历史上曾经真实地实现过,而且在当下乃至未来亦是最值得人们去追求实现的根本政治目标,并完全是可能实现的。

而如果说"人是有限的、不完善的并无法完善的"①的话,那么孟荀的这一圣王可期的政治信念便具有一种悖论性质,而毋宁说是一种虚妄的政治幻想,这一如波普尔所谓"唯美主义、完善主义、乌托邦主义"和激进主义的政治幻想"必然引导我们放弃理性,而代之以对政治奇迹的孤注一掷的希望"②。而希望的破灭则是历史注定了的,儒家"备道全美"的圣人对势位无敌而至尊无上的权力诉求在历史上往往被靠武力打天下的帝王们僭取篡改为"王圣"的政治诉求,即对"成者为王"进行一种圣化的加冕,而儒者亦只能为此而进行合法性辩护,于是儒家的政治信念遂变而成为这样一种事后诸葛亮式的叙事化的政治话语:王者之所以能取得天下,乃是因为他是受命而王的圣人。③而当一个"贵为天子,富有天下,名为圣王"的统治者可以"兼制人,人莫得而制"(《荀子·王霸》)的时候,儒家又怎么可能保证不会使我们陷入专制极权主义的政治灾难之中呢?靠君主帝王们的自我道德修养,靠大臣们义勇可嘉的谏诤,靠儒家君子"格君心之非"的引导感化,靠冥冥之中主宰一切而其威甚可畏的天命,儒家的所有这些主张与努力都没有也不可能从根本上化解专制极权统

---

① 德国著名哲学家卡尔·雅斯贝斯所言:"为什么有历史?因为人是有限的、不完善的并无法完善的,他必须在其贯通时间的变化中逐渐认识到永恒,他只有沿着这条道路才能达到这一步。人之不完善与其历史性是同一桩事情。人之限度排除了某些可能性。世界上不可能有理想的状态,没有公正的世界组织,没有完人。只有完全倒退为纯粹的自然事件,才可能是永恒的终止状态。"([德]卡尔·雅斯贝斯:《历史的起源与目标》,魏楚雄、俞新天译,华夏出版社,1989年,第268页。)

② [英]卡尔·波普尔:《开放社会及其敌人(第一卷)》,陆衡等译,中国社会科学出版社,1999年,第314页。

③ 汉儒的政治信念即是如此,所谓"王者必受命而后王"(《春秋繁露·三代改制质文》)、"非圣不能受命"(《白虎通义·圣人》),而"太史公读秦楚之际,曰:初作难,发于陈涉;虐戾灭秦,自项氏;拨乱诛暴,平定海内,卒践帝祚,成于汉家。五年之间,号令三嬗,自生民以来,未始有受命若斯之亟也……故愤发其所为天下雄,安在无土不王。此乃传之所谓大圣乎?岂非天哉,岂非天哉!非大圣孰能当此受命而帝者乎?"(《史记·秦楚之际月表·序》)

治的弊害。正因为如此,随着民主主义理念自西方而传入并不断地深入人心,儒家圣王主义的观念至近世以来遭到了人们的唾弃,乃是历史的必然。

正如西方人"常常从《理想国》中引申出的一个实际的教训",即"如果哲学家试图当国王,那么其结果是,要么哲学被败坏,要么政治被败坏,还有一种可能是,两者都被败坏。因此,唯一明智的选择是分离两者"[1],我们也理应从儒家的政治哲学中引申出一个实际的教训,即奉行圣王主义的结果就是,要么内圣之学被败坏,要么外王之治被败坏,或者是两者都被败坏。我们不妨套用清儒戴震批评程朱之言[2]的格式与理路而总论儒家之圣王观念曰:儒家以"道"为如有物焉,而惟圣人可以体道。启天下后世之僭主挟至尊无上之势位而自居为体道之圣人,以祸斯民。更淆以圣人备道全美之说,于体道益远,于劫圣人之道以固帝王之势益坚,而祸斯民益烈。岂圣人之道祸斯民哉?不自知为帝王之利器也。因此,唯一明智的选择便是分离两者,让内圣之学回归它本能更好地发挥其应有作用的个人修德的私人领域,以激发人的道德向上心,提升人的心灵境界,而让外王之治恢复其在公共领域的本来面目,以使人们能够更加清醒和理智地面对公共性的政治问题,并基于人的有限性或不完善性来积极地探究良法善治。

(二)儒家民本主义政治理念的思维缺陷

儒家的民本主义政治理念显然是值得我们珍视的,然而我们却不应因这一珍视的态度便一叶障目而无视其思维方式上的缺陷。梁启超和萧公权两先生对儒家重民和民贵思想的评价应该说是至为精当而公允的,他们说:

---

① [美]马克·里拉:《当知识分子遇到政治》,邓晓菁、王笑红译,新星出版社,2005年,第40页。

② 戴震:"程朱以'理'为'如有物焉,得于天而具于心'。启天下后世人人凭在己之意见而执之曰'理',以祸斯民。更淆以'无欲'之说,于得理益远,于执其意见益坚,而祸斯民益烈。岂理祸斯民哉?不自知为意见也。"(《文集·答彭进士允初书》)

我先民权知民意之当尊重。惟民意如何而始能实现,则始终未尝当作一问题以从事研究。故执政若违反民意,除却到恶贯满盈群起革命外,在平时更无相当的制裁之法。此吾国政治思想中之最大缺点也。①

孟子民贵之说,与近代之民权有别,未可混同。简言之,民权思想必含民享、民有、民治之三观念。故人民不只为政治之目的,国家之主体,必须具有自动参预国政之权利。以此衡之,则孟子贵民,不过由民享以达于民有。民治之原则与制度皆为其所未闻。故在孟子之思想中民意仅能作被动之表现,治权专操于"劳心"之阶级。暴君必待天吏而后可诛, 则人民除取不亲上死长之消极抵抗以外,并无以革命倾暴政之权利。凡此诸端,皆由时代环境所限制。②

尊民意而无法实现,民为贵而无治权,这一思维方式上的缺陷决定了儒家的"民本"观虽然重民利、畏民力而又力主以德化民,但终究是只能落实在对人民"衣食之端"的需求的偏重,这必然带有很大的扭曲性,诚如加拿大著名哲学家查尔斯·泰勒在《承认的政治》一文中所言:"得不到他人的承认或只是得到扭曲的承认能够对人造成伤害,形成一种压迫形式,它能够把人囚禁在虚假的,被扭曲和被贬损的存在方式之中。"③因此,民之所以为贵不过在于民力之可以反抗暴政和推翻暴君,而统治者虽然重视民利,却仍然可以"为了人民的利益"而对人民实行专制统治④,对人民的道德教化也会蜕变为对人民的道德规训与监控。而问题的关键在于,在儒家君本与民本二者相辅相成的"阴阳组合结构"的"双本位"的政治理念中,由于君主作为政治教化的主体地位是不容置疑的,故儒家传统的民本观不管如何关注民生、重视民利、敬畏民力,却只能是一种

① 梁启超:《先秦政治思想史》,东方出版社,2012年,第45页。
② 萧公权:《中国政治思想史》,新星出版社,2005年,第62—63页。
③ 汪晖、陈燕谷主编:《文化与公共性》,生活·读书·新知三联书店,1998年,第290—291页。
④ [美]乔·萨托利:《民主新论》,冯克利、阎克文译,东方出版社,1998年,第538页。

"爱民"观,而与"民主"观仍有着"霄壤之别"①,因为它始终未能发展出"民权"的政治价值观。

也许有的学者会提出不同的意见,譬如李存山先生在《"人本"与"民本"》一文即如是说:"知'民惟邦本'('利群')是儒家更根本的价值观,则从民本进至民主也是当然的。中国政治的现代化就是从民本走向民主,改变'惟以一人治天下',而使人民不仅是价值主体,而且成为'公民'(citizen),成为政治权利(rights)与权力(powers)的主体。"②这样讲当然是不成问题的,成问题的是所谓从民本"进至"或"走向"民主究竟意味着什么? 是说必须经过价值的转换而由民本进至民主呢,还是说儒家的民本从价值理念上讲内在地或自然而又当然地具有发展为民主的现实可能性呢? 这中间是绝不容含糊其词的,李先生对此问题阐述得并不是很清晰明确,从其全文的理路来讲,李先生话中的意思似乎是旨在强调后者,而且李先生甚至认为,"在儒家的思想中,'民本'的价值观实高于对君主权力的肯定;也就是说,'民本主义'高于'王权主义'"③,这更是笔者所不敢苟同的。而依笔者之见,我们却理应从前一种意义上来讲"从民本进至民主"的问题,也就是说,"从民本进至民主",是"中国政治的现代化"的"当然的"要求④,但必须要经由一种价值观的根本转换,即首先要树立起"民权"(包括权利和权力两个方面)来,这才是中国政治现代化即走向民主的真正起点,只有在这个起点之上才能期望产出"民利",而"产生民利不需要爱民",相反,"爱民仅仅是一种可能性",而儒家的民本主义事实上是一种"有尾(民利)无头(民权)的怪物"⑤。因此,我们并不主张简单地蔑弃儒家民本主义的价值观,但只有在树立起"民权"的基础上,儒家"民利"的诉求和"爱民"的期望才是真正顺理成章而有

① [美]乔·萨托利:《民主新论》,冯克利、阎克文译,东方出版社,1998年,第539页。

②③ 李存山:《"人本"与"民本"》,《哲学动态》2005年第6期。

④ 如牟宗三先生所言:"了解如何从贵族制转至君主专制制,如何从君主专制制再必然地要转至民主制。转至民主制是转至近代化的国家政治法律之建立,这是一民族自尽其性的本分事,不是西化的事。"(牟宗三:《生命的学问》,广西师范大学出版社,2005年,第53页。)

⑤ [美]乔·萨托利:《民主新论》,冯克利、阎克文译,东方出版社,1998年,第540页。

其实现的可能性的。这便是我们强调价值观转换的真义所在。果如是言,那么儒家"有尾无头"的民本主义便不可能是高于一切的,不然的话,何以"从民本走向民主"需要改变"惟以一人治天下"的政治局面呢?这种局面恰是儒家的民本主义始终未能突破的政治难题,而所谓的"王权主义"指的正是这样一种我们中国人需要突破而未能突破的政治难题,即以"惟以一人治天下"为纲纪枢纽的整个社会的控制与运行机制,儒家的"民本主义"是含摄在这一"王权主义"的机制之中的,而岂能曰"'民本主义'高于'王权主义'"呢?即使是在儒家的观念中"民本主义"高于一切,那也是一个无头的巨人,而一旦遭遇到"轻君"之"治权"的抑压,无头的巨人终归是一僵死的怪物。而之所以会产生"'民本主义'高于'王权主义'"这样一种幻觉与误解,显然是出于对孟子民贵君轻之说的误会。

孟子之言民贵君轻曰:"民为贵,社稷次之,君为轻。是故得乎丘民而为天子,得乎天子为诸侯,得乎诸侯为大夫。诸侯危社稷,则变置。牺牲既成,粢盛既洁,祭祀以时,然而旱干水溢,则变置社稷。"(《孟子·尽心下》)对孟子的这句名言,学人多断章取义而笼统地加以解读与诠释,以为孟子是在一个价值的平面上对君与民即治者与被治者做一种价值等级的比较与排序,以至于竟会得出"在儒家的思想中,'民本'的价值观实高于对君主权力的肯定"或"相比于社稷(一姓之国家)和君主而言,人民是最有价值的"①的结论,这一结论是颇值得商榷的。因为只有语境才使信息真正"具有意义"②,而我们要想准确地理解孟子之言向人们所要传达的真实信息及其意义,置其言说的语境于不顾肯定是会曲解其意的。就孟子所处时代的政治背景及其言说的整个语境来讲,层级化的封建体制无疑仍然是孟子心目中的理想制度架构,因此,政治问题对孟子而言也是具有层级性,对此孟子言之甚明,即天下与国家不同层级的政治问题有其相同一致之处,更有其迥然相异之点而绝不容混淆,所谓"三代之得天

---

① 李存山:《"人本"与"民本"》,《哲学动态》2005 年第 6 期。
② [英]霍克斯:《结构主义和符号学》,上海译文出版社,1987 年,第 83 页。

下也以仁,其失天下也以不仁。国之所以废兴存亡者亦然"(《孟子·离娄上》)。然而,"不仁而得国者,有之矣;不仁而得天下,未之有也"(《孟子·尽心下》)。

我们若能细心体察孟子所言之用心,便不难理解孟子何以言民贵君轻之深意了。据笔者的理解,孟子所言民之为贵显然是在天下的层次上来讲的,正所谓得民心者得天下,亦即孟子所谓"得乎丘民而为天子",亦荀子所谓"天下归之之谓王"(《荀子·正论》),也就是说,能为天子、作天下之王者必是能够赢得民心之支持和拥戴者,而王之为王又何以能赢得民心呢?孟子曰:"以德行仁者王。"(《孟子·公孙丑上》)然而在国家或诸侯之社稷的层次上讲,国之所以废兴存亡虽然同样是由统治者行不行仁政造成的,但是诸侯之社稷由天子行分封而设置,同时诸侯国君的统治权力亦是由天子所授予,正所谓"得乎天子为诸侯",故社稷之为社稷并非"一姓之国家",而是一方(相对于天下之地方)之守护神,而国君便是这一方守护神之宗主。如果说"普天之下,莫非王土;率土之滨,莫非王臣"(《诗经·北山》)的话,那么诸侯统治权力的合法性既来自天子的授予,其职责便不过是代天子以行一方之治权、为一方之神守主,故诸侯无道而一旦危及社稷,"则当更立贤君",如此说来自然是"君轻于社稷"了(朱熹《孟子集注》);而诸侯之国君虽然尽心奉祀、礼祠土谷之神,而仍不免有水旱灾患,是"土谷之神不能为民御灾捍患",则"变置"或"更置"社稷,如此说来"是社稷虽重于君而轻于民也"(朱熹《孟子集注》)。因此,孟子所谓"民为贵"者因其关乎天下国家之兴亡,唯天与人归者方能得天下而为王;社稷乃一方之神守,关乎一方之安宁;而诸侯之国君职在奉祀一方之社稷而代天子行一方之治权。三相比较,其轻重自然分明,而君之为轻实不言而自明。

综上分析,我们自然可以说"'民本'的价值观实高于对君主权力的肯定",但我们必须要申明的是,所谓的"君主"在孟子的语境中应是指"诸侯之国君"而已,而孟子之所以倡言民贵而君轻正因为这两者的重要性并不在一个层次的价值平面之上,"民本"的价值观乃体现在对天下之王权力的肯定,而这才是问题的真正关键所在。果如是言的话,那么在孟子的整个王道理想的架构中,"民本"的价值观虽然高于对一国之君权力的肯定,但在整个天下的层次上,"民本"的价值观却是平行或对等于对天下之王权力的肯定的,因为赢得民心对于王者之得天下具有决定性的意义,反之民心之向背亦是由王者之德行决定的,天下之治乱既系之于民心之向背,亦取决于王者之仁与不仁之心。由此而言,孟子的仁政王道之政治理想的理论架构,既是以人民之心向为本位,又是以君王之心向为本位的,此正是一种典型的"阴阳组合结构"的政治理念。但是由于教养天下之"治权"完全操之于王者之手,故"民心"或"民意"在孟子的思想中亦"仅能作被动之表现",而天下之治乱或一治一乱事实上乃是由王者之仁暴单方面决定的。故无论在理念层面还是在事实层面,由"'民本'的价值观实高于对君主权力的肯定"都不可能推导出"'民本主义'高于'王权主义'"的结论,除非是一种无类推理。而要想使中国之政治跳出"其兴也浡焉,其亡也忽焉"的历史周期律的支配,就必须要走一条"新路",即由"民本"转进至"民主","只有让人民来监督政府,政府才不敢松懈。只有人人起来负责,才不会人亡政息"[①]唯其如此,中国政治也才能真正走上牟宗三先生之所谓"政道"。

(三)儒家"治人"观的必然蜕变与败坏

儒家的"治人"观和法家的"治法"观可以说代表了中国轴心期古典政治哲学的两大主导性理念,儒家的"治人"观强调的是"治国之本在人",而法家的"治法"观强调的是治国当"唯法所在"(《慎子·君臣》)或"事断于法,是国之大道也"(《慎子·佚文》)。这两大政治观念从对立走向融合乃是中国思想史上最值得我们认真予以反思的一件大事。然而,我们究竟应如何来理解、认识和把握这两大政治观念及其对立和融合的实质性意义呢?仅仅通过一种简单的词语上的颠倒置换,如学人们通常的做法是用"人治"来说明和概括儒家的"治人"观而以"法治"来说明和概括法家的"治法"观,以为儒、法之间的理论分歧和对立便是"人治"与"法治"思想之间的分歧和对立,这样一种说明和概括究竟是揭示还是掩盖

---

① 中共中央文献研究室编:《毛泽东年谱(中卷)》,人民出版社,1993 年,第 609—610 页。

或扭曲了问题的实质？至少在笔者看来,这样一种似是而非的说明和概括对问题的实质来讲,其掩盖或扭曲的作用是大于其揭示的作用的。

如果我们首先能够站在价值中立的立场上来思考问题的话,也许我们就不难发现,儒法两家"治人"观与"治法"观之间的分歧与对立,其实是有关于在影响政治的诸多因素中何者更为重要或具有决定性的意义,是"人"(政治主体)还是"法"(政治制度)的问题。这一理论问题的提出和讨论,应该说深化和推进了人们对政治现象和事务的认识和理解,促进了传统政治理性的发展。甚至可以说,这一问题不仅是中外古典政治哲学亦是现代政治哲学的重大思想议题之一。当然这样讲,尚不足以使我们认清儒家"治人"观和法家"治法"观的根本分歧及其实质性意义。但是我们首先必须认清了儒家"治人"观和法家"治法"观究竟是一种什么样理论问题,才能进一步来讨论和评判儒法两家政治理念和其思维方式上的基本特征、根本分歧及其实质性意义。

依笔者之见,就儒法两家政治理念和其思维方式上的基本特征、根本分歧及其实质性意义来讲,问题的关键并不在于它们强调在政治生活中究竟是"人"(主体性因素)还是"法"(制度性因素)起决定性的作用,而在于其整个治道理念的根本价值目标取向是什么。事实上,儒法的治道理念,不管是强调"治人"还是"治法",从政治统治的权力主体的意义上讲,都是围绕着君主或以君主为本位来建构的,即如何才能更好地或更有效地来维护君主的统治,这才是问题的关键所在。只有针对这样一种问题意识来讲,我们才能说真正理解和认清了儒家"治人"观与法家"治法"观的根本分歧及其实质性意义。质言之,儒家的"治人"观为自己设定的根本政治目标在于对人民实施一种人伦道德的教化,由此而要求执政当权者和君主首先必须能够做到以身作则、修身垂范,并努力通过修养而不断提升自己的道德品格,当然,儒家的这一以修身为本的"治人"观所期望和追求的最终乃是维护、加强和提升君主制的道德威权。反之,法家的"治法"观所追求的根本政治目标乃是使君主仅仅通过掌握权势而运用法术就足可以随心所欲而有效地控御臣民以为己所用,因此,这一治道理念既不需要君主有过人的才智和能力,更不需要君主通过修身而提升自己的道德超凡魅力。

据上所言,儒家的"治人"观,一方面基于一种对人之可以自我完善的基本信任态度,而对统治者提出了一种以修身为本的高标准的道德要求,另一方面强调统治者既要对人民施以道德的教化,而其统治的稳固亦需要民心的支持及其道德的忠诚。反之,法家的"治法"观乃是基于对臣民不信任的政治心理而提出来的,因此它所追求的仅仅是能够让臣民"不得不"服从君主的强权统治。显然,这是两种极为不同的治道理念和思维理路,代表了两种颇为不同的君主制理想。而最耐人寻味的是,这两种极为不同的治道理念、思维理路和颇为不同的君主制理想,在战国秦汉之际却由相互的对立与排诋而逐渐趋于合流最终走向了共同为大一统帝国专制政体服务的道路。

那么儒法两家的治道理念何以能够最终趋于合流呢?

概括地讲,笔者认为主要有这样几个方面的因素导致或决定了二者的合流:其一,儒法两家君主制的理想虽然颇为不同,但又毕竟都是围绕着君主制政体而建构其治道理念的,因此,就一国之社会与政治秩序的整合问题而言,他们的政治立场基本上是一致的,即强化君主的一元化权威,所不同的是儒家主要强调强化的是君主的道德威权,而法家强调的是强化君主的绝对权势地位。其二,如上文已指出过的,儒家"治人"观与法家"治法"观之间的分歧与对立并非是绝对不能相融的,而是一种相对的、层次性的分歧与对立,特别是儒家的"治人"观其实并不完全否认制度性因素的作用,甚至可以说儒家以"人"(圣贤式的政治主体)为本位的人本主义政治理念是完全能够将以礼法为骨干的制度主义的政治主张包容、涵摄在自身的观念架构之中的。①其三,如果说法家的"治法"观没有为我们留下一份旨在约束、限制权力的滥用,以及保障公民权利免受国家和政府的任意侵扰的法治理念的珍贵思想遗产的话,同样儒家的

---

① 荀子所做的系统的理论综合工作便最为典型、最具代表性,也正因为儒家的"治人"观可以包容法家的"治法"观,所以儒家"治人"观对法家"治法"观的排诋并不如法家"治法"观对儒家"治人"观的排诋那么强烈和决绝,荀子与韩非和李斯师徒之间的态度差异即是明证。

"治人"观也没有为我们留下一份旨在保障公民权利和从制度上对权力加以约束、制衡和控制的民主性的珍贵思想遗产,我们之所以这样讲,并非是要依据现代的民主法治观念来对儒、法两家的治道理念给予一种外在化的批评,而是旨在彰显他们的治道理念在思维理路上存在的内在缺陷。法家以法术控御臣民的治道理念是以对臣民的不信任为心理基础的,而儒家以圣贤为本位的"治人"观却是以对"人"(政治主体)的自我完善的充分信任为心理基础的,这两种政治心理看上去是相反对立的,而其实又恰恰具有互补性,是可以相辅相成、联袂而行的。

诚如上言,我们便不难理解儒、法两家在战国秦汉之际何以会由冲突、竞争乃至激烈对抗而最终走向合流的深层原因,正如《汉书·艺文志》所言:"其言虽殊,辟犹水火,相灭亦相生也。仁之与义,敬之与和,相反而皆相成也。"虽然他们之间在天下秩序的建构问题上由于立场的分歧而一度在秦王朝建立之初演化为两条政治路线的斗争,斗争的结果是法家取得胜利而其思想成为大一统帝国制度架构的理念基础①,而儒家受到几近毁灭性的政治打击和迫害。然而随着新兴汉家王朝的建立及其统治策略和政治指导思想的调整和转变,以及汉儒政治态度上的调适与转变,即由拥护西周封建制度一变而拥护君主专制政体,儒家最终赢得了政治意识形态领域的统治地位,而成为中国两千年之正统学派。不过深受官方尊崇而居于统治地位的"儒术",其实是融合、吸纳了诸子百家的政治理念,其中与法家治道理念的合流最为深切著明。可以说,对于塑造君主制及其官僚政治的价值理想与目标、建构政治统治的合法性基础,以及完善整个大一统帝国制度架构及运作机制等方面,儒法两家分别做出了他们各自的重要贡献,儒法的合流更对秦汉之后整个中国传统政治形态与文明模式的演进历程产生了深远的影响。这种影响由于思维方式上存在的严重缺陷,即缺乏如何对权力的滥用加以有效制约的制度架构或民主控制机制问题的思考,或对执政当权者道德上的自我完善抱持过

---

① 萧公权先生曰:"法家思想为秦政之础石。"(萧公权:《中国政治思想史》,新星出版社,2005年,第176页。)

于信任的期望和态度,故儒家"治人"观与法家意在控制臣民的法术理念或"治法"观结合的结果,只会导致整个儒家人本主义政治观念的全面败坏,即儒家所推崇的仁政、礼治、德化与法家所崇尚的势位、刑政、法术总是被历史上大大小小的僭主们利用,成为其专制统治服务的工具或利器。正是在这样一种意义上,谭嗣同氏之痛斥:"二千年来之政,秦政也,皆大盗也;二千年来之学,荀学也,皆乡愿也。惟大盗利用乡愿,惟乡愿工媚大盗。二者交相资,罔不托之于孔。"(《仁学·二十九》)对于我们认清儒法合流之后形成的中国古代两千年的专制主义的政教传统具有一种一针见血而振聋发聩的醒世意义和作用。[①]然而平心而论,就儒家"治人"观的本义或儒家人本主义政治观的根本宗旨来讲,虽然由于其思维方式上的缺陷而使之易于被利用而必然趋于蜕变和败坏,但我们却不宜仅是依据现代民主法治的观念而简单地将儒家的人本主义"治人"观斥责为"人治主义"的思想与观念,并以为事情就此便可了结。依笔者之见,对我们探索构建中国式政治文明形态来说,儒家人本主义的政治观仍然有其借鉴价值与意义的话,那么一个值得我们认真对待和反思的问题便是:如何从儒法结合的政治文化传统的酱缸或泥潭中拯救出儒家的人本主义政治观念,而使之能够与民主控制的制度设计结合起来!

(四)儒家泛人伦道德化的政治观的失误与弊病

众所周知,儒家的政治观具有一种泛人伦道德化的鲜明特征,对此学者们多有论述和评析。大体而言,主要存在着两种可能的观点和看法,一种观点和看法是对儒家的泛人伦道德化的政治观持基本同情而肯定的态度,另一种观点和看法则对儒家的泛人伦道德化的政治观持激烈批评而否定的态度。综合而论,笔者以为,我们对儒家的泛人伦道德化的政治观首先应做同情的理解,在此基础之上再做批评性的反省,

---

① 萧公权先生亦曾就后儒不自觉地将儒法二家政教学说混淆融合所造成的极大流弊做过如是深刻的检讨和批评,他说:"宋明诸儒不知儒法同道尊君而其旨根本有别,大唱'三纲'之教,自命承受于洙泗。实则暗张慎韩,'认贼作父'。且又不能谨守法家,复以尊德贵民之微言与专制之说相混淆。于是下材凭势亦冒尧舜之美名以肆其倍蓰于桀纣之毒害。按其为弊,又不徒理论上之非驴非马已也。"(萧公权:《中国政治思想史》,新星出版社,2005年,第153页。)

而所谓批评性的反省,既不是简单地否定,亦非简单地肯定,而是一种辩证的两面观。

所谓"同情的理解",是指我们首先必须厘清的是何谓"泛人伦道德化的政治观",以及儒家何以会秉持这样一种政治观的问题。所谓"泛人伦道德化的政治观",是指儒家自觉而全方位地赋予政治一种人伦道德的色彩,如君臣之际的政治性关系不过是道德性的人伦关系之一,君民(统治者与被统治者)之间应是一种道德教化性的关系,因此从统治者即政治主体的角度讲,无论是其对自身的角色期待与要求,还是为政的方式与手段,乃至政治追求实现的理想与目标,所谓修身、为政、化民,所谓君臣有义、作民父母,莫不被赋予浓厚的人伦道德的色彩。从政治多元主义①的视角来讲,儒家的上述政治理念只是诸子多元政治观中的一种,对促进中国传统政治理性及其思维理路的深化与丰富来讲,在历史上可以说占有极重要的地位。

儒家之所以会秉持这样一种政治观,与其"法先王"或"从周"的政治情结是分不开的,这一情结使之深受中国早期政治文明形态或宗法政治模式的影响,诚如萧公权先生所言:"儒家混道德政治为一谈,不脱古代思想之色彩。"②也就是说,儒家泛人伦道德化的政治观之构想渊源有自,而非凭空造作,如王国维先生在其《殷周制度论》中所言:"周人制度……其旨则在纳上下于道德,而合天子、诸侯、卿、大夫、士、庶民以成一道德之团体。""古之所谓国家者,非徒政治之枢机,亦道德之枢机也。"而崇尚周文、将政治泛人伦道德化的儒家,其政治思维方式的根本特征正在于其将政治或政治问题(政治性的人伦关系、政治实施的方式与过程、政治的功能与目标)置于整个人伦秩序、道德规范和价值理想的问题框架中予以全面的反省和审视,所谓"自天子以至于庶人,壹是皆以修身为本"(《大学》),所谓"人人亲其亲、长其长,而天下平"(《孟子·离娄上》),所谓

---

① 所谓"政治多元主义",是指一种在反思不同政治观时能够平视包括自身政治观在内的各种政治理念的特殊性及其合理性价值的态度。

② 萧公权:《中国政治思想史》,新星出版社,2005 年,第 153 页。

"父子有亲,君臣有义,夫妇有别,长幼有叙,朋友有信"(《孟子·滕文公上》)的五伦之教,其旨皆在"纳上下于道德",而构建一个富有伦理情谊和道德理性精神的政治的亦即道德的共同体。儒家的这一有着深厚的政治传统与文化渊源支撑的政治理念,由于其正统的政治指导地位的确立,遂在中国历史上产生了两千余年的深远影响。不管这一政治理念正确与否,也不管我们认同还是反对,它在中国历史上的地位却是非常重要而不容轻忽的。

从政治多元主义或多元政治观的视角来讲,如果说并不存在或没有什么所谓的纯粹的、唯一绝对正确的政治观,有的只是不同的政治观的话,那么平等地看待包括儒家的上述政治理念在内的不同的政治观便是我们应采取的一种中肯而公允的态度。仅仅站在某一种或我们所持有的政治观的立场上来对儒家的上述政治理念进行一种外在化的批评,即武断地说它就是错误的,也许会导致另外一种更为严重的似是而非的错误。[①]当然,外在化的批评也并不"总是不适当的"[②]。总之,依笔者之见,我们首先应以一种平正的心态将儒家的政治理念视作是独特的,而不是先入为主地就判定它是完全错误的,然后再去做一种辩证的两面观,即全面地批评反省它的利与弊,这才是我们对待影响我们至深的一种政治观所应持的最适当的态度和立场。而笔者之所以汲汲于为儒家政治哲学正名,其用意亦在此。

儒家泛人伦道德化的政治观的最大特色便是将人伦道德与政治融贯结合为一体。这一思维特征,一方面,它向我们揭示了政治并非是一个完全孤立、隔离的领域,在儒家看来,政治性的关系本身便是人伦关系中

---

① 如徐复观在《荀子政治思想的解析》一文中所批评的:"今日浅薄偏激之徒,以道德为玄谈,辄欲驱逐道德于政治生活之外,此乃低级极权思想之变相,以此求自由民主,真可谓南辕北辙了。"(徐复观:《中国思想史论集续篇》,上海书店出版社,2004 年,第 305 页。)

② 帕特里克·贝尔特认为,外在化的批评"至少从两个方面看是有用的",一是"它们可能成为通向内在批评的一个台阶",其次,它们可以用作为人们提出自己的理论的"一种媒介"。([英]帕特里克·贝尔特:《二十世纪的社会理论》,瞿铁鹏译,上海译文出版社,2005 年,第 7 页。)

重要的一种,政治不可能完全脱离或漠视人伦秩序、道德规范及社会的文化网络而有效合理地运作①,政治应富有道德理性精神并肩负起一种人道的使命,积极促进整个社会的道德文明教养水平的提升,乃至政治本身便富有某种深刻的道德含义,这自有其合理性的一面,正如杜维明先生所言:"事实上世界上任何一种政治制度之设计都不可能完全脱离某种道德理念的考虑,即使是西方最低限度政府也一样有其道德伦理的目的"②,而儒家所最关切者正是以"政治之最高目的,为实现人类之道德生活"③。另一方面,儒家泛人伦道德化的政治观又的确遮蔽、掩饰、轻忽甚或严重曲解和混淆了某些重要的问题,如刘泽华先生所批评:"政治关系主要不是道德关系,而是以权力和政策为纽带的,正人君子不一定能治国","人,无疑在政治中占有极为重要的地位。不过撇开制度、政策而突出人,特别是把道德品质作为首要条件,既不切实际,又常流于欺骗",因此,儒家的政治理念事实上"没有抓住政治中的根本"④。特别是,简单地将人伦道德和政治混为一谈,一如儒家的圣王观念那样也是很容易造成道德和政治的双重败坏的,尤其是道德的政治化即政治的道德教化功能极易蜕变为"移孝作忠"的忠诚驯服和以忠孝治天下的道德控制。对此,现代儒者基于中国当下建构民主政治的现实需要,已做出了深切的反省,如有学者指出"伦理与政治在现代生活中都各自有相对独立的领域,彼此相关而不相掩。所以分析到最后,中国人要建立民主制度,首先必须把政治从人伦秩序中划分出来。这是一种'离则双美,合则两伤'的局面。分开之后,我们反而可以更看得清中国人伦秩序中所蕴藏的合理成分及其现代意义。"杜维明先生亦特别强调应"在理论上解决好道德与

---

① 如刘泽华先生所言,政治关系"不仅仅是单纯的权力关系,它还是一种文化关系"。(刘泽华:《中国的王权主义》,上海人民出版社,2000年,第169页。)而儒家所谓"君臣有义",即强调作为人之大伦之一的君臣关系应遵循道德规范之一的"义"(合宜的)的行为准则,而不仅仅是一种单纯的、强制性的命令-服从的权力关系。

② 杜维明、东方朔:《杜维明学术专题访谈录》,复旦大学出版社,2001年,第218页。

③ 萧公权:《中国政治思想史》,新星出版社,2005年,第332页。

④ 刘泽华:《中国政治思想史(先秦卷)》,浙江人民出版社,1996年,第140—141、174页。

政治的分途"问题,因为道德与政治之间"有其不完全相同的地方",它们"各有自己的原则,也各有自己的运作机制","道德的影响力与权力应用的智慧之间并不相同","政治的作用的表现与道德的作用的表现之间有很大的区别","道德思维与政治思维是两种并不相同的思维,道德意识的提高固然可以提升政治上的善,却无论如何不能消除政治上的恶",因此,"就儒学把政治领域中的核心问题归结为道德修身问题而言,儒学存在有很大的失误"。①

综上,我们说儒家的道德政治观有其合理性并不意味着就完全认同和接受他们的政治理念,而强调道德与政治之间有其"不同"也绝不意味着它们之间是完全"不相关"的。问题的关键在于我们如何来合理地划分二者之间的界限并严肃、认真地对待和思考二者之间的复杂"相关性"问题。因此,对儒家人本主义的道德政治观,既要清醒地认识到它内在所具有的"混道德政治为一谈"的失误与弊病,同时亦不应采取简单蔑弃的态度②,或似是而非地、轻率地谈论道德与政治的分离问题③,因为政治一旦远离乃至背离道德理性,那么任意妄为的"人治"暴政离我们也就不远了。总而言之,同情地理解并为儒家政治哲学辩护,并不意味着我们对儒家传

---

① 杜维明、东方朔:《杜维明学术专题访谈录》,上海:复旦大学出版社,2001年,第213—227页。

② 如萧公权先生所言:"韩非论势,乃划道德于政治之外","抑吾人当注意,韩非不仅摒道德于政治范围之外,且认私人道德与政治需要根本上互不相容,而加以攻击"。(萧公权:《中国政治思想史》,新星出版社,2005年,第153页。)法家在反对批驳儒家的道德政治理念时便采取了一种简单蔑弃的态度,而其政治影响之所及在中国历史上所造成的专制极权之祸害亦最为酷烈而深远。

③ 我们所以强调圣王的分离及应解决好道德与政治的分途问题,并非是主张圣人应从政治生活中轻率地带走道德理性或政治生活应完全摒弃道德理性,以为如此便政治清明了,而问题的关键在于更重要的是应将道德理性还给社会,从而能够形成一种来自社会的对政治的强大制约力,正如有学者在评价王阳明"致良知教"的政治意义时所言:"阳明说教的对象根本不是朝廷而是社会……专制君主要使'天下之是非一出于朝廷,现在阳明却说:'良知只是个是非之心。'而良知则是人人都具有的。这样一来,他便把决定是非之权暗中从朝廷夺还给每一个人了。从这一点来说,致良知教又涵有深刻的抵制专制的意义。"

统便有一种"浪漫式的迷恋"①,简单地肯定而盲目认同的态度是笔者所不取的,简单地否定而轻率蔑弃的态度亦同样为笔者所不取,我们需要的是正视,而儒家人本主义的政治哲学及其"由道德而政治的观念"②需要的则是调整和转化!

---

① 杜维明、东方朔:《杜维明学术专题访谈录》,复旦大学出版社,2001 年,第 234 页。
② 杜维明、东方朔:《杜维明学术专题访谈录》,复旦大学出版社,2001 年,第 215 页。

儒墨的根本对立及其政治哲学的分野

一个人的仁义行为无疑凸显的是人之为人的社会性的类本质特征，但它究竟是根于人的本性的自我道德修养，还是出自权衡利弊的理智动机的驱使？评价一个人的行为究竟应根据其动机本身的道德意义，还是应注重其行为效果的功利价值？一种合理的社会生活方式究竟是应以遵循纲常礼教为根本的人伦道德规范为宗旨，还是当以谋求实现"最大多数人的最大幸福"的功利主义目标为鹄的？统治者应不应该讲求或追求"利"，即他们究竟是应以道义教化天下还是必须追求实现天下利益的最大化？还有，我们究竟应依据什么样的价值标准来衡量、评判人们的思想言论和社会政治行为？先秦诸子特别是儒墨两家的思想家们围绕着这些问题进行了颇为有益的深入系统的理论探讨，并展开了针锋相对的激烈的学术争鸣和哲学论辩。

一、儒墨的对立与根本分歧

墨子姓墨名翟，鲁国人（一说宋国人），他是继孔子之后、生活于战国初年的另一位重要的政治哲学家。他出身社会下层，不仅是一位能工巧匠，更是一位有着强烈的勇于自我牺牲及为他人、为社会服务的精神的理论家。由他创始的学术思想流派墨家在先秦诸子学中可谓是独树一帜,其学派与其他各家不同的一个最鲜明的特色就是,墨子及其弟子形成了一个组织严密、纪律性很强的行动型学者团体,称为"墨者",他们内部的那套严密的组织纪律便叫作"墨者之法",其中有一项严格的规定就是"杀人者死,伤人者刑"。墨子在世时是墨者集团的首领,墨子死后通过选贤推举出新首领,叫"巨子"。他们是一群行侠仗义的力行主义者,乐于帮助弱小国家抵御、抗击外强的进攻,正如《淮南子·泰族训》所言:"墨子服役者百八十人,可使赴火蹈刃,死不旋踵。"墨子死后,墨家分化发展为三派,即《韩非子·显学》篇所谓:"自墨子之死也,有相里氏之墨,有相夫氏之墨,有邓陵氏之墨。故孔、墨之后,儒分为八,墨离为三。"

《墨子》一书,是墨子及其后学的著作总集,《汉书·艺文志》著录有七十一篇,现存五十三篇,大体可分为五部分:第一部分从第一篇至第七篇,即《亲士》《修身》《所染》《法仪》《七患》《辞过》《三辩》七篇,是墨子思想的纲要概述,其中前两篇带有一定的儒家思想的色彩;第二部分从第八篇至第三十九篇,即从《尚贤》至《非儒》,其间缺八篇,现存二十四篇,是墨子的讲学录;第三部分从第四十篇至第四十五篇,即《经》上下、《经说》上下、《大取》《小取》六篇,一般称为《墨经》,主要讨论认识论和逻辑问题;第四部分从第四十六篇至第五十篇,即《耕柱》《贵义》《公孟》《鲁问》《公输》五篇,是墨子及其主要弟子的言行录;第五部分从第五十二篇《备城门》至第七十一篇《杂守》,其间缺九篇,现存十一篇,是讲城防问题的军事著作。上述第一、第二、第四部分是我们研究墨子和早期墨家思想最基本可靠的主要材料,第三、第五部分属于墨子后学之作。

据《淮南子·要略》篇,墨子尝"学儒者之业,受孔子之术",但他后来却走到了儒家的对立面,对孔儒之学进行了激烈的批评,"以为其礼烦扰而不悦,厚葬靡财而贫民,(久)服伤生而害事"(《淮南子·要略》)。如果稍加比较,我们便不难发现儒墨两家的思想主张之间其实不乏相通之处,正如萧公权先生所言:"吾人以为就大体言之,墨子乃一平民化之孔子,墨学乃平民化之孔学。二者之言行,尽有程度上之差异,而其根本精神则每可相通。"①但是笔者认为,他们之间的对立与分歧在春秋战国之际"百家争鸣"的意义上更能凸显出当时哲学思想分化发展的深层理论意蕴。也就是说,儒墨在战国之世并称显学,两家之间理论上的是是非非,虽然在其他诸子学派看来并无实质性的差异,但笔者认为就其各自的理论取向的内在理路而言,他们之间实质上存在着根本性的分歧。质言之,他们之间最根本的分歧就在于孔儒的人文道德或人道理念与墨家的功利实用主义观点之间的对立与分歧,它们分别构成了儒墨两家哲学理念的基本的理论内核或思想特质,使他们在观察、思考种种社会、政治、伦理和经济问题时各具独特的视角,并从整体上赋予了儒墨两家各自不同的鲜明的理论特色。

儒家的人道理念从类本质或终极的生存本体意义上赋予"人"一种道德的定义,即认为人根本上是一种道德的存在,社会伦理、道德规范对人来说正是人之所以为人的本质规定性所在。因此,孔子曰:"不学礼,无以立。"(《论语·季氏》)"仁者,人也。"(《中庸》)孟子亦曰:"仁也者,人也。"(《孟子·尽心下》)"仁,人心也;义,人路也。"(《孟子·告子上》)荀子曰:"礼者,人道之极也。"(《荀子·礼论》)而《礼记·冠义》篇更有明言:"凡人之所以为人者,礼义也。"并对"人道""人义"的具体内涵做了明确的界定:"亲亲、尊尊、长长,男女之有别,人道之大者也。"(《礼记·丧服小记》)"父慈、子孝、兄良、弟弟、夫义、妇听、长惠、幼顺、君仁、臣忠,十者谓之人义。"(《礼记·礼运》)综言之,我们不妨借用德国著名哲学家雅斯贝尔斯的一句话来概括儒家的人道理念,即"作为一个人,就是去成为一个人"②。这绝不是一句同义反复的话,在孔儒的人学意义架构下,前"一个人"指的是一个自然的、具体的个体之人,而后"一个人"则是指一个大写的、充分实现了理想人道价值的、普遍的道德之人。

而墨子对"人"的理解与孔儒所持的"人"的概念是截然不同的。与孔儒一样,墨子亦在人禽之别的意义上辨析"人"的社会性类本质,但他却

① 萧公权:《中国政治思想史》,新星出版社,2005年,第86页。
② [德]卡尔·雅斯贝尔斯:《智慧之路》,柯锦华、范进译,中国国际广播出版社,1988年,第50页。

得出了与孔儒完全不同的结论。墨子曰：

> 今人固与禽兽、麋鹿、蜚(通"飞")鸟、贞虫异者也。今之禽兽、麋鹿、蜚鸟、贞虫，因其羽毛以为衣裘。因其蹄蚤以为绔屦。因其水草以为饮食。故唯使雄不耕稼树艺，雌不纺绩织纴，衣食之财固已具矣。今人与此异者也，赖其力者生，不赖其力者不生。(《墨子·非乐上》)

显然，墨子是用"力"即劳动或智能作为区分人与动物的根本标志的，也就是说，在墨子看来，禽兽是靠自然本能生活的，而人则是靠"力"即自己的劳动或智能生活的，这可以说是墨子最有价值的理论贡献之一。

正是基于上述对人类本质的界定，墨子提出了他的"分事"论，其言曰：

> 君子不强听治，即刑政乱；贱人不强从事，即财用不足。今天下之士君子，以吾言不然；然即姑尝数天下分事，而观乐之害。王公大人，蚤朝晏退，听狱治政，此其分事也。士君子竭股肱之力，亶其思虑之智，内治官府，外收敛关市、山林、泽梁之利，以实仓廪府库，此其分事也。农夫蚤出暮入，耕稼树艺，多聚叔(通"菽")粟，此其分事也。妇人夙兴夜寐，纺绩织纴，多治麻丝葛绪捆布绦，此其分事也。(《墨子·非乐上》)

墨子的上述"分事"论的主旨，主要在于强调从王公大人以至匹夫匹妇皆有其"分事"或所"从事"，每个人都应各尽其所能以完成其"分事"。墨子的这种"分事"论与儒家以人伦道德为本位的人道理念显然是极为不同的。尽管儒家的"名分"观对人提出的"安分守己"的要求与墨子的"分事"论对人提出的"使各从事其所能"(《节用中》)的要求并无实质性的差异，即都是旨在维系社会等级制的"上下调和"，但是从其思维方式或价值取向的意义上来讲,他们之间却存在着根本的分歧,儒家思考问题的出发点和归宿是对人的行为进行一种道德的是非评判,而墨子思考问题的出发点和归宿是对人的行为进行一种功利的利害权衡。因此如果说儒家人之为人的人道理念对人构成的是一种以人伦道德为本位的理性规约,那么墨子的"人"的概念及其"分事"论则对人构成的是一种以功利实用为本位的理智裁制,这是儒墨两家之间对立与分歧的最集中的体现。正是由于这种思维方式和价值取向上的差异和不同,墨子在对孔儒之学进行全面而激烈的批评的同时,提出了他一系列不同于儒家的理论主张,而墨子也受到了来自儒家方面的同样激烈的理论反击。

墨子主要从四个方面来批评儒家,其言曰:

> 儒之道足以丧天下者四政焉。儒以天为不明,以鬼为不神,天鬼不说,此足以丧天下。又厚葬久丧,重为棺椁,多为衣衾,送死若徙,三年哭泣,扶后起,杖后行,耳无闻,目无见,此足以丧天下。又弦歌鼓舞,习为声乐,此足以丧天下。又以命为有,贫富寿夭,治乱安危有极矣,不可损益也,为上者行之,必不听治矣;为下者行之,必不从事矣。此足以丧天下。(《墨子·公孟》)

然而,墨子不是一个理论上的空头批评家,他认为要批评和否定一个东西,就应该用另一个东西来代替它,否则光批评而想不出新办法只会于事无补,正所谓:"非人者必有以易之。若非人而无以易之,譬之犹以水(当为'火')救火也,其说将必无可焉。"(《兼爱下》)所以墨子在反对儒家的同时自创新说,不仅如此,而且"上无君上之事,下无耕农之难"(《贵义》)的墨子更以上说下教为己任,并以"日夜不休,以自苦为极"而富有自我牺牲和利他主义的宗教家的精神积极从事热心救世的伟业,所到之处亦"必择务而从事焉"。故墨子自道曰:

> 凡入国,必择务而从事焉。国家昏乱,则语之尚贤、尚同;国家贫,则语之节用、节葬;国家憙(同"喜")音湛(同"沉")湎,则语之

非乐、非命;国家淫僻无礼,则语之尊天、事鬼;国家务夺侵凌,即语之兼爱、非攻。(《墨子·鲁问》)

与"知其不可而为之"的孔夫子相比,墨子坚毅自苦而"强聒不舍"的力行救世精神实有过之而无不及,可以说是古今无双的。然而,孔子贵仁尚义而罕言利,而墨子虽亦标举仁义,但他提出的各项社会政治主张无不贯注之以功利实用主义的价值准则。如孔子讲仁者"爱人"(《论语·颜渊》)、"君子义以为上"(《论语·阳货》)、"君子喻于义,小人喻于利"(《论语·里仁》),主张"为国以礼"(《论语·先进》)以及"修己以敬""修己以安人""修己以安百姓"(《论语·宪问》),《孟子》更开篇即讲"王!何必曰利?亦有仁义而已矣……上下交征利而国危矣"(《梁惠王上》)。而墨子则言"仁人之所以为事者,必兴天下之利,除去天下之害,以此为事者也"(《兼爱中》),主张以"兼相爱、交相利"之法拯世济民,所以要求"天下之士君子"于行事之际首先需"识其利,辩其故"(《兼爱中》),并应做到"利人乎即为,不利人乎即止"(《非乐上》)。事实上,儒墨都反对纯粹利己主义的自私行为,而推崇爱人利他的仁义行为,那么儒墨的分歧究竟何在呢?概言之,孔孟认为一个人的仁义行为正是人之所以为人的内在本质规定性的外化体现,而墨子则以"利"释"义",将人的仁义行为植根于人对行为利害后果的理智权衡的基础之上。由此儒家主要是站在道义的原则立场上谴责"春秋无义战"的,而墨子则倾向于从对战争行为的后果的得失估价来"非攻"的,所谓"计其所得,反不如所丧者之多"(《墨子·非攻中》)。因此,如果说孔儒所坚持的是一种高调的人道主义信念的话,那么墨子所标榜的则是一种每个人皆应"各尽其所能"的纯粹事务性的功利实用主义观念,正所谓"能谈辩者谈辩,能说书者说书,能从事者从事,然后义事成也"(《墨子·耕柱》)。

正是基于上述根本性的分歧,才导致了儒墨两家思想主张的种种具体差异。如孔儒虽讲爱民、利民和富民,但他们认为施行德礼教化、教以人伦才是政治的根本要务。而墨子则格外强调民生实用,认为"衣食者,人之生利也"(《墨子·节葬下》),然而他所处的时代恰恰使众多的劳动人民丧失了起码的衣食之利,"饥者不得食,寒者不得衣,劳者不得息"(《墨子·非乐上》)正是当时人民所遭受的三大巨患,墨子为此而大声疾呼,不遗余力地抨击统治者奢华浪费、"厚作敛于百姓"的行为,强烈要求统治者应给人民以衣、食、息的条件,极力主张统治者应节用、节葬。墨子认为,凡是财物都应尽其功用,不可糟蹋和浪费,每个人都应遵守珍惜财物、尽其所用的原则,而且还要从实际效用出发,用财、用物都应获得实际利益,收效应超过支出,即统治者取之于民者,还应用之于民、"反中民之利",一切支出都必须考虑到效果如何和对民是否有利,否则就是有害的,应加以制止。另外,墨子还主张一切器物都应只要求质朴耐用,而不务华丽,否则也应加以禁止,即《墨子·节用中》所说:"凡足以奉给民用则止,诸加费,不加于民利者,圣王弗为。"

此外,由于儒家的乐教、命定论和厚葬主张与功利实用主义的原则相悖离,所以均遭到了墨子的激烈反对。在墨子看来,儒家的乐教使人们皆"说乐而听之",那么每个人所应做的"分事"或"从事"就会被荒废掉(《墨子·非乐上》);命定论亦然,人们一切听由命运的安排,必然"惰于从事",以至"上不听治,则政乱;下不从事,则财用不足"(《墨子·非命上》);而厚葬久丧之风亦将贻害无穷,使"国家必贫,人民必寡,刑政必乱"(《墨子·节葬下》)。

总之,墨子是在与孔儒的争鸣论辩并通过争鸣论辩而申论其思想主张的,他首先站在功利实用主义的原则立场之上对孔儒之学的理论缺陷进行了全面系统的批评,同时也招致了来自儒家方面的理论抨击,如孟子指斥墨子不讲亲疏差等之别的"兼爱"主张是"无父",是"禽兽"之道(《孟子·滕文公下》),而荀子亦针对墨子的"非乐节用"主张反驳道:"兼足天下之道在明分……墨子之言,昭昭然为天下忧不足。夫不足,非天下之公患也,特墨子之私忧过计也"(《荀子·富国》)。正是因为他们之间在哲学的原则立场上存在着根本的对立与分歧,一方将一切问题置诸人道价值或道德本身的意义基础之上加以估量,而另一方则将一切问题乃至信仰、道德问题最后均诉诸功利的评判,以至儒墨两家各持己说,展开了一场颇值得我们予以认真反思而水火不容的"是非利害之辨"。

二、墨子的宗教与三表法——墨子政治哲学的价值依据

墨子是我国古代的一位最能以宗教家的精神力行救世的行动型哲学家。他的宗教以"天志"为核心，他对天志、鬼神的真诚信仰正是他积极致力于力行救世的精神动源。然而墨子尊天、事鬼的主张绝非仅仅是一种信仰，更不是出于对超验的、超自然的、相对于人类来讲某种神秘异己力量的原始迷信。

那么对墨子来讲，所谓的"天志""天意"或天之所欲所恶，究竟指的是什么呢？综观墨子之言，可说主要有以下几层含义：

第一，就其具体内涵来讲，天志体现为"天必欲人之相爱相利，而不欲人之相恶相贼也"，而且主持正义，可予人以赏罚，即"爱人利人者，天必福之；恶人贼人者，天必祸之"（《墨子·法仪》）。

第二，墨子说"天之欲人之相爱相利，而不欲人之相恶相贼"的根据是什么呢？其根据是天对天下所有的人是"兼而爱之，兼而利之""兼而有之，兼而食之"的（《墨子·法仪》）。墨子更具体解释说："吾所以知天之爱民之厚者，有矣。曰：以磨（'磨'字误，当作'厤'，即'历'）为日月星辰，以昭道之；制为四时春秋冬夏，以纪纲之；雷（当作'霣'，通'陨'，降落）降雪霜雨露，以长遂五谷丝麻，使民得而财利之；列为山川溪谷，播赋百事，以临司民之善否；为王公侯伯，使之赏贤而罚暴；贼（当作'赋'）金木鸟兽，从事乎五谷丝麻，以为民衣食之财。自古及今，未尝不有此也。"（《墨子·天志中》）

第三，墨子认为，人类良好的社会政治生活秩序的建立，国家的形成，天子、国君及各级政长的置立，以及天下之义政，皆出自天志。

第四，"天志"更是墨子树立的一个用以审视、衡量、评判人们的德行、言谈、刑政及统治阶级仁与不仁的绝对客观标准，故墨子曰：

天下从事者不可以无法仪。无法仪而其事能成者，无有也。（《墨子·法仪》）

我有天志,譬若轮人之有轨,匠人之有矩。轮、匠执其规、矩,以度天下之方圆,曰:"中者是也,不中者非也。"(《墨子·天志上》)

　　故子墨子之有天之(之,古"志"字)意("意"字衍)也,上将以度天下之王公大人为刑政也,下将以量天下之万民为文学出言谈也。观其行,顺天之意,谓之善意行;反天之意,谓之不善意行("意行"之"意",孙诒让疑当作"德")。观其言谈,顺天之意,谓之善言谈;反天之意,谓之不善言谈。观其刑政,顺天之意,谓之善刑政;反天之意,谓之不善刑政。故置此以为法,立此以为仪,将以量度天下之王公大人卿大夫之仁与不仁,譬之犹分黑白也。(《墨子·天志中》)

　　综合而言,墨子所崇信的"天志",既是一监临天下、主宰一切而可予人祸福赏罚的具有人格意志的至上神,又是墨子心目中可用以审视、衡量、评判一切的最高的理想仪法或客观标准。说到底墨子是想借传统尊天的信仰来强化其理想仪法的效用,而同时又用自己的理想仪法来对传统的尊天信仰进行一种理智化的诠释与改造,以便使之在现实生活中更适合于其功利实用主义的应用。因此,对墨子而言,天是"贵且知者"。更进一步讲,墨子的天志与其说是一种对异己力量的神秘信仰,毋宁说是墨子自己用以评判一切的理智的客观标准。

　　另外,墨子还提出了他的三表法,与其天志说相辅相成,共同构成了墨子审视、衡量、评判人世间的一切及墨子自己各项理论主张的正当与效用性的标准与方法。据《墨子·非命上》:

　　子墨子言曰:"必立仪。言而毋仪,譬犹运钧之上而立朝夕者也,是非利害之辨,不可得而明知也。故言必有'三表'。"何谓三表?子墨子言曰:"有本之者,有原之者,有用之者。于何本之?上本之于古者圣王之事。于何原之?下原察百姓耳目之实。于何用之?废(通'发',实施)以为刑政,观其中国家百姓人民之利。此所谓言有'三表'也。"

《墨子·非命中》和《墨子·非命下》所言"三法"与上述"三表"，文字上稍有不同，如《墨子·非命中》所言"三法"中"于其本之"者在"圣王之事"前多了"考之天鬼之志"，而"于其原之"者以"征以先王之书"替换了"原察百姓耳目之实"，但是它们之间并无实质性的差异。综观《墨子》一书，墨子所提出的尚贤、尚同、兼爱、非攻、节用、节葬、非乐、非命等任何主张，无不以天志、鬼神和三表法为依据或评判的标准，事实上我们可以说墨子为评判一切树立的是以天志为本，兼以"圣王之事""先王之书""百姓耳目之实""国家百姓之利"的综合标准。而且对墨子来讲，这些标准既是密切相关、相通一致又是可以彼此连环互证的。

"三表"法的提出，是墨子在认识论方面的一个非常重要的理论贡献，他以"三表"法作为检验、判断人们言论、认识之是非真伪的客观标准，可以说是中国哲学史上最先明确提出了真理标准问题的哲学家。具体来说，第一表是以前人的间接经验做判断是非的依据，既十分重视历史的经验教训，又极力反对复古守旧、"必古言古服"的先王观；第二表是以群众耳闻目见的、直接的亲身经验作为认识的本原或判断是非的标准和根据，把劳动人民的感官经验与认识论或真理标准问题联系起来，正是墨子在认识论史上的一大非常之创见；第三表是以运用于社会政治实践的实际功利效果作为检验认识、判断是非的标准。综观墨子的整个思想体系，可以说其立说的原则和宗旨尤以第三表最为根本和重要，因为其所有的社会政治主张莫不以用以治世而"必务求兴天下之利，除天下之害"为根本出发点和归宿。

不过，墨子也自有墨子的思想局限性，由于他太过亟于为世间立法，因此他想利用任何可资利用的文化传统的资源来证成其理想的仪法或评判的标准，为证成而证成，而缺乏对自己理想仪法和所立标准的正当合理性的自我反省和怀疑精神，所以难免会流于粗疏和浅陋。

就墨子的天志鬼神论而言，诚然如任继愈先生所主编的《中国哲学发展史(先秦)》一书中所言："墨子的天鬼理论，基本上是理智而非感情的产物，与其说是出于内心虔诚的信仰，不如说是出于推行其政治主张的需要,为了实用的目的"①,而既然墨子对天鬼的尊信仅仅是一种被抽空了内容实质的"'方法'性的手段",那么它"实际上便成了空话了"②,但墨子的思想毕竟还拖着这样一条传统宗教神学的尾巴,其本意原是想用来加强其理论主张的正当性及其思想学说的力量,而实际上却损害了其理论的纯洁性,使其思想的理智品格受到极大的损害。

就墨子的三表法来说,其第一表使墨子在圣王(英雄)史观的窠臼中往往深陷于对"圣王之事"与"先王之书"的盲信而难以自拔。其第二表亦不过是一种朴素的唯物主义经验论,由于停留在对事物感性认识的初级阶段,因此在具体运用中,墨子往往不是用来指导人们正确地认识客观事物,反而用来证明天鬼的存在,以致陷入了有神论的泥沼,故其教"虽得愚民之欲,不合知者之心"(王充《论衡·薄葬》)。其第三表以实用的功利效果即"国家百姓人民之利"来检验认识的真理性、判断理论学说的是非,虽不失为是一大卓见,但有时他把功利实用的原则解释得太过狭隘了,如他用实用性排斥器物的艺术性,故而往往陷于"蔽于用而不知文"(《荀子·解蔽》)的短视之见,而且在具体运用中,他既不懂得检验真理的实践标准的真正意义所在(不在于用以判断理论主张是否有用,而在于用以判断人们的思想认识与客观实际是否符合一致),也未对国家与人民群众二者的利益加以区分,以至于模糊了国家的阶级统治的工具本质与人民群众的根本利益之间的界限。

尽管如此,我们却不必过多地苛责古人,如果拿墨子与孔子相比较的话,墨子自有墨子可贵的思想品格。孔子信天命而对鬼神问题存而不论,墨子则明言尊天事鬼而极力排抵命定论,虽然他们的天鬼观都不如道家彻底的自然主义理念那样更能体现"轴心时代"的"哲学突破"特征,但他们基于各自对上古三代的知识、思想与信仰传统的理解与诠释,致力于与自身的文化传统建立起某种不同的既继承又改造的富有意义的对话关系,以便延续本民族的历史智慧与文化命脉。如果说孔子自觉地

---

① 任继愈主编:《中国哲学发展史(先秦)》,人民出版社,1983 年,第 234 页。

② 侯外庐、赵纪彬、杜国庠:《中国思想通史(第一卷)》,人民出版社,1957 年,第 221 页。

承担起"述而不作"的文化使命,其学术的重心在通过对六艺的整理、删正来对上古三代的历史文化传统进行系统的大总结,那么墨子则可以说自觉地选择了一种让天志鬼神、古圣先王之道"为我所用"的学术路向,也就是说无论尊信天鬼之志,还是崇尚古圣先王之道,都不外是为了明确而系统地提出自己的一整套的功利实用主义的理论主张。当然,我们这样讲绝不是说孔子没有提出自己的理论创见,而是想强调墨子是中国哲学史上第一位敢于非常明确地以自己的理想仪法为世间立法的哲学家,这就是墨子最难能可贵的思想品格。

三、墨子政治哲学的思维理路

如上所言,墨子是一位勇于以自己的理想仪法为世间立法的哲学家,作为一个力图经世济民而富有忧患意识的政治理论家,他针对所处时代社会混乱、政治败坏、生民痛苦的现实状况,就社会治理的问题提出了自己一整套系统而独到的政治见解与主张。质言之,墨子提出的兼爱、非攻、尚贤、尚同等一系列政治主张,无非是旨在促进统治阶级政治理性的发展以解决时代所面临的难题与困境。

墨子整个政治理论的逻辑出发点是他认为社会生活的混乱状况是由"一人一义"造成的,要结束这种混乱状况就必须建立"刑政"、设立"政长"。具体来说,在人类历史上曾有过一个"未有刑政""未有政长"的时期,其时"天下之人异义",以至"一人一义,十人十义,百人百义。其人数兹众,其所谓义者亦兹众。是以人是其义,而非人之义,故交相非也"(《墨子·尚同中》)。这种状况使人们根本无法和睦相处。造成"一人一义"以致使整个社会陷于混乱纷争的根源是什么呢? 墨子曰:"天下之所以乱者,生于无政长。"(《墨子·尚同上》)因此,要消除祸乱就必须使一人一义走向统一,为此便首先需要建立"刑政"、设立"政长",政长之首就是天子,而天子的基本职责就是同一天下之义。故墨子曰:"明乎民之无正长,以一同天下之义,而天下乱也,是故选择天下贤良、圣知、辩慧之人,立以为天子,使从事乎一同天下之义。"(《墨子·尚同中》)

天子究竟是由谁来选立的呢？有的学者认为是由民选立的,但从墨子的整个思想体系来看,我们认为这种说法并不符合墨子的本意,依墨子的本意,天子实应由天来选立的,正所谓"若昔者三代圣王尧、舜、禹、汤、文、武者是也……曰其为政乎天下也,兼而爱之,从而利之,又率天下之万民以尚尊天、事鬼、爱利万民,是故天鬼赏之,立为天子,以为民父母,万民从而誉之曰'圣王',至今不已。"(《墨子·尚贤中》)而仅靠天子一人又不能完成同一天下之义的任务,故由天子再置三公,封建诸侯,诸侯之下又立大夫,再下又设乡长、里长。这就是"政长"系统。与"政长"系统相配合,还有"刑政"制度,即国家机构。在"政长"和"刑政"的领导和强制下,天下才能够走向太平大治。一言以蔽之,在墨子看来,只有行政权力和政治强制才能产生或带来良好的社会生活秩序。

正是基于上述社会政治观,墨子提出了他的兼爱、非攻、尚贤、尚同的政治主张。因为在墨子看来,由于"天下之人异义"而造成的人与人"交相非""交相害"的祸乱局面在他所生活的时代正愈演愈烈,而非施以兼爱、尚同之法救治之不可。墨子曰:"今若国之与国之相攻,家之与家之相篡,人之与人之相贼,君臣不惠忠,父子不慈孝,兄弟不和调,此则天下之害也。"(《墨子·兼爱中》)而推求混乱祸害的根源,墨子认为此皆"以不相爱生"或起于人与人的"不相爱",换言之即由于人皆"自爱""自利"造成的。为了救治、消除这种祸乱,所以墨子一方面极力非攻,反对攻伐别国的"不义"战争,另一方面则从正面提出了"兼相爱、交相利"的主张。所谓的"兼相爱、交相利",即"视人之国,若视其国;视人之家,若视其家;视人之身,若视其身"(《墨子·兼爱中》)。天下人若都能按照这种一视同仁的平等精神和原则行事的话,什么不孝不慈、盗贼攻伐之种种祸患也就自然会消除了。

但是要使这种兼爱的理想与主张真正得以落实和贯彻,必须通过自上而下强制性地树立同一之义和自下而上地"尚(上)同"即"取法乎上"的措施和方法来保证。依墨子之见,首先必须由上来立"义",即"义不从愚且贱者出,必自贵且知(智)者出"(《墨子·天志中》)。而下必须绝对服从上,即"上之所是,必亦是之。上之所非,必亦非之"。以至国君上同于天子，"天子之所是，必亦是之。天子之所非，必亦非之"（《墨子·尚同中》）。而天子再上同于天。"尚同"的实施不是靠自愿而是通过由上而下的"禁恶而劝爱"的强制手段来实现的，即"富贵以道其前，明罚以率其后"（《墨子·尚同下》）。

另外，实现"尚同"还必须有一定的"政长"体系来保证。墨子所设想的政治体系，由天子、三公、诸侯、将军、大夫及乡长、里长等行政序列组成。从理论上讲，每一级的政长都应是贤者。所以，墨子又极力主张"尚贤"为"政（事）之本"，提出"不党父兄，不偏富贵，不嬖颜色"（《墨子·尚贤中》)、"虽在农与工肆之人，有能则举之"（《墨子·尚贤上》）的用人原则。

综合分析墨子的上述政治主张，我们可以将墨子的政治哲学理念归纳为以下四点：

一是墨子兼爱、非攻的主张表达了他对这样一种美好社会理想的追求与向往，即它应是一个人与人、家与家、国与国之间平等相待、和平共处，以及君臣惠忠、父子慈孝、兄弟友悌、上下调和的社会。

二是这样一种美好的社会理想源自上天的意志，即"天之意，不欲大国之攻小国也，大家之乱小家也。强之暴寡，诈之谋愚，贵之傲贱，此天之所不欲也。不止此而已，欲人之有力相营，有道相教，有财相分也"（《墨子·天志中》）。

三是虽然人类的历史是以混乱交争为其开篇的，但这样一种美好的社会理想曾在尧舜和三代圣王的时代被真实地实现过。

四是一人一义是社会祸乱的根源，人的自爱、自利是兼爱的大敌，而唯有强制性地自上而下地统一天下之义和自下而上地"尚同"才能消除祸乱，实现社会的治平。因此，只要建立完善的"刑政"制度，设立"尚贤使能"的"政长"系统，就能重新实现社会的整合、建立良好的社会生活秩序，正所谓"安危治乱，在上之发政也"（《墨子·非命中》）。

一言以蔽之，墨子政治哲学的实质，不过是希望通过建立一套新的统治秩序来实现其美好的社会理想。应该说墨子的政治主张较之孔子更为激进，而且从促进统治者政治理性的意义上来说，墨子为现实的统治者提供了另外一种可供选择的与孔儒政治哲学极为不同的政治思维路向。

比较一下儒墨两家的政治哲学理念,我们不难发现他们之间的异同点是非常明显的:

第一,他们都打着古圣先王的旗帜,崇尚尧、舜、禹、汤、文、武之道,将尧舜禹三代设定为具有典范治世意义的理想时代,但他们取舍相反,孔子推崇周代完备的礼乐典章制度,"修成康之道,述周公之训",而墨子则"背周道而用夏政"(《淮南子·要略》),崇尚夏禹之功,主张节用、节葬而反对繁文缛节的礼乐典章制度。

第二,他们都标举仁义,对现实政治富于批评精神,主张统治者应爱民利民或爱利天下,所不同的是儒家认为统治者的仁政义行发乎人心善性,而墨子认为统治者的仁心义政出自权衡利害的理智。如果说儒家所谓的仁爱行为乃是一个人内在善性自然外化的结果,那么墨子所谓的爱利他人的行为则是一个人"识其利,辩其故"(《墨子·兼爱中》)而做理智选择的结果。因此,可以说儒家所谓的仁爱是基于人道主义的价值理念,而墨子所谓的兼爱则是基于功利主义的价值准则,而且不仅是兼爱,墨子其他的政治主张也莫不贯穿着功利主义的价值准则。

第三,墨子"兼以易别"及其"尚贤使能"的主张,即以平等地"兼相爱、交相利"取代儒家的"爱有差等",以"官无常贵,而民无终贱,有能则举之,无能则下之"(《墨子·尚贤上》)的用人原则取代世袭制亲亲尊尊的用人原则,可以说比孔儒更为彻底而具有较多的革命进步性。

第四,儒墨两家是当时人治主义的两大理论代表,都主张贤人政治而将整个国家治乱安危的命运最终寄托于统治者即作为政治主体的圣贤们进行自我调节的脆弱基础之上,所不同的是儒家认为统治者自我调节的机制主要在于其个人的修身即自我品质的内在修养,而墨子认为统治者的自我调节的机制则主要在于天鬼的外在裁制以使各级政长逐级上同,以至于最终由天子上同于天。因此他们有着共同的政治思维的根本缺陷,即对可据以控制和制衡政治权力可能被滥用的制度问题缺乏思考,所不同的是儒家"以教为政"而认为政治的本质或根本问题在于引导一种合理的生活方式,这种合理的生活方式应该依托于传统一直行之有效的生活形式(礼乐典章制度),而统治者也理应遵循这种合理的生活方式并受其制约,但墨子则只是期望通过强制性的"尚同""一义"的方法和措施来实现整个社会生活秩序的整合,这是一种高度专制性的社会整合方式,而绝非是基于通过协商以达成的基本共识基础之上的民主性整合方式。

　　总之,墨子是先秦诸子中最富有平民色彩的哲学家,其哲学思想亦独具鲜明的个性特色,他是一位既尊信天鬼、富有理想,而又极端崇尚理智思维、重视功利与实用的政治哲学家。墨子自觉地建构了一个比较系统而复杂的思想体系,其非攻、兼爱的学说富于和平与平等的精神,其尚贤主张反映了士阶层的政治要求,其尚同主张则易流于专制主义,其宗教思想兼具尊天鬼而又重力行(非命)的二重性,其非乐、节用、节葬主张体现了他厉行节约、反对浪费而崇尚实用、珍惜社会财富的理念,他对时弊的揭露并强烈要求统治者关注人民的"生利"、给人民以衣、食、息的条件更反映了小生产劳动者的呼声。与儒家的人文道德理念不同,墨子的上述各项主张无不贯穿着一条以趋利避害为目的的功利主义的哲学原则。

老庄政治哲学阐释

先秦诸子百家思想,于后世最有影响者莫过于儒法道三家。儒家讲仁义,倡人伦,至为中正;法家隆君位,讲法术势,颇为邪僻;道家任自然,崇无为,可谓奇逸。唯其如此,故三家思想特别是其政治哲学亦各具特色而旨趣不同。下面仅就老庄政治哲学略做阐释。

一、君人南面之术:老子政治哲学阐释

道家思想,特别是老子思想,虽然奇逸,却并非超然绝俗,不理世事。老子"正言若反",以退为进,主张以弱胜强,无为而治以取天下,实在是对政治、对人类有一种深切的关怀。古人称《老子》为"君人南面之术"(《汉书·艺文志》)实在不为过。要之政治学,或者说政治哲学有三大基本问题:一、谁来统治?二、如何统治?三、统治应达到何种目标,即最终的理想国状态是怎样的? 中国古代思想家们大多围绕后两个问题进行思考。对于第一个问题,他们有确定无疑的信念,即政治应该由君主来掌控。当然君主的素质是不同的, 思想家们的作用就是为其提供治术和目标,作为君主施政的引导。中国政治思想的这种历史状况,牟宗三称之为"有治

道无政道"①。下面笔者即着重从《老子》作为治道的"帝王之术"这个角度来探究其思维理路,对他的政治哲学思想做一番阐释与解读。

观《老子》全书,究其脉络,可以从三个方面来阐发其思想:论道、论圣人之德、论统治之术。老子首先阐发其所主张的或认识到的"道",这种"道"大体可以从"有"和"无"及其关系来把握;当认识到"道"之后,君王应该体道而行,修成圣人,此为"内圣之德";圣人有德,则行"外王之政",无为以治天下。三者一以贯之,此即老子的治道思想。

(一)"有""无"之道

老子之道,在乎"有""无"之间。

通观《老子》全书,并没有给出一个关于"道"的确切概念。盖概念的产生也是一种造作不自然,与老子之旨相悖,所谓"道可道,非常道;名可名,非常名"(《老子·第一章》),只是为便于诉说,"强字之曰道"(《老子·第二十五章》)。所以老子阐发"道",一方面从其运动和状态来给人一个正面的却又恍惚②的感觉,这就需要人自己去玄思冥会。在这方面学者们有深入的研究,并有很多成果,比如高亨《重订老子正诂》就指出老子的"道"有"十端"③,即十种属性或十种含义。另一方面,老子侧重于指出如何观道、体道,因为老子之"道",最终是要靠修养得来,其所指示的,正是修道的路径。

欲对老子的"道"进行理解,必须重视《老子·第一章》,从这一章,我们可以概览老子道的全貌并作为研究的起点——当然,我们也必须充分认识到此章作为老子论道起点的重要性。《老子·第一章》曰:

> 无名天地之始;有名万物之母。
> 故常无,欲以观其妙;常有,欲以观其徼。
> 此两者,同出而异名,同谓之玄。玄之又玄,众妙之门。

---

① 牟宗三:《政道与治道》,广西师范大学出版社,2006年,第1页。
② 《老子·第十四章》:"无状之状,无物之象,是谓惚恍。"
③ 高亨:《重订老子正诂》之《老子通说》,古籍出版社,1956年,第2页。

无,是对应于宇宙天地而言的,是宇宙天地的起源。有,是相对于万物来说的。天下万物生于有,有生出万物。至于无与有之间关系,则是"有生于无"(《老子·第四十章》)。因此,"无"相对于"有"具有更根本的意义,"'无'既是天地之始、本原,又是万物的内在根据"①。作为内在根据,"无"具有绝对的、纯粹的抽象性,是"道的本体"②,更接近于道。在这里,无和有不能理解为"存在不存在、有没有",因为"道之为物,惟恍惟惚。惚兮恍兮,其中有象;恍兮惚兮,其中有物。窈兮冥兮,其中有精;其精甚真,其中有信"(《老子·第二十一章》)。这种状况下,怎能以"有没有"来说明道呢?"宇宙的起始与万物之母都是超越经验界的","因此才用'无'和'有'来代表"③,所以无和有是对道的抽象描述。当然,相比之下,"有"不仅有抽象的一面,即代表天地万物的共相,同时也有具体的一面。"有"是对应着万物来说的,相对于"无"的绝对抽象性,"有"又是有形有名的,故可以用来指代万物。当然这有形名的"有"也是出于无,出于道的。

　　有和无的关系并非只限于此。从第二句可知无乃是道之本体,从无可见道运行之妙;有生于无,从有可见道之端倪。徼,边际也,端倪也。④"一有徼就有一个方向,即徼向性,一有徼向性就有突出"⑤,突出就形成端倪征兆,这些端倪征兆在天地万物身上体现,形名俱显,所以"有"相对于"无"的纯粹抽象性而言,具有一定的具体性。而且"有"只是道的端倪,只是把道显露那么"多"⑥,是道的边际,再往外就是离道,所以"有"不能造作,造作就不自然,不能归根复命。在这个意义上,我们可以暂且把这个由"无"所生的"有"称之为"自然之有"。因此,"有""无"虽然皆是道,是

---

① 朱哲:《先秦道家哲学研究》,上海人民出版社,2000 年,第 30 页。

② 如冯友兰先生曰:"无言其体。"(冯友兰:《中国哲学史(上册)》,华东师范大学出版社,2000 年,第 136 页。)

③ 张起钧:《道家智慧与现代文明》,台湾商务印书馆,1984 年,第 85 页。

④ 参见陈鼓应:《老子今注今译》,商务印书馆,2005 年,第 76 页。

⑤ 牟宗三:《中国哲学十九讲》,上海古籍出版社,1997 年,第 93 页。

⑥ 指喻天地万物所受于道(即其"德"或"得")的多少或与道的远近,如天地、圣人、水、婴儿等是"几于道"。

道的两方面,但是地位不同:无是本体,有是道之端倪体现,端倪即并非体现了全道,只是从道有所得而已。

以上是就"有"和"无"两方面来说明道,是从静态来观道。

那么道又如何运动呢?

反者道之动;弱者道之用。(《老子·第四十章》)

夫物芸芸,各复归其根。归根曰静,静曰复命。复命曰常,知常曰明。(《老子·第十六章》)

这两句话体现了道的运行特点,即是"反动",向后转、反旋。道体运行具有徼向性①,总想从某个方向突出去,如果道只专注于某个方向并突出去,道一方面就被黏着住了,没什么玄妙②;另一方面会像《庄子·应帝王》中的混沌一样,"日凿一窍,七日而死"。但是道体运行的特点却是"反动",突出显露后就反旋,从"有"复归于"无",正如人跳高一样,跳上去总要落下来;无就像地球引力,总是在收摄。从无看是"收摄",从有看就是"反动"。从有归于无,即是"归根""复命"。归根复命才能浸淫在道中,浸淫在道中,才会像道那样"常"。就道体运行是这样,落实到有名有形的万物上,"反动"首先是"归根复命"之义,就是万物不能造作离道,应该返归、保持"自然之有",不超越这个"边际",对肉体要养,但是要寡欲;精神则要常处于虚灵静寂状态,合起来便是"见素抱朴,少思寡欲"(《老子·第十九章》),这些是内圣工夫,暂不赘述。处于这种"自然之有"状态,虽然只是"道之端倪",但也是在道的范围内,道自然"反动",反于"无",人也就得道了。

所以,有和无同属于道,是道的两方面。无作为本体不断运动,具有徼向性,从而产生有;由于道之运动特点是"反动",所以"无生有"后,

---

① "有"生万物,则其徼向亦无限,一徼向可认为成一物。

② 道可称之为"谷神"(《老子·第六章》),朱熹解释为:"'谷'只是虚而能受;'神'谓无所不应"(《朱子语类》卷一百三十五)则道是妙运无方的。

"有"便反向运动，复归于"无"，归于道。因此"有""无"只是"同出而异名"而已，根据两者的运动特点，可以统称之为"玄"。"玄之又玄，众妙之门"，即指有和无之间"从无而有，从有而无"的反复不断的循环运动，由此产生"众妙"，成为"玄牝""天地根"（《老子·第六章》）。一切的玄妙，都可在有和无之间的运动中得以理解。

世间的玄妙之一是：

> 有无相生，难易相成，长短相形，高下相倾，音声相和，前后相随。（《老子·第二章》）

现实世界中，许多现象都与"有""无"一样两两相对而成。但是这对立的双方是简单的并列转化或相辅相成关系吗？

> 曲则全，枉则直，洼则盈，敝则新，少则多，多则惑。（《老子·第二十二章》）

乍看上去，似乎是说相对的双方，通过这一方可以达至另一方。但是细究起来则不然。王弼在注解"反者道之动"一句时言："高以下为基，贵以贱为本，有以无为用，此其反也。"[①]"反"则必是返回道，反于"无"。所以在相对的两方面，一方居于无的地位，一方居于有的地位，从"无"可以达到"有"，老子在两者之间是有所偏重的。

由是之故，曲、枉、洼、敝、少，乃至弱、柔、虚、雌、不争、处下等都近于道，"弱者道之用"，普通所认为不好的一面，老子反而认为是好的。全、直、盈、新、多、强等都是"自然之有"，"自然之有"是道所生的，即由"无"而生，是通过"曲、枉、洼、敝、少、弱"而得到的，它是道的端倪体现，也是道的边际，所以能保全自身，老子并不反对这种"有"，这反而是老子的目的。但这里更应注意的不是这个目的，而是达到这个目的的路径。老子之

---

① 楼宇烈校释：《王弼集校释（上册）》，中华书局，1980 年，第 109 页。

道是"玄之又玄",即"玄动",是"从无而有,从有而无"的循环运动方式。"从无而有"是道之运行或者说是"创生"功能、保全功能,"从有而无"即"反者道之动",是天地万物归根复命的运动,"将欲全有,必反于无也"①,返于"无"后才能创生"有",才能达到"保全自身"这个"有"的目的。所以"从有而无"是为了道的"从无而有"的功能发挥作用,达到保全目的。这种循环运动不仅是道的运动特点,更是天地万物包括人和人类社会的运动法则或行为法则。

"从无而有"很容易理解,但是在这里必须要明辨的是"从有而无"的运动,借以进一步理解相对双方的关系。"从有而无"必须在道的范围内才有意义,在道的范围内,这种动是"自然之有"的"反动"。在老子的道中,"有"必须通过"无"达到,不能通过"有"达到,通过"有"的方式以求达到进一步"有"的目的,是一种"外动"②,便是造作之动,这种进一步的"有"相对于"自然之有"便是"造作之有"。"造作之有"已经离道,所以不能持久。譬如世人以刚强求刚强,便是采取"从有而有"的方式,但是"兵强则灭,木强则折",不能持久。"灭""折"是否就是"强"的对立面"弱"呢?是否也是"从有而无"的表现呢?对此可以有确定的答案,这绝不是老子所主张的,反而是老子所反对的离道的状况。当然我们也可把"灭""折"称之为"造作之无"。但"造作之无"绝不是道之"无"。在老子这里,"有""无"只能在道的范围内讲,是确定概念,不能把离道后不好状况也归于"无"。因此对"相"字应该慎重对待,并不能简单理解为平等的对应关系。按老子思想,弱能致强是合乎道的,但是强而至弱却是离道,这怎么是"平等"?所以应该从"高以下为基,贵以贱为本,有以无为用"的关系中理解"相"字的含义。

"从有而有"的"外动",不能"反动"回道,正是老子所反对的,所谓"多则惑"。"从有而有"即是造作,不自然,造作不自然就是离道、失道、不道,如此便不能长久。"飘风不终朝,骤雨不终日。孰为此者?天地。天地

---

① 楼宇烈校释:《王弼集校释(上册)》,中华书局,1980年,第110页。
② 这个词是相对于"反动"而言的,"从有而有"具有离道倾向,所以称为"外"。

尚不能久,而况于人乎?"(《老子·第二十三章》)天地造作也不能维持长久,何况是人的造作呢?所以老子在阐发道的同时,谆谆告诫,不能离道而行、以"从有而有"的造作、不自然方式生存。只有体道而行,以反动方式才能保持长久。

老子阐发有无之道,以作为人生、政治的指导原则;用在个人,即是内圣之德;施及天下,便是外王之政,无为而天下治。

(二)内圣之德

由上可以看出,老子在阐发其道时,侧重于揭示有和无之间的互动关系,而不是从静态来描述道是什么。老子这样做的目的何在呢?

老子说:

> 天下有始,以为天下母。既得其母,以知其子,复守其母,没身不殆。(《老子·第五十二章》)
>
> 故道大,天大,地大,人亦大。域中有四大,而人居其一焉。人法地,地法天,天法道,道法自然。(《老子·第二十五章》)

人作为万物中的一类,也生于道,具有道性。老子揭示了宇宙天地间的大道,人就应该通过修为得道,得道才能"全生适性"[①]"没身不殆"。修道的方法就是法地、法天、法道、法自然,所谓"自然",乃是本来如此、独立无待、无所凭借之意。孟子言"以直养无害"(《孟子·公孙丑上》),在老子就是以道养。

以道养便是要回归到道中,内圣工夫就是要人持守人之"自然之有",在"自然之有"中才能进入道之自然"玄动"中,这意味着要消除那些归根复命过程中的障碍。这些障碍其实都是人的造作,是人的"不自然"。

---

① 如萧公权先生曰:"全生适性乃老庄政治哲学之最后目的。"(萧公权:《中国政治思想史》,新星出版社,2005 年,第 110 页。)注:笔者亦同意萧公权先生这一观点,这与笔者从治道即帝王之术角度研究老子思想并不矛盾。盖萧公权先生所指的是上述政治哲学的第三个问题,笔者则是从第二个问题入手的。

人生于道，为何会有离道倾向呢？盖"有之以为利"。"利"就是"凭借、条件、工具"之意。人是有形质的，特别是有意识，以形质、意识为条件依托，人总想突出去不受道的控制，便产生造作。在这些造作中，首先是身体的欲求。如老子曰：

> 五色令人目盲；五音令人耳聋；五味令人口爽；驰骋畋猎，令人心发狂；难得之货，令人行妨。(《老子·第十二章》)

这是身体机能对外界的执着求取，是肉体生命的纷驰，结果使人很不自在，生命这个"自然之有"受到了损害。除了肉体生命具有外向离道性，还有两种障碍：心理情绪和思想意念的造作①，心理情绪就是喜怒哀乐、贪婪、骄傲②等，思想意念的造作则指知识、机巧之心③。以上三种障碍是基于肉体生命本身的造作，此外还有外界的造作诱惑，如尚贤、贵货等，都会使人离道。梁启超将障碍归结为两层："第一层，谓由自然界之物质的刺戟……第二层，谓由人事界之政治的或社会的诱惑及干涉。"④其实这只看到外界因素，没看到人自身的问题。人身，包括意识，的确是"锐利"的工具，可以认识和改造世界，但是"揣而锐之，不可长保"(《老子·第九章》)，人越聪明，离道越远，而且最后可能"江郎才尽"。须知"无之以为用""有以无为用"，人必须以无为用，以道为用，践道而行，才能长久。总之，只有消解这些内外障碍，人才有得道的可能。

去除造作，体道而行，对于个人来说，就要"致虚极，守静笃"，在虚静中默会道妙；要"去甚、去奢、去泰"(《老子·第二十九章》)，不能过度地向外苛求，应该反观、反守内心清静；要"少私寡欲"(《老子·第十九章》)；要

---

① 这三种造作的说法采用了牟宗三先生的观点。(参见牟宗三：《中国哲学十九讲》，上海古籍出版社，1997年，第89页。)

②《老子·第九章》："金玉满堂，莫之能守；富贵而骄，自遗其咎。"《老子·第三十章》："果而勿矜，果而勿伐，果而勿骄。"《老子·第四十四章》："多藏厚亡。"

③《老子·第十九章》："绝学无忧。"《老子·第六十五章》："民之难治，以其智多。"

④ 梁启超：《先秦政治思想史》，东方出版社，2012年，第139—140页。

"犹豫"(《老子·第十五章》)、"昏昏闷闷"(《老子·第二十章》)……总之是把这些造作、障碍去除掉,使人能够归根复命,这样外界的诱惑也可视而不见,心不为动,从而与道优游。

这些是个人自己修身养性的事,我们暂且称为"德",但是人是生活在社会中的,必然会与人交际,同时可能会产生矛盾,那么此时圣人该怎样作为才能化解矛盾并保全自己呢?老子提出了几种处世方法,此可谓之为"智",当然这种智不是老子反对的那种计谋权诈的"智"。在老子,圣人只是体道而行,十分自然,正如"上德不德"一样,也有"上智不智",但在世人,这却是一种大智慧。德与智都是修身而得,可统称之为"内圣之德"。德者,得也,修道而有所得。这些方法是依据道的特点而来,也可称之为"道术"。以下简略提几种,以窥其妙:

功成身退①。有无之道,无生有只是其自身运动使然,并没有别的原因或目的,无只是创生有,并没有对"有"有何要求。因此得道之人也应该"生而不有,为而不恃,功成而弗居"。"以其弗居,是以不去。"(《老子·第二章》)反而保全了"功"这个有。第三十四章又云"大道泛兮,其可左右。万物恃之以生而不辞,功成而不有。衣养万物而不为主,可名于小;万物归焉而不为主,可名为大。以其终不自为大,故能成其大。"是同样的道理。

谦虚隐让。无创生有,无"惟恍惟惚""窈兮冥兮",有却是彰显在外的。正是因为无的隐幽反而成就了有的显著,有即是无,从有可见无的"徼",有的彰显即无的显现。道"不自见,故明;不自是,故彰;不自伐,故有功;不自矜,故长"(《老子·第二十二章》),故人也应该谦虚谨慎,反而能够凸现自身。

知微察几。天下万物生于道,能知"道"就能洞察世事变化之几,几就是端倪,就是"有"的创生。"执古之道,以御今之有。能知古始,是谓道纪。"(《老子·第十四章》)这是指要慎始;"图难于其易,为大于其细;天下难事必作于易,天下大事必作于细"(《老子·第六十三章》)。这要人从小处、细处着手;"其安易持,其未兆易谋。其脆易泮,其微易散。为之于未

---

① 《老子·第九章》:"功遂身退,天之道也。"

113

有,治之于未乱。合抱之木,生于毫末;九层之台,起于累土;千里之行,始于足下。民之从事,常于几成而败之。慎终如始,则无败事"(《老子·第六十四章》)。这是说,天下之事往往起于毫末,"能见微知几者乃能制其肇端,使底于成,而白无由致"[①],并要慎始慎终。这些用在世事上就是智慧,所以道家多出谋略家,如张良。

不争之争。人对外界过于执着,外物有限,并分你我,则必起争夺。天地不与万物争,不以己为私,反而能够"天长地久"(《老子·第七章》)。水也"善利万物而不争,故几于道……夫唯不争,故无尤"(《老子·第八章》)。老子总结说:"天之道,利而不害;圣人之道,为而不争。"(《老子·第八十一章》)又说"夫唯不争,故天下莫能与之争。"(《老子·第二十二章》)则不争反能达到争的效果,而且不被怨恨。

以弱胜强。世人皆ești强,而不知"弱"更近于道,"弱者道之用""天下莫柔弱于水,而攻坚强者莫之能胜,以其无以易之"(《老子·第七十八章》)。"人之生也柔弱,其死也坚强。草木之生也柔脆,其死也枯槁。故坚强者死之徒,柔弱者生之徒。是以兵强则灭,木强则折。强大处下,柔弱处上。"(《老子·第七十六章》)以弱胜强,以柔克刚,道之妙用。

这些道术依道而来,以有无之间的互动关系为基本范式,范式是唯一的,但是具体应用却是无穷尽的,运用之妙,存乎一心而已,只在个人的修行。

当然,我们不能把这种道术完全功利化。在老子那里,道术旨在全身养性。其方法在于消解人对外界的求取或控制欲望,通过内在的超越与外在的践行而与道优游。对统治者而言,则是弱化其强权意志和贪婪欲望,使天下保有一份生机,这是老子著书根本的地方。因为统治者是政治的主体,他们的素质高低关系影响天下治理得好坏、人民的幸福与否,所以需要他们修身,做内圣的工夫。

但是如果离开"道"而纯粹讲"术",则会落入法家,尤其是韩非对《老子》思想的曲解和功利主义利用,这导致后人对老子有所谓"老子心最

---

① 萧公权:《中国政治思想史》,新星出版社,2005 年,第 113 页。

毒,其所以不与人争者,乃所以深争之也,其设心措意都是如此"(《朱子语类》卷一百三十七)的评语。这是老子所不能接受的,却也不是老子要辩解的。对老子来说,著作《老子》该是一种有为造作吧,但他何以又违背自己旨意而造此书呢?老子对人世是不是仍有情而不能割舍,不能完全离世独立呢?他在做一个隐者的同时,又何尝不是个仁者呢?以其"犹龙"①气象,岂是关令尹所能强之?以其聪明睿智,著书结果又岂在意料之外?但他仍著此书,岂非仍是希冀其道能一日行于天下?所以老子不辩,其心昭昭矣。

(三)外王之政

有无之道,修在自身可以成圣;用在天下,可以外王。

外王的道术,历来归结为"无为"。其实包括两方面:无为和为无为。"为无为"可简单称为"为无",向"无"做运动,即使天下都能归根复命,这需要破除造作障碍,联系上面所述,便是要"从有而无",反动回道;而"无为"就是垂拱而治,以清静取天下,使道"从无而有"的创生、保全功能顺利发挥。为无为的目的在于无为,所以用"无为"概括老子外王之道也讲得通。

老子何以要主张无为之治?

首先,老子所要指示的是治道之术,是方法问题。他认为道术应该符合道,由道而来。由道而来,就应该遵循有无之间的互动模式。人作为万物一类,归于"有"的一面,就应该按照"有"的特点来运动。"有"的运动特点是反动,向无归根复命,以保恒常。但是人的肉体生命本身有离道倾向,加之受外界利诱,往往执着于向外探求,不能返回内心,这样,外界的"有"把人这个"有"黏着住了,人回不到自身,就不能持守清静,归根复命。

所以"为无为",首先就是要把外界的诱惑减少或消除,并防止少数智者的造作。"不尚贤,使民不争;不贵难得之货,使民不为盗;不见可欲,使民心不乱。是以圣人之治,虚其心,实其腹,弱其志,强其骨。常使民无

---

① 《史记·老子韩非列传》记孔子见老子后有"吾今日见老子,其犹龙邪"之叹。

知无欲,使夫智者不敢为。为无为,则无不治。"(《老子·第三章》)这就是为无为的内容。值得注意的是,老子在这里并没有人性善恶的观点,相反更多的是将过错归于外物的诱惑和智者——包括某些统治者——的造作,是他们尚贤、贵货、现可欲,引得天下争夺、为盗、心乱。这与儒家性善恶说明显不同——儒家讲性善恶有道德评价性质,道家虽然也看到人自身问题,却并不做善恶评价,只以守道还是离道、造作还是无为评判;当然两家也有相同的地方,即都认为人是可以改变的,无论是通过内在(修身)或外在(礼、为无为)的方法。但道家思想与法家思想更是天壤之别。因为老子反对的,正是法家所关注的。民的好利性在法家那里不是统治者造作的"罪过",反而是其可资利用以控制天下、实行耕战和严刑峻法的出发点。道家对待这种"智者"的做法却是"吾将得而杀之,孰敢?"(《老子·第七十四章》) 老子认为,"民之难治, 以其智多"(《老子·第六十五章》)。所以"古之善为道者,非以明民,将以愚之。"则老子主张愚民之政、闷闷之政(《老子·第五十八章》),使民没有机心,完全由道而行。这里我们要明辨"愚民"之意,并不是后世所谓使民变得愚蠢,而是要使民去除巧诈之智,抱有素朴之心。

当然,为无为并非只是针对天下而言,针对天下就是去除外物对人的诱惑,限制智者"为奇"[1];同时,为无为也是针对统治者来说的。针对统治者,就是要统治者消解自己的权力意志和物质欲望,这也要"有所为",即做修身工夫,同时又是要求统治者无为于天下。"无为"是要统治者让出来,让道去发挥作用,无为而天下自化。故云:"我无为,而民自化;我好静,而民自正;我无事,而民自富;我无欲,而民自朴。"(《老子·第五十七章》)"道常无为而无不为。侯王若能守之,万物将自化。化而欲作,吾将镇之以无名之朴。无名之朴,夫亦将不欲。不欲以静,天下将自正。"(《老子·第三十七章》)"自化""自正"之"自",正是"自然"之"自",表明民与万物都依道而行,任由道发挥作用,则天下大治。所以统治者只应在离道、失道、不道的领域有所作为,使天下复归于道,除此之外,一切都在道的笼

---

[1] 《老子·第七十四章》:"为奇者,吾将得而杀之,孰敢? "

罩之下，统治者应该退出去，让道发挥作用，因为道本身即有"无为而无不为"①的功能。退出去，留给道发挥作用，便是让出天地一片生机。相对于儒家进取之道、生生之意，道家便是"不生之生"②。

无为其实也是内圣方面的工夫。"民之饥，以其上食税之多，是以饥。民之难治，以其上之有为，是以难治。民之轻死，以其上求生之厚，是以轻死。"（《老子·第七十五章》）所以内圣工夫对外王是很重要的，是外王的基础和前提，两者密不可分。外王先要以内圣工夫消解物质欲望，另一方面要消解权力意志，做到"生而不有，为而不恃，功成而弗居"（《老子·第二章》）。"为而不恃"就是在"为无"的同时能够不恃己能，不干涉道发挥作用的领域。内圣修德是一方面，另一方面，老子说："清静为天下正。"（《老子·第四十五章》）因此要"以正治国""以无事取天下"（《老子·第五十七章》）。又说："治大国若烹小鲜。"（《老子·第六十章》）这是以治国的道术提点之。

老子的治道之所以是无为之治，从另一方面来说，是因为"有为"不足以治天下。前面已经说过，人类社会已经属于"有"的一面，所以问题在于消解这种"有"的外向性，使其返回道之"无"，应该是"从有而无"以使道之"从无而有"的"生"意显现，而不是"从有而有"，以造作的"有"（有之以为利）的方式求取"造作之有"。老子所反对的造作的治道包括两种：一种是"推动"，像法家那样，利用人的好利性来统治，使人更为远离大道，那就心机太重，所以称法家思想尤其是"术"的思想实在是邪僻；另一种是"规范"，像儒家那样，以现实的"人"应该怎样才能算得真正的人为出发点，规定"人路"，即仁义礼智信来规范人的行为，所以儒学可称得上中正之学。但从老子这里看，法家和儒家的主张都不足以为治道，不能达于大治。"大道废，有仁义；智慧出，有大伪；六亲不和，有孝慈；国家昏乱，

---

① 儒家则要"赞天地之化育"，认为人能弘道；而道家则认为道已经是"完全"的了，不需要人的作为，否则便是造作。梁启超在《先秦政治思想史》中论述："儒家以宇宙为'未济'的，刻刻正在进行途中。故加以人工，正所以'弘道'。道家以宇宙为已'混成'的，再加人工，便是毁坏他。"
② 牟宗三：《中国哲学十九讲》，上海古籍出版社，1997年，第99页。

117

有忠臣。"(《老子·第十八章》)"故失道而后德,失德而后仁,失仁而后义,失义而后礼。夫礼者,忠信之薄而乱之首。"(《老子·第三十八章》)则忠孝仁义只是大道废止之后的产物;"绝圣弃智,民利百倍;绝仁弃义,民复孝慈;绝巧弃利,盗贼无有。此三者以为文,不足。故令有所属:见素抱朴,少思寡欲。"(《老子·第十九章》)以"智辩""伪诈""巧利"为治术是不足、不及的。老子心中,治理天下有数种境界:"太上,下知有之①;其次,亲而誉之;其次,畏之;其次,侮之。"(《老子·第十七章》)第一种是君主实行无为而治,下民不见其形迹,只知其存在的太上境界,这是道家所要实现的,以无为取天下;第二种是实行仁政,下民亲之、誉之的境界,是儒家所致力的,以求达到天下大同;第三种是畏之境界,正是法家的作为:强调严刑峻法,则下民畏之;最后的"侮之"是指民既不亲附也对威权无所畏惧②,则是对统治者的"侮辱"③。所以在老子看来,儒家和法家的有为都不是最好的治道,"将欲取天下而为之,吾见其不得已。天下神器,不可为也,不可执也。为者败之,执者失之。"(《老子·第二十九章》)"天下多忌讳,而民弥贫;人多利器,国家滋昏;人多伎巧,奇物滋起;法令滋彰,盗贼多有。"(《老子·第五十七章》)"故以智治国,国之贼;不以智治国,国之福。"(《老子·第六十五章》)以有为方式求取"有",反而扰乱了天下,失去了"有"。所以只有无为才是太上之道。太上之道,"百姓皆谓我自然"(《老子·第十七章》)。

总之,老子是个智者,他以"有""无"之动揭示宇宙天地间之大道;老子又是个仁者,他看到了文明的缺失,并以道术来消解这些弊端。但他的

---

① 又有版本作"不知有之",亦讲得通。在此采用陈鼓应本"下知有之",具体考证辨析参见陈鼓应:《老子今注今译》,商务印书馆,2005年,第142页。

② 王夫之《老子衍》释曰:"王者见不亲而忧,霸者遇不畏而怖。"《老子·第七十四章》:"民不畏死,奈何以死惧之?"

③ 魏源《老子本义》解释此章曰:"太古有德之君,无为无迹,故下民知有之而已。德既下衰,仁义为治,天下被其仁故亲之,怀其义故誉之。及仁义不足以治其治,则以刑法为政,故下畏之。及刑法不足以服其意,则以权谲为事,故下侮之。"此说为是。(魏源:《老子本义》,《诸子集成》本,中华书局,1954年,第13页。)

道极高明而不能行之中庸，只能将治天下的重任寄托于虚无缥缈的圣人身上。而他知道，虽然自己的道"甚易知，甚易行"，却"莫能知，莫能行"，"知我者希，则我者贵"(《老子·第七十章》)。"不言之教，无为之益，天下希及之。"(《老子·第四十三章》)当这位老者骑青牛而淡然消逝于函谷关外的黄沙中时，是否仍抱着无人行其治道、世人不能反身复命的些许失望呢？

二、游心体道：庄子的心灵境界与政治哲学智慧

庄子是一位富有永恒思想魅力的哲学家，他深深吸引和最能打动我们的究竟是什么？这是一个永远值得我们认真对待和反复深入思考的有意义的问题。美国学者詹姆斯·克里斯蒂安尝言："所有的哲思都植根于我们的存在中一个简单的事实：我们每个人都被困在自我中心困境，这一困境对我们看待世界的方式及与他人的关系设置了一定的限制。"[1]所谓"自我中心困境"，是指这样一种人类生存困境，我们总是把自己看作是宇宙或世界的中心，而把其他一切看作为实现自我利益和欲望的工具和对象，或者把一味工具性、占有性地满足自身物欲看作为自我唯一或根本的人生目标。庄子的魅力就在于他为我们走出自我中心困境、超越人类中心主义的迷思提供了一剂最清醒、有益和有效的解毒药。庄子可以说将道家以自然之道为旨归的思想主题做了最淋漓尽致的发挥、诠释和阐扬，他以一种逍遥放旷、超然无待的心灵境界或生命意境昭示我们换一种眼光来重新看世界的意义所在，他从超越性的自然大道的角度看待天地万物与人生世事，向我们真正展现了中国"轴心期"的"精神凌空翱翔"所能体验到的天人合一而回归自然的"精神觉醒"，从而"为中国哲学放一异彩"。

---

[1] ［美］詹姆斯·克里斯蒂安：《像哲学家一样思考》，赫忠慧译，北京大学出版社，2015 年，第 96 页。

119

(一)天人之分与庄学的思想主旨

解读和诠释庄子,首先遇到的一个需要明确做出回答的核心问题就是,我们究竟应如何来理解和把握庄子之学的根本意趣或思想主旨,这也是冯友兰先生所谓的"庄之所以为庄者"的问题。依冯友兰先生之见,就庄学在后世的影响及战国时人对庄学的评价来讲,"庄之所以为庄者,突出地表现于《逍遥游》和《齐物论》两篇之中"①,换言之,庄学的思想主旨主要体现在"逍遥"与"齐物"两个方面。而美国学者爱莲心则在试图廓清"对《庄子》做怀疑主义或相对主义的解释的理解"的基础上,"尽力陈述《庄子》全书关注的一个主要哲学任务",那就是"心灵转化"的问题。②

在我们看来,上述两位学者的看法对于我们认识和把握庄学的思想主旨问题具有重要而深刻的启示意义,将他们的看法综合起来即可对庄学的思想主旨获得更为全面的认识和理解。依笔者之见,庄学所关注的核心思想议题也就是爱莲心所谓"心灵转化"的问题,而所谓"心灵转化"是指"个人觉悟水平的改变",或者是"人的内心的态度"的改变,"在转化前后,人用不同的方式看世界",而且它不同于"意味着一切差别都消失了"或"依赖于对神秘真理的特殊理解"的"神秘转化","心灵转化的状态对所有人都同等适用"③。然而庄学意义上的"心灵转化"无疑又是有其特定含义的,是有其特定明确的目标性指向或境界性旨归的,不了解这一点,也就不能了解所谓"心灵转化"究竟何所指,而庄学意义上的"心灵转化"的目标性指向或境界性旨归,也就是冯友兰先生所说的"庄之所以为庄者"的"逍遥"与"齐物"。然而庄子之所以关注以"逍遥"与"齐物"为旨归的"心灵转化"问题,缘起于他对另一更为基础或根本的问题的看法,这就是天人之分的问题。庄子对天人之分问题的反省与思考,为我们理解庄学的上述思想主旨或核心关注提供了一种庄子整个思维理路的基

---

① 冯友兰:《中国哲学史新编(上)》,人民出版社,1998年,第401、402页。

② [美]爱莲心:《向往心灵转化的庄子:内篇分析》,中译本序、自序,周炽成译,江苏人民出版社,2004年。

③ [美]爱莲心:《向往心灵转化的庄子:内篇分析》导言,周炽成译,江苏人民出版社,2004年,第3页。

础性的问题框架或背景性的脉络结构。

作为对周文疲弊和人类所面临的现实生存困境的反应,庄子主要是从天人之分的角度来加以解释并寻求出路而提出相应的救世方案的。正如从文化背景上老子之所以讲"无为"而反对现实生活中的"有为"(即人为的造作)乃是"对周文疲弊而发"①一样,庄子对天人之分的理论反思正是遵循着老子的思路而来的,因此,在庄子看来,无论是周文的疲弊,还是战国之世人类所面临的现实生存困境,也都是人类日趋背离和丧失其自然本真之性而追求人为造作的结果。不过,与老子之喜言"道"不同,庄子更喜言"天",庄子的后学甚至"把天抬到道的上面"②,如《庄子·天地》篇所言"道兼于天"。而且尽管"庄子所说的天,即是道;所说的德,即是万物中内在化的道",与老子所谓"道法自然"之义是一脉相承的,但老子所谓的"道法自然"是有具体的法则和轨迹可循的,而庄子所谓的自然之天或自然之道在人生精神境界的意义上却是没有具体的法则和轨迹可循的。甚至可以说,庄子所谓的天或道,主要不是在法则的意义上,而是在过程的意义上来讲的,庄子所谓的"自然"只是意味着一种无始无终、无穷无尽的事物的变化过程,而人所要做的便是只需因应自然而随物变化而已。尤其重要的是对庄子来讲,自然本真者即是所谓的"天",而人为造作者便是所谓的"人",如《庄子·秋水》篇所曰:"牛马四足,是谓天;落(同'络',笼住)马首,穿牛鼻,是谓人。"最值得注意的是,这种天人的分别,乃是一种内外的分别,即"天在内,人在外",所谓的"天"是指内在于事物的一种天然的禀赋,如牛马天生而有四足;反之,所谓的"人"则是指外在强加于事物的某种人为的造作,如"落马首,穿牛鼻"之类。人为的造作不仅使其他事物也使人类自身背离和丧失了内在于人与万物之中的天然禀赋或自然本真之性,这便是"以人灭天",这也正是世间一切纷争祸乱的缘起根源。而消弭纷争祸乱的根本出路即在于由人而返天,意即由人为的造作而"反其真",回复人与万物的自然本真之性。

---

① 牟宗三:《中国哲学十九讲》,上海古籍出版社,1997 年,第 85 页。
② 徐复观:《中国人性论史(先秦篇)》,上海三联书店,2001 年,第 329 页。

大体而言,关于天人之分的问题,庄子所强调者主要有三个方面的含义:一是天相对于人的价值优先性,如《庄子·山木》篇曰:"有人,天也;有天,亦天也。人之不能有天,性也。"所谓的"有",是支配的意思,而整句话的意思是说支配人事与自然变化的都是自然之天道,而人不能支配自然,这是人的本性所决定的。①因此,处理天人关系应遵循的基本原则就是:"以天待人,不以人入(干预)天"(《庄子·徐无鬼》)。二是只有合乎天道或自然的才是事物本真的"性命之情",而人为是对事物自然本真之性或自然"性命之情"的一种伤害,会造成事物的忧痛与悲伤,如"是故凫胫虽短,续之则忧;鹤胫虽长,断之则悲",故"彼至正者,不失其性命之情"(《庄子·骈拇》)。三是庄子虽反对世俗"人为"的造作,但并未对"人"本身完全丧失信心或彻底失去希望,而是认为人应该或者寄希望于人能够返本归真而回复自然本真之性,如《庄子·渔父》篇所言:"真者,精诚之至也……真在内者,神动于外,是所以贵真也……礼者,世俗之所为也②;真者,所以受于天也,自然不可易也。故圣人法天贵真,不拘于俗。"这可以说是庄学的根本旨趣所在。

庄子从天人之分的角度来反思和探究世间纷争祸乱的根源,并将纷争祸乱的产生归因于人的"世俗之所为"或人为的造作,亦即人的自然本真之性的丧失和对事物自然"性命之情"的破坏。因此,走出纷争祸乱的根本出路即在于回复人的自然本真之天性而重新实现"人与天一"的理想本然状态。而且从天人关系的角度来讲,是"法天贵真"还是违天拘俗也就成了圣凡之间的根本差别所在。

那么怎样才能从根本上扭转"世俗之所为"而使人类走出自然本真之天性陷溺和迷失的现实生存状态,实现"圣人法天贵真"或"人与天一"的超越性的目标追求呢?

正是这一追问把我们引向了一个关键性的问题,即庄子对人心、对

---

① 曹础基:《庄子浅注》,中华书局,2000年,第298页。

② 曹础基注曰:"所为,人为地造出来的东西。"(曹础基:《庄子浅注》,中华书局,2000年,第470页。)

心灵转化问题的关注。

在庄子看来,无论是人与天的背离,还是人与天的重新合一,无论是问题的产生,还是问题的解决,其关键都在于人心。正是人心的躁动、心知的外弛导致了人自身自然本真天性的丧失,引发了种种"世俗之所为"或人为之造作,造成了对事物自然"性命之情"的破坏。因此也只有通过心灵的转化才能挽救迷失的人心,使之回心向道而与天为一,唯有心灵的转化才能实现人类超越性的精神觉醒和境界提升的目标诉求。

(二)心灵的转化与游心体道的心灵境界

如上所言,庄子思想的核心,正"在其对人心之认识"①,而唯有基于"其对人心之认识",我们才能真正了解其"心灵转化"之主旨的含义。

像孟子一样,庄子对人心给予了高度的关注,可以说他们对人心的关注共同体现了战国中期的一种时代精神的重要走向。孟子是"在心上奠定人生道德的根基"②,认为"仁义礼智根于心"(《孟子·尽心上》),体现了儒家道德理念的内在化趋向;庄子则将老子的客观实在意义上的或"实有形态"的"道",内在转化为一种纯粹"境界形态"的"人生的精神境界"③,体现了道家道德观念的内在化趋向。庄孟之所以能够完成时代精神的内在化转向,正在于他们对人心的关注,尤其是对人心陷溺的关注,但他们的这一关注只具有表面上的相似性,在实质认识上却存在着根本的差异。庄子对人心的认识,可以说既不同于孟子,亦与后来的荀子有别,更与法家韩非之流完全相左。具体而言,庄子所谓的"心",既不是孟子意义上的德性根源之"心",亦不是荀子意义上的理性认知之"心",更与韩非"以法教心"(《韩非子·用人》)即以法钳制人心的理念完全对立,而是具有一种双重的含义,既对人心的负面作用保持高度警觉的自省意识,又对人心的正面价值寄予无限可能的救世希望,如庄子曰:

①唐君毅:《中国哲学原论(导论篇)》,见《唐君毅全集(第十二卷)》,台湾学生书局,第126页。

②徐复观:《中国人性论史(先秦篇)》,上海三联书店,2002年,第339页。

③牟宗三:《才性与玄理》,广西师范大学出版社,2006年,第152—153页;徐复观:《中国人性论史(先秦篇)》,上海三联书店,2002年,第329页。

凡人心险于山川,难于知天。天犹有春秋冬夏旦暮之期,人者厚貌深情。(《庄子·列御寇》)

人心排下而进上,上下囚杀,淖约柔乎刚强,廉刿雕琢,其热焦火,其寒凝冰,其疾俯仰之间而再抚四海之外。其居也,渊而静;其动也,县(通"玄")而天。偾骄而不可系者,其唯人心乎!(《庄子·在宥》)

德又下衰,及唐、虞始为天下,兴治化之流,浇淳散朴,离道以善,险德以行,然后去性而从于心。心与心识知而不足以定天下,然后附之以文,益之以博。文灭质,博溺心,然后民始惑乱,无以反其性情而复其初。由是观之,世丧道矣,道丧世矣,世与道交相丧也。(《庄子·缮性》)

上述引文皆是在负面而消极的意义上来论述和描绘人心的险恶、阴暗、躁动、浇薄、放纵与陷溺等。在庄子看来,这正是导致背离天然道德的行为乃至"去性而从于心"的现象发生的根本原因所在,或者说人民之所以日趋于惑乱,究其根本原因乃在于人心的扰动与陷溺使之难以返本复初而回复其自然本真之性情。而人心之所以会呈现出上述种种负面而消极的特点,其根本的原因又在于心知的外驰,乃至生出是非好恶,人们各执己是人非之主观的偏见成心,日以心斗,是非相争,无休无止,日日机关算尽,日日惊恐不安,时而欣喜,时而愤怒,时而哀愁,时而欢乐,时而忧虑,时而嗟叹,时而轻浮,时而纵恣,时而张狂,时而作态,《庄子·齐物论》篇对此有极详细而精彩的描绘和刻画。

然而庄子对人心的认识并未仅仅停留于人心的负面而消极的含义上,他还对人心有一种正面而积极意义上的作用认识与价值肯定,问题的产生在人心,解决问题的出路亦在人心,通过心性的修养,可以使人的心灵或精神境界发生根本的转化与提升,乃至从根本上化解和克服人心负面而消极的作用与影响。因此可以说,庄子在对人心的负面与消极的作用和影响保持一种全面而深刻的警觉或批评反省的同时,他也将化解人世祸乱纷争的根本出路寄托在了人心的醒觉或心灵的转化之上了。正所谓："夫哀莫大于心死（心丧失天性），而人死亦次之。"(《庄子·田子方》)乃至一旦人心觉醒,修养心性、提撕上达而至游心体道的真人、至人、圣人、神人境界,即可自然而然地实现天下的治理,如《庄子·应帝王》篇曰："游心于淡,合气于漠,顺物自然而无容私焉,而天下治矣。"

那么通过什么样的内心修养的方式或工夫,才能实现心灵的转化,回复人的自然本性,乃至使人的精神提升而上达于天道天德的境界呢?

庄子所讲的"修心"或内心修养的方法与工夫主要有两种,一是"心斋",二是"坐忘"。这两种方法分别见于庄子书的《人间世》篇和《大宗师》篇,而且都是假借颜回和孔子之间的对话而道出,其文如下:

> 回曰："敢问心斋。"仲尼曰："若一志,无听之以耳而听之以心,无听之以心而听之以气。听止于耳,心止于符。气也者,虚而待物者也。唯道集虚。虚者,心斋也。"
>
> 颜回曰："回益矣。"仲尼曰："何谓也?"曰："回忘仁义矣。"曰："可矣,犹未也。"他日复见,曰："回益矣。"曰："何谓也?"曰："回忘礼乐矣!"曰："可矣,犹未也。"他日复见,曰："回益矣!"曰："何谓也?"曰："回坐忘矣。"仲尼蹴然曰："何谓坐忘?"颜回曰："堕肢体,黜聪明,离形去知,同于大通,此谓坐忘。"

由上可知,所谓"心斋"和"坐忘",都主要是通过"为道日损"的减损、内敛的方法,来使心灵得以净化而达到空灵明觉的境地。具体来说,所谓"心斋",就是心志专一,"去掉思虑和欲望"[1];不要用耳去感性地听,而是用心去理性地认知;不要用心去理性地认知,而是用气——虚灵明觉或虚而无物的精神状态去感应和容纳万物,这样便可以获致体道或得道之境。[2]

---

[1] 冯友兰:《中国哲学史新编(上)》,人民出版社,1998年,第422页。

[2] 杨国荣先生认为:"'听之以耳'泛指感性的考察方式,'听之以心'则以理性之思为指向",而二者皆"具有对象性或意向性",而"庄子要求由'听之以耳''听之以心',进而'听之以气',意味着从对象性的关切及意向性的活动,返归虚而无物的精神形态。"(杨国荣:《庄子的思想世界》,北京大学出版社,2006年,第116页。)

而所谓"坐忘",是在首先破除了对仁义、礼乐可以治世的儒家观念的偏执之后而达到的心灵境界,这是一种遗忘了自己的肢体,抛弃了自己的聪明,离弃形体去除心智而与自然大道融通为一的心灵境界。除了"心斋"和"坐忘"之外,庄子还讲过"洒心去欲,而游于无人之野"(《庄子·山木》)及"刳心"体道、"事心之大"的心灵之境。①

通过上述修养的方法和工夫,便可以将充满了各种人类欲望、情识、知识、成见、偏好、机诈、阴谋、贼害的世俗之心,转化为逍遥无待、自由自在的虚静、空明、灵觉的至人之心、圣人之心、真人之心。这是一种心灵的"蚕变蝶舞",这是一种生命的美丽蜕变,这是一种精神的凌空翱翔。正像孟子将人天赋善良的本心本性比喻为一颗种子或一粒谷种而喜欢讲述其"生长"的故事一样,庄子通过对天人关系、天地万物的自然变化过程,以及人心之两面性的深刻洞察与全面反思来思考人类纷争惑乱的根源及其根本出路所在,他喜欢讲的是事物"变化"的故事,如万事万物从神奇到腐朽、再从腐朽到神奇的循环往复的无穷变化,尤其是生命形态从低级向高级的飞跃质变,更寄托着庄周本人的无拘无束、随物变化的自由梦想,以及他对人类心灵转化与境界提升的精神追求与向往,如庄周之梦蝶而"物化"(《庄子·齐物论》)和鲲之变化而为鹏(《庄子·逍遥游》)的寓言所示。可以说庄子讲述的事物变化和寄寓着人类心灵转化之意的寓言故事,向我们充分展示了他本人的精神追求与心灵境界,那就是至人、圣人、真人或神人的"心有天游"或游心体道的旷达自得、逍遥无待、万物一齐之心境。庄子所谓的至人、圣人、真人或神人,绝不是指人类中的一小部分特殊的选民,唯有他们才能通过内心的修养实现心灵的转化,从而上达天道天德之精神境界,他们只是庄子在理论上的一种寓言式的虚构,也就是说,作为理想典范意义上的道的体现者,他们只是向世人传达和昭示着这样一种具有普遍意义的寓意或思想信息,即人类

---

① 据《庄子·天地》篇载:"夫道,覆载万物者也,洋洋乎大哉!君子不可以不刳心焉。无为为之之谓天,无为言之之谓德,爱人利物之谓仁,不同同之之谓大,行不崖异之谓宽,有万不同之谓富。故执德之谓纪,德成之谓立,循于道之谓备,不以物挫志之谓完。君子明于此十者,则韬乎其事心之大也,沛乎其为万物逝也。"

心灵转化的可能及其所能达到的道德修为和精神境界的最高成就和最高水平。

那么,游心体道的至人、圣人、真人或神人的心灵或精神境界究竟是什么样的呢?

庄子曰:

> 若夫乘天地之正,而御六气之辩(变),以游无穷者,彼且恶乎待哉!故曰:至人无己,神人无功,圣人无名。(《庄子·逍遥游》)
>
> 物无非彼,物无非是……因是因非,因非因是。是以圣人不由而照之于天,亦因是也。是亦彼也,彼亦是也。彼亦一是非,此亦一是非,果且有彼是乎哉?果且无彼是乎哉?彼是莫得其偶,谓之道枢。枢始得其环中,以应无穷。是亦一无穷,非亦一无穷也。故曰莫若以明……是以圣人和之以是非而休乎天钧(成玄英《疏》:"天钧者,自然均平之理也。"),是之谓两行。(《庄子·齐物论》)
>
> 自其异者视之,肝胆楚越也;自其同者视之,万物皆一也。夫若然者,且不知耳目之所宜,而游心乎德之和。(《庄子·德充符》)
>
> 知天之所为,知人之所为者,至矣!……且有真人而后有真知……其耆欲深者,其天机浅。古之真人,不知说生,不知恶死……受而喜之,忘而复之。是之谓不以心捐道,不以人助天,是之谓真人。(《庄子·大宗师》)
>
> 无为名尸,无为谋府,无为事任,无为知主。体尽无穷,而游无朕。尽其所受乎天而无见得,亦虚而已!至人之用心若镜,不将不迎,应而不藏,故能胜物而不伤。(《庄子·应帝王》)
>
> 圣人之静也,非曰静也善,故静也。万物无足以铙(通"挠")心者,故静也。水静则明烛须眉,平中准,大匠取法焉。水静犹明,而况精神!圣人之心静乎!天地之鉴也,万物之镜也。夫虚静恬淡寂漠无为者,天地之平而道德之至也。(《庄子·天道》)
>
> 通乎道,合乎德,退仁义,宾(通"摈")礼乐,至人之心有所定矣!(《庄子·天道》)

综上，庄子所追求的游心体道的心灵境界，乃是一种顺应天地自然之变化、逍遥无待"以游无穷"，故而去除对小我的偏执、无知无欲而不求功名的人生境界；是一种从天道自然的超越性的视角来看待人世间的一切世俗性的价值偏见和成心，以求是非两忘、贵贱等齐、万物一体、生死同状的生命意境；是一种虚静恬淡寂寞无为而与道、德合体、足以烛照鉴察天地万物之自然本真的精神状态。所谓的"游心"之"游"，并非是指心灵的浮游无根状态，而是指一种以自然之天道为依止和归向、不拘于世俗而"游乎尘垢之外"的博大、宽广、包容、自由而开放的心灵之境！诚如爱莲心所言："'逍遥游'指的是心灵在任何一个想象的方向移动的绝对的自由，一种只有在达到了超越的境界或超验快乐的境界以后才可能的自由的水平。这种只有经过心灵转化才能得到的境界是一种心灵能够无拘无束地活动的境界，因为它不受任何特殊立场的局限性的约束。"①对庄子来讲，自然大道无所不在，它既内在于万事万物之中，同时亦构成了"万物之所由"(《庄子·渔父》)的存在根基，人类只有经过心灵的转化，使自己的心灵充分地达致自由而开放、虚静而空灵明觉的状态，才能真正领悟到自然大道的真谛，乃至以一种"道通为一"的体悟感通能力和审美眼光来直觉地观照天地之大美，体验四时之运行、万物之变化的神奇，以及领悟万物一体、生死一如的美妙。如《庄子·知北游》篇所言："人之生，气之聚也。聚则为生，散则为死。若死生为徒，吾又何患！故万物一也。是其所美者为神奇，其所恶者为臭腐。臭腐复化为神奇，神奇复化为臭腐。故曰：'通天下一气耳。'圣人故贵一。"这与其说是一种"无差别境界"②，毋宁说是一种"超越一切差别对立"而"涵融万有"的心灵境界③。

然而庄子的上述心灵境界自有其吊诡或悖论的性质与特点。庄子之道虽然具有只可意会而不可言传的根本特征，但庄子却又不得不以寓言

① [美]爱莲心：《向往心灵转化的庄子：内篇分析》导言，周炽成译，江苏人民出版社，2004年，第2页。

② 冯友兰：《中国哲学史新编(上)》，人民出版社，1998年，第410页。

③ 徐复观：《中国人性论史(先秦篇)》，上海三联书店，2001年，第342页。

的形式极尽言说之能事而向世人传达道的自然真谛；庄子之学虽然以"不遣是非，以与世俗处"（《庄子·天下》）相标榜，但庄子却又不得不对"世俗儒、墨相对的是非"大遣而特遣，"一篇《齐物论》就是这项遣词"①；庄子之心灵虽然追求"独与天地精神相往来，而不敖倪于万物"（《庄子·天下》）的超越尘世之境界，但庄子却又不得不生活在尘世之中，既不避世隐退，也不厌世离弃，既思以其道易天下，而又泰然自若地接受人的有限性或人无法逃避的某些基本生存境况，如"死生、存亡、穷达、贫富、贤与不肖、毁誉、饥渴、寒暑"等，认为这些不过是"事之变、命之行"而已（《庄子·德充符》），但重要的是内心德性的修养，以及努力追寻实现这样一种人生的目标，即超越人类生存的局限性而与道为一的更富有意义的生活方式或生存状态，正所谓"上与造物者游，而下与外死生、无终始者为友"（《庄子·天下》）。所有这一切，其缘由皆在于庄子是从自然之道的非人类中心主义的视角来关切和反思人类的生存状态与人间事务的问题性，正如清代学者胡文英所言，"庄子眼极冷，心肠极热"②，冷者因其视角，热者因其问题意识。正因如此，我们在理解庄子之学及其心灵境界时，必须像金岳霖先生所说的那样，"既要用感情，又要用理智"③。而在做如是理解时，庄子之道犹如一面虚静空明的心灵的镜子，必能帮助我们用来反观、照察和审视存在于我们人类自己身上的自私、贪婪和欲望，以及人类中心主义的僭妄和由此而引发的各种文明的弊端及病症。唯其如此，庄子之道作为反思和照察人类文明之阴暗面的一面镜子，也必将具有至为深刻、久远而重要的精神价值和哲学意义。庄子把走出自我中心困境、超越人类中心主义之迷思与僭妄的希望之道安放在人心之中，他希望用自然之道来激活人类的精神觉醒，重新回复人类的自然本真天性，只要人心不死，一切便有希望。

---

① 郭沫若：《十批判书》，科学出版社，1956年，第198页。

② 谢祥皓、李思乐辑校：《庄子序跋论评辑要》，湖北教育出版社，2001年，第337页。

③ 金岳霖：《中国哲学》，见胡晓明、傅杰主编：《释中国（第二卷）》，上海文艺出版社，1998年，第649页。

(三)文明的批判与"在宥天下"的政治理念

庄学以"逍遥"与"齐物"为旨归的心灵境界,将因任自然而随物变化的敏锐的感受性、大其心量而涵融万有的无限的开放性、直觉观照而和同万物的感通的审美性、"轻仁义,一死生,齐是非"①及等贵贱和黜聪明而超越世俗一切的深刻的批判性融为一体,可以说为人类的精神生活打开了一个无限自由的想象空间。尽管如牟宗三先生所说,庄子所追求和向往的以"逍遥"和"齐物"亦即以绝对的自由和绝对的平等为旨归的心灵之境,只是一种"修养的'境界'",而"不是政治",或者说,"庄子《逍遥游》的'自由'、《齐物论》的'平等',乃是超越意义的自由、平等,并非政治意义的自由、平等,二者的层次全然不同"②,然而正是立基于这样一种心灵之境及其精神凌空翱翔而无限自由的想象力,庄子对于令他备感不满的人类文明之历史进程与世俗生活之现实状况展开了最富有意义的全面反省与深刻批判,而且,这样一种反省与批判是具有深刻的政治含义的。

老子曾经对人类文明的历史进程提出过这样尖锐的批评反思,如《老子·第三十八章》所谓:"失道而后德,失德而后仁,失仁而后义,失义而后礼。夫礼者,忠信之薄而乱之首。"这是说人类文明的历史进程是在人类不断背离道德的根源或丧失其自然本真之天性的堕落中演进的,庄子更进一步从天人之分的角度,并基于对人心的深刻洞察,而对人类文明不断趋于堕落和败坏的演进历程做了全面而深刻的反省与批判,这一文明的批判主要涉及以下几个层面的问题③:

1.对人类心知与知识的批判

在庄子看来,正是人类心知的外驰,妄想以有限的生命去追求无限

---

① 如清代学者林云铭曰:《庄子》一书,"大旨不外明道德,轻仁义,一死生,齐是非,虚静恬澹,寂寞无为而已矣"。(谢祥皓、李思乐辑校:《庄子序跋论评辑要》,湖北教育出版社,2001年,第296页。)

② 牟宗三:《政道与治道》新版序,广西师范大学出版社,2006年,第21页。

③ 刘泽华先生对这一问题的相关概括和论述,参见刘泽华:《中国政治思想史集》第一卷《先秦政治思想史》,人民出版社,2008年,第359—367页。

的知识,乃至"逐万物而不反",犹如"穷响以声,形与影竞走"(《庄子·天下》)一般而不知止,结果只会搞得自己身心疲顿而伤身残性,而且会造成"亡国戮民无已"之祸(《庄子·徐无鬼》),这是人类的最为可悲之处。如《庄子·养生主》篇曰:"吾生也有涯,而知也无涯。以有涯随无涯,殆已;已而为知者,殆而已矣。"另如《秋水》篇曰:"计人之所知,不若其所不知;其生之时,不若未生之时;以其至小,求穷其至大之域,是故迷乱而不能自得也。"那么如何才能使人类摆脱这种逐物求知而不反的可悲的心智状态呢? 庄子的建议就是,我们人类必须懂得人的知识有限性的道理并坦然地接受这一事实,正所谓"无知无能者,固人之所不免也"(《庄子·知北游》),更重要的是,人应从知识的有限性或认识到自己所知不多这一点而获得一种重要的人生教益和生命的大智慧,也就是"恃其所不知而后知天之所谓也"①。这一教益和智慧告诉世人的是,人所应做的乃是法天贵真、依道而生,乃至逍遥自得而诗意地栖居于无何有之乡,而不是把自己有限的生命浪费在对无限知识的追求上,因此对庄子而言,"知天之所为,知人之所为者,至矣!"(《庄子·大宗师》)"知止其所不知,至矣!"(《庄子·齐物论》)庄子所谓的"不知",不是原始的无知状态,而是经过有知的阶段,并对人类的认知能力及其所知的有限性予以批评性地反思之后,所达到的精神状态或心灵境界。②

2.对儒墨是非的批判

依庄子之见,"世俗之人,皆喜人之同乎己而恶人之异于己也。"(《庄子·在宥》)正因为如此,在彼此意见相左的世俗之人之间便不可避免地会发生是非的纷争,双方依据自己的成心偏见而各执一词,任何怀有成心偏见的第三方都是无法评判和止息这种是非争吵和论辩的。在庄子看来,儒墨两家之间的是非争执正属于这样一种性质的是是非非的争吵,这种是非真伪的争吵只会遮蔽和破坏自然之道的天然本真之情状,故庄

---

① 如《庄子·徐无鬼》篇载:"足之于地也践,虽践,恃其所不蹍而后善博也;人之知也少,虽少,恃其所不知而后知天之所谓(指天所表现的自然之道)也。"

② 冯友兰:《中国哲学简史》,涂又光译,北京大学出版社,1985年,第134—135页。

子曰："道恶乎隐而有真伪?言恶乎隐而有是非?……道隐于小成,言隐于荣华。故有儒墨之是非,以是其所非而非其所是。欲是其所得而非其所是,则莫若以明。"(《庄子·齐物论》)显然,庄子本人绝无意于以第三者的身份而参与儒墨两家的是非争吵中去或是去分辨和评判儒墨两家是非争吵的对错真伪,他所主张的是通过"以明",亦即"照之于天"或"和之以天钧(或天倪)"的办法来消解儒墨是非的争执,即只要听任万物自然的变化或因顺自然均衡的道理,自然就不会再拘执于儒墨是非的争论了。

3.对孝悌仁爱礼义的批判

庄子不仅批评儒墨两家的是非之争,而且对儒墨两家所标榜和崇尚的孝悌、忠信、仁义、兼爱和礼乐等诸美德理念与伦理行为之规范,也进行了不遗余力地谴责和批判。如《庄子·天运》篇曰:"夫孝悌仁义,忠信贞廉,此皆自勉以役其德者也,不足多也。""夫仁义憯(通'惨',毒害)然乃愤吾心,乱莫大焉。"在庄子看来,孝悌仁义、忠信贞廉等这些所谓的美德只会对人纯朴本真的自然德性造成拖累,而且没有什么比仁义更能毒害和扰乱人心的了。不仅如此,由于"捐仁义者寡,利仁义者众",因此所谓的"仁义之行",不仅会滋生道德的虚伪,而且还会成为贪婪兽行者谋取个人利益的工具(《庄子·徐无鬼》)。另如《庄子·天道》篇曰:"夫兼爱,不亦迂乎!无私焉,乃私也。"依庄子之见,儒墨汲汲于标举亲亲之仁和兼爱无私,只会扰乱人的自然纯朴的本真之性,说是无私,其实仍不免乎有偏私,因为爱人者常常心怀"欲人之爱己"之念。庄子曰:"至仁无亲。"(《庄子·天运》)也就是说,至仁或仁爱的最高境界是超乎儒家所谓的亲亲之情,儒家所提倡的孝悌亲情是不足以说明至仁的最高境界的!关于礼乐,庄子亦提出尖锐的批评,庄子认为,用礼乐来周旋,用仁义来劝勉,以抚慰天下的人心,这正是导致人心惑乱而丧失其自然纯朴本真之常性的根本原因,如《庄子·骈拇》篇云:"屈折礼乐,呴俞仁义,以慰天下之心者,此失其常然也。"由于礼乐的矫饰只会使人背离和丧失其受之于天的自然本真之性,乃至造成人际的分别、贵贱的等差和情感的疏离,故《庄子·渔父》篇云:"礼者,世俗之所为也;真者,所以受于天也,自然不可易也。"而《庄子·缮性》篇则云:"礼乐遍行,则天下乱矣。"

上述庄子对孝悌、忠信、仁爱、礼义的批判无疑是异常激烈而尖刻的,然而,我们切不可误解了庄子的本意或宗旨,其目的在恢复人的自然本真之性,而绝不是要鼓动世人放纵自我乃至淫僻邪侈、恣意妄为而无恶不作。庄子之所以要如此激烈地批判孝悌、忠信、仁爱、礼义,一是因为儒家所崇尚的孝悌、仁爱之德行和礼乐制度及相关的行为规范本身,在情感与价值取向上具有强调亲疏贵贱之别的狭隘性与偏私性。二是因为仁义之行亦同样会对践行者自身造成"残生损性"的伤害,如《庄子·庚桑楚》篇所言:"不仁则害人,仁则反愁我身;不义则伤彼,义则反愁我己。"而礼乐制度旨在维持贵贱等级之分,以"匡天下之形"(《庄子·马蹄》),对人自身及其本性和自由亦同样是一种束缚和桎梏,乃至造成严重的戕害。三是因为标榜和崇尚这些美德善行还会激发起人们的争名逐利之心,乃至成为贪婪兽行者利用来进行欺世盗名、牟取个人私利的工具,正如《庄子·胠箧》篇之所言:"世俗之所谓至知者,有不为大盗积者乎?所谓至圣者,有不为大盗守者乎?"

4.对名利权势的批判

在庄子看来,对孝悌、忠信、仁爱、礼义等种种美德善行的标榜和推崇会引发世人的争名逐利之心,乃至成为一些人欺世盗名、牟取个人私利的工具,因此庄子文明批判的矛头亦势必要指向名利本身。如《庄子·马蹄》篇云:"屈折礼乐以匡天下之形,县跂仁义以慰天下之心,而民始踶跂好知,争归于利,不可止也。"《庄子·人间世》篇则云:"德荡乎名,知出乎争。名也者,相轧也;知也者,争之器也。二者凶器,非所以尽行也。"依庄子之见,名利只会使人们殉身伤性,正如《庄子·骈拇》篇所言:"小人则以身殉利,士则以身殉名,大夫则以身殉家,圣人则以身殉天下。"好知而争名逐利更是造成世人之间彼此相互倾轧争斗乃至整个社会政治之祸乱的根源,如《庄子·庚桑楚》篇曰:"举贤则民相轧,任知则民相盗。之数物者,不足以厚民。"显然在庄子看来,名利乃人世一切祸乱之本,追名逐利之心会败坏和扭曲人们的道德行为,如仁爱、礼义之行的外露,以及对孝悌、仁义等诸美德善行的刻意的标榜、表彰和推崇,这必然会使世人丧失其自然纯朴的内在本真之性,使人们的道德行为流于虚伪的矫饰和造作的炫耀，或者假美德善行之名以行追名逐利之实，最严重的便是欺世盗名而篡夺他人之国家，正所谓"彼窃钩者诛，窃国者为诸侯，诸侯之门而仁义存焉"（《庄子·胠箧》）；或者因贪于名利而不惜杀父弑君，乃至光天化日之下盗贼恣意妄为，正所谓"民之于利甚勤，子有杀父，臣有杀君；正昼为盗，日中穴阫（墙）"（《庄子·庚桑楚》）。

庄子不仅猛烈地抨击和谴责名利，而且极端地蔑视和鄙弃权势。《庄子·秋水》篇中记载了两则寓言故事，明确向我们昭示了庄子本人对于权势的态度与看法，一则是庄子拒绝楚王使者的聘请，对入仕为官表现出一种丝毫不感兴趣的姿态，另一则则是庄子想去拜会自己的朋友惠施，招致正在魏国做相的惠施的误会，以为庄子前来是欲代他为相，乃至惶恐地在国中三日三夜地搜捕庄子，而庄子坦然无畏地前去见惠施，并以鹓鶵自比而将惠施的相位比作是腐鼠，由此来晓谕惠施，庄子对他的相位完全是不屑一顾的。另据《史记·老子韩非列传》所载，"楚威王闻庄周贤，使使厚币迎之，许以为相。庄周笑谓楚使者曰：'千金，重利；卿相，尊位也。子独不见郊祭之牺牛乎？养食之数岁，衣以文绣，以入大庙。当是之时，虽欲为孤豚，岂可得乎？子亟去，无污我。我宁游戏污渎之中自快，无为有国者所羁，终身不仕，以快吾志焉。'"虽然《史记》中的这段记述与《庄子·秋水》篇中的第一则故事在文字上不同，但其中庄子对楚国使者所说的话更直白地道明了庄子本人的意思，可作为上述两则故事的补充说明。总之庄子本人将权势视为人世间最肮脏的东西，他对于一般人所汲汲于追求得到的功名利禄、权力地位完全持一种蔑视和鄙弃的态度和看法，认为唯有"削迹捐势，不为功名"或"虚己以游世"（《庄子·山木》）才是合乎人的自然本真之性的合理的人生态度与处世方式。

与对名利权势的抨击和鄙弃密切相关，庄子还对人类易于为各种外物所诱惑的感官欲望和好恶情识进行了无情的批判，因为在庄子看来，它们是惑乱人心而破坏人类自然本真之性的最大的敌人，如《庄子·天地》篇曰："夫失性有五：一曰五色乱目，使目不明；二曰五声乱耳，使耳不聪；三曰五臭熏鼻，困惾中颡；四曰五味浊口，使口厉爽；五曰趣舍滑心，使性飞扬。此五者，皆生之害也。"而《庄子·庚桑楚》篇更把各种惑乱人

134

心、败坏道德的欲望情识归纳概括为如下四个方面、二十四种表现："贵富显严名利六者，勃志也；容动色理气意六者，谬心也；恶欲喜怒哀乐六者，累德也；去就取与知能六者，塞道也。"这就是所谓的"四六"，并认为不祛除这"四六"，人心就难以虚静空明而人之自然本性亦难以恢复而归于"正"；反之，一个人若能祛除"四六"而做到"不以好恶内伤其身"的话，也就可以达到庄子所谓的"有人之形，无人之情"的理想人生境界（《庄子·德充符》）。

5.对贤圣帝王的批判

上述所有批判，其实又都可以涵摄和归结于对贤圣帝王的批评，如清代学者林云铭对庄子所做的评价那样："任他贤圣帝王，矢口便骂。"[①]庄子何以要批评和咒骂古来的贤圣帝王们？按一般的说法，古来的贤圣帝王不仅将深刻邃远的智慧、孝悌仁义的美德、爱利天下的美名、支配一切的权势等集于一身，而且正是他们的出现不断推动着人类文明的进步、创造了人类社会的历史。然而在庄子看来，他们所代表和体现的却是一种世俗性的因素和破坏性的力量，正是他们将圣知、仁义、是非、礼乐等带给了人间，激发了世人的好知、争名、逐利之心，从而扰乱了人心，使人们越来越背离自己的自然本真之性，造成了人世间的种种社会祸乱。对此，《庄子·在宥》篇做了最为全面、系统而深刻的批判，其文如下：

> 昔者黄帝始以仁义撄人之心，尧舜于是乎股无胈，胫无毛，以养天下之形，愁其五藏以为仁义，矜其血气以规法度。然犹有不胜也，尧于是放讙兜于崇山，投三苗于三峗，流共工于幽都，此不胜天下也。夫施及三王而天下大骇矣。下有桀跖，上有曾史，而儒墨毕起。于是乎喜怒相疑，愚知相欺，善否相非，诞信相讥，而天下衰矣；大德不同，而性命烂漫矣；天下好知，而百姓求竭矣。于是乎斤锯制焉，绳墨杀焉，椎凿决焉。天下脊脊大乱，罪在撄人心。故贤者伏处大山嵁岩之下，而万乘之君忧栗乎庙堂之上。

① 谢祥皓、李思乐辑校：《庄子序跋论评辑要》，湖北教育出版社，2001年，第300页。

今世殊死者相枕也，桁杨者相推也，刑戮者相望也，而儒墨乃始离跂攘臂乎桎梏之间。意，甚矣哉，其无愧而不知耻也甚矣！吾未知圣知之不为桁杨椄槢也，仁义之不为桎梏凿枘也，焉知曾史之不为桀跖嚆矢也！故曰：绝圣弃知，而天下大治。

另如庄子批评说：

毁道德以为仁义，圣人之过也。（《庄子·马蹄》）

上诚好知而无道，则天下大乱矣！……天下每每大乱，罪在于好知。（《庄子·胠箧》）

夫尧知贤人之利天下也，而不知其贼天下也。（《庄子·徐无鬼》）

"乱天之经，逆物之情……灾及草木，祸及止虫。意，治人之过也！"（《庄子·在宥》）

由上可见，庄子对贤圣帝王，特别是对"毁道德以为仁义"的"圣人之过"及"上好知之过""治人者之过"等，进行了严厉的控诉与谴责、无情的抨击与鞭挞。在庄子看来，正是这些逐物好知、标榜仁义、矫饰礼乐、刻意造作的古来贤圣帝王们，才是戕害人性、惑乱民心的真正的罪魁祸首！而人类文明的历史无疑就是一个圣知、仁义、名利、礼法等世俗性的价值理念不断占有、控制和支配人类心智心灵的过程，或者亦可以说是一个人类的心智心灵不断被圣知、仁义、名利、礼法等世俗性的价值理念不断占有、控制和支配的过程，在这一历史过程中，人类的生活方式和交往行为不断地背离自然之道、日趋异化而流于外在化、形式化、功利化和虚伪化，而且这些所谓世俗性的价值理念在人类文明史上常常被有权势的统治阶级利用来对人类的社会生活施以强制性和干涉性的道德控制、理性宰制、圣法支配、价值规制和强权统治。

不管我们今天如何认识、理解和评价庄子的上述种种批判，有一点却是无可怀疑的，那就是庄子的批判作为反思和照察人类文明之阴暗面的一面镜子具有至为深刻、久远而重要的意义！而且特别需要强调的是，从庄子的上述种种批判特别是最后一项批判，我们应不难体会到，其批判具有特殊而深切的政治含义。诚如徐复观先生所言，就像同时代的其他思想家一样，庄子的批判其实也是"以统治阶级及知识分子自身为说话对象的"①。而在笔者看来，从说话对象的角度来讲，庄子的批判实包含着两个方面的重要含义，一方面，庄子把文明批判的矛头集中对准或直接指向了作为统治者的帝王君上和作为知识精英的圣贤人物，但另一方面，庄子事实上也同时把心灵转化或修心治世的无限希望寄托在了他们的身上！庄子的《应帝王》之作也正包含着这两个方面的含义。

就前一方面来讲，庄子将其对人类文明的批判很自然地转化为了对世俗性的现实政治的批判，在先秦诸子中，庄子从反治主义的立场所做的政治批判无疑是最深刻而彻底的，如谴责和批评君人者为政治民不过是鲁莽而灭裂之而已（《庄子·则阳》），《庄子·应帝王》篇所讲的混沌之死的寓言故事正是这一批评的最好注脚；谴责和批评君人者"以己出经式义度"而强制他人"听而化"，不过是"欺德"而已（《庄子·应帝王》）；谴责和批评世俗之所谓"治"，虽然名为治之，而实则乱之而已，如《庄子·天地》篇曰："治，乱之率也，北面之祸也，南面之贼也"（《天地》）；谴责和批评为人君上者施行强民所难的造作干涉之治正是造成士民诈伪欺盗行为的罪魁祸首，如《庄子·则阳》篇曰："匿为物而过不识，大为难而罪不敢，重为任而罚不胜，远其途而诛不至。民知力竭，则以伪继之，日出多伪，士民安取不伪！夫力不足则伪，知不足则欺，财不足则盗。盗窃之行，于谁责而可乎？"（郭象注曰："当责上也。"）

就后一方面来讲，庄子的上述激烈批判并不意味着庄子是一个完全绝望的悲观主义者，庄子不过是以反政治的姿态来关切政治问题，并将救世的希望寄托在"统治阶级及知识分子自身"的心灵转化之上，希望通过他们的"一心之转"来实现"不治之治"的政治目标与社会理想，故《庄子·应帝王》篇曰："游心于淡，合气于漠，顺物自然而无容私焉，而天下治

① 徐复观：《中国人性论史（先秦篇）》，上海三联书店，2001 年，第 341—342 页。

矣。"又曰："明王之治：功盖天下而似不自己，化贷万物而民弗恃。有莫举名，使物自喜。立乎不测，而游于无有者也。"显然庄子之所谓"治"，乃是顺物自然、因任"天籁"而不以一己之私心而行干涉、占有和支配之政的"不治之治"，而这种"不治之治"所要求或期望于统治者的便是将自己的自私、占有、强制、干涉、控制和支配性的权力意志减至最少最弱，乃至修心至淡漠虚无空明的境地！

　　庄子"不治之治"的政治理念无疑与老子的无为而治的政治理念是前后一脉相承的，然而庄子所追求和向往的政治意境无疑要比老子更进一层，也更胜一筹。庄子之所以比老子更进一层、更胜一筹者，就在于他认为儒、墨之尊德尚贤、仁义礼乐和法家之刑名法术、赏罚利害皆不足以治天下，乃至提出了"在宥天下"的不治主义（或反治主义）的政治主张。《庄子·在宥》篇曰：

　　　　闻在宥天下，不闻治天下也。在之也者，恐天下之淫其性也；宥之也者，恐天下之迁其德也。天下不淫其性，不迁其德，有治天下者哉？

　　可见，所谓的"在宥天下"，便是完全听任人民顺应自己的自然本性而生活，而不加任何的干涉和约束。近世维新运动的领袖康有为和谭嗣同曾以"自由"来释读"在宥"之音义，可谓深得庄学之论旨，对此，萧公权先生亦有博洽而精辟的评论：

　　　　我不为君，君不立治，此庄子最后之理想也，然个人苟不免居君之位则当求治世之术。治术无他，以不治为治而已。"故君子不得已而临莅天下，莫若无为。无为也而后安其性命之情。"然"无为"之名，早为老聃所立，庄子欲大张放任主义之精神，乃别立"在宥"之说。①

----

　　① 萧公权：《中国政治思想史》，新星出版社，2005年，第121页。

在宥之术，无须"民智"，不待平等。除"干涉他人"一事外人人尽可各行其是。于是个人成为唯一之价值，自由非保障智能发展之手段而其本身即为最后之目的。故庄子"在宥"乃最彻底之自由思想，实亦最纯粹之自由思想……准此以论，则谓庄学为最极端之无政府思想亦尝不可。①

综上，庄子可以说是一位其外放达而内淳至的政治哲人，是一位心忧万世而不只要救一世、深情关切人类福祉而富有公共情怀的政治哲人。庄子的整个思想透显出了一种强烈的"对于现实世界进行一种批判性、反思性的质疑"的"超越"意向，他所向往和追求的放任心灵遨游于无何有之乡的"逍遥""齐物"的精神境界，对于现实世界的社会等级制度和君主支配性的政治统治及与之相关的圣知礼法、孝悌仁义、是非名利、欲望情识等种种世俗性的规范、价值与观念等，无疑具有最为彻底的解构和批判的超越性意义。庄子之学是一种纯粹境界形态的学问，它不能带给我们实际的知识，但可以提升我们的心灵或精神的境界，这就是庄子之学的"无用之大用"。不仅如此，庄子之学还具有一种深刻而特别的政治含义，因为对庄子而言，从道的角度看政治，实则意味着从外在于政治的非人类的自然立场来看政治，因此在某种意义上，庄子之"道"具有"非政治"的甚至"反政治"的性质。然而道又在哪里呢？尽管道无所不在，但庄子本人最终还是希望把道安放在人心之中，用道来激活人类的精神觉醒。正因为如此，庄子的根本关切可以说正是人类的心灵转化，因此庄子在对人心所做的最细致入微的深刻洞察和辨识剖析的基础上，把希望最终寄托在了通过人类的心灵转化而实现"在宥天下"的终极"化境"与治世理想上了。不过庄子之学的理想的境界意义要远远大于其实际的政治意义，在理想的境界意义上，庄子之学的自由平等意味可以说在中国古典思想中是最彻底的，但这种彻底性在实际的政治意义上，却又是具有天然的缺陷或先天不足的，因为庄子没有将精神的自由与平等落实在客

---

① 萧公权：《中国政治思想史》，新星出版社，2005 年，第 125 页。

观制度的保障之上,故而仅仅期望于人们完全顺应自然的本性而生活以实现"在宥天下"的社会政治理想,在自由平等权利的制度保障付之阙如的情况下,无疑又是最靠不住的,这恰恰为法家的乘势而起并在客观制度上确立和塑造君主的绝对权威及其专制统治留下了无限自由的政治空间。

商韩政治学说述论

先秦诸子依据他们各自不同的哲学理念建构他们旨趣各异的政治学说,而其中最具影响力的不外儒墨道法四大家而已。道家基于天道自然而建构其无为而治的政治学说,儒家基于人道自觉而建构其以仁政、礼治教养天下的政治学说,墨家基于功利主义而建构其兼爱、尚同的政治学说,而商鞅、韩非为代表的法家作为先秦诸子中较晚出的一个学派则建构了一套更能适应和满足当时现实政治需要的政治学说。既适应现实政治的时代需要,而又趋于强权暴政的极端化,正体现了商韩以君国为本位的政治学说的根本特质,兹论述如下。

一、权力攫取经济:商鞅的治国方略

先秦法家不仅发展出一套关于法、术、势的完备的权力理论,还有着丰富的以国家富强为目的的经济思想,主要的论著有《管子》的《轻重》诸篇和《商君书》,但两者的经济思想却大相径庭。在他们的理论中,经济和政治所处的地位及其相互关系是不同的。《管子》认为,经济控制是政治统治的重要手段之一,它强调国家应通过谷物、货币政策达到对市场的控制,进而控制国民生活,刘泽华先生对此有极为精到而全面的论述①。在《商君书》那里，却是经济上的考虑规定了政治的运作。在富国强兵原则的指引下，《商君书》认为必须通过各种手段提升国家对社会资源有效动员和最大程度汲取的能力。它主张运用政治权力来改造经济体制，通过消灭商业市场，全民皆农和法治等手段，将臣民置于君主的绝对支配下，以实现君主对国民生产力、战斗力及其生活的全面掌控。

《商君书》为秦法家的一部作品汇编，亦可以说集中体现了商鞅的治国方略思想。《商君书》研究权力与经济之间的关系，在这个意义上，可以堪称一部"政治经济学"的著作。据此可知，商鞅主要立足于君国本位，设计了一套系统精巧并极具实际功效价值的经济攫取式的权力运作机制和治国方略。

(一)攫取的逻辑基点：人性趋利避害

社会理论的建构只有奠基于对事物运动规律的把握，然后才可能是经济而有效的，即因势利导。因此大部分的思想家在构筑自己的理论大厦之时，都耗费大量的精力阐释其宇宙论、本体论以作为坚实的立论根基。自创者有之，如孟荀老庄的人性、天道观；借用者有之，如韩非《解老》《喻老》。但《商君书》却对此兴致阙如。

无疑，阅读《商君书》给人最直观的感觉是条理清晰、逻辑顺畅，甚至于过犹不及、达到刻板的程度。但通览全书却无长篇、系统的哲学论述。这并非源于作者学识浅薄，根据《史记》所述，商鞅见秦孝公曾先后说以帝道、王道和霸道(《史记·商君列传》)，可见其智能、学识确属一流；《商君书》是商鞅门人或其他人托名而作的理由也不成立，因为托名而作具有更多的动力和精力去建构宏大、完善的理论体系。将其归于言说情境也不尽然，尽管秦国统治者急功近利、商鞅本人也是务实的政治家，这种身份和性格特点的确会影响对话内容和方式，但不是决定性的，因为不论言说的目的、内容和方式为何，合理性总是不可缺的一个标准。而商鞅

---

① 参见刘泽华：《中国政治思想史集》第一卷《先秦政治思想史》，人民出版社，2008年，第418—433页。

的理论能被秦孝公接受,加之孝公之明,说明这一理论已足够"动人"。因此,《商君书》缺乏系统的哲学性论述这一点的原因只能从其理论本身去理解。

《商君书》同孟子、荀子等人的著述一样,也以人性论作为阐发理论的起点。它的人性论概括起来就是一点:"人性是趋利避害的。"

> 民之性,饥而求食,劳而求佚,苦则索乐,辱则求荣,此民之情也。(《商君书·算地》)
> 夫人情好爵禄而恶刑罚。(《商君书·错法》)

但不同于孟荀对于人性的繁复地阐释、描述与论证,《商君书》的人性论是极其简洁的:不仅少而且简单。少是说《商君书》中有关人性的论述寥寥可数;简单是说它仅指出这样一种人性倾向,却并没有深入复杂的论证。如前所论,这种简洁并非由于智识低劣,而是其人性论与孟荀的人性论存在根本的质的差异。无论性善性恶,不仅是对人性的事实判断,也是一种价值判断,并且还涉及善恶交锋,即对各自对立面之存在依据的解释或否定,故持论者不得不极力辩说此是彼非。而《商君书》趋乐避苦的人性论则全来自经验观察,根植于人的生理和心理趋向①,是一种事实判断而非价值判断;这种人性无所谓善恶,无所谓好坏,只是自然存在的,是不言自明的。并且这一论断在当时并没有挑战性论点,即便有看似"逆人性"现象的存在,《商君书》也认为只是制度和政策失误造就的另一种"趋利避害"而已,仍是一种自利行为。

人性趋利避害这一论断本身是中性、客观的,君主自然也不例外。

---

① 与"饥而求食,劳而求佚,苦则索乐"这种生理决定的趋向而言,"辱则求荣"则更多心理性质。但这并不足以否定其作为人性倾向的效度和强度。管仲言"仓廪实而知礼节",尽管附加了限定条件,但并没有否定知礼求荣的趋向,并且这也只是对民众而言。实际上对当时士人而言,荣辱的意义可能更大,这不仅见诸不饮盗泉之水(《尸子》)、不食嗟来之食(《礼记·檀弓》)的故事,更见诸苏秦发奋、李斯见鼠(《史记》)等故事。可见"辱则求荣"与前三条一道作为基本人性是成立的。

但是当论及君主治国也必须遵循"趋利避害"规则之时,既然"天下利害之权皆出于我",那么"以我之大私为天下之大公"(《明夷待访录·原君》)亦未尝不可。《商君书》对于当今新制度主义学派的基本观点即"制度规定了人们选择的范围和策略行为"这一论断具有极为深刻的领悟。君主的任务就在于规制臣民的趋利避害之道,使之步入国富民强("耕战")的"正轨"。在此意义上这一人性假设所必然包含的另一论断是"人是手段!"

不可否认《商君书》建构的这套趋利避害的人性模型尽管有其事实基础,但也只是部分事实,它将丰富的人性简化为单维度的律则,在道德上亦难得到肯定。但是正因为简单明确而非深奥正确,当它用以治理国家时就会摒除芜杂、洞穿假象,从而体现出前所未有的高效。只要君主做出一定的政策调整并保证政策稳定,这一人性机制就会自然运转而无须担心动力不足。故此我们可以发现《商君书》使用大量的关联词(字)"则""故""必"等,这些字是条件命题的标志,并且多用以表示一种充分条件关系。

> 邪官不及为私利于民,则农不败。农不败而有余日,则草必垦矣。(《商君书·垦令》)
> 善为国者,仓廪虽满,不偷于农;国大民众,不淫于言,则民朴一。(《商君书·农战》)
> 以良民治,必乱至削;以奸民治,必治至强。(《商君书·说民》)

《商君书》中诸如此类的条件命题比比皆是。而这些命题之所以成立,与趋利避害的人性假设是密不可分的。以上述用良民、奸民之辨为例,其所论述的逻辑推理过程是这样的。

> 用善,则民亲其亲;任奸,则民亲其制。合而复者,善也;别而规者,奸也。章善则过匿,任奸则罪诛。过匿则民胜法,罪诛则法胜民。民胜法,国乱;法胜民,兵强。(《商君书·说民》)

简言之,用良民治国,会使良民和民众在"相隐之善"上实现共谋,从而逃避法律,而用奸民治国则堵塞这一漏洞。正是趋利避害的人性使采取一定行动后导致的结果成为可预测的,它是逻辑背后的逻辑;唯其如此,一切制度和政策措施之成败得失皆有赖于对人性的体察,所谓"法不察民之情而立之则不成"(《商君书·壹言》),而法的重要作用就在于规制利害,使民在趋避中实现强国蓝图。

(二)攫取的起点:驱民于农

《商君书》认为,"国之所以兴者,农战也"(《商君书·农战》)。道理很简单,农业可以提供军粮和装备,农民则提供充足而优良的兵员,而战的目的,除了争霸外,就是经济方面的扩张土地,但土地仍需要人去耕种,所以"封建国家尤其注重对生产者的支配"[①]。可以看出农战的表面关系是"以农养战",但重点实则落在"农"字上。在春秋战国无义战的背景下,君主对经济利益的诉求才是农和战共同的目的,所谓的富国强兵,不过是君主利益的婉转表达,民众在其中只是纯粹被利用的工具而已。为增加可供君主攫取和掌控的社会财富,并实现军事扩张的目的,《商君书》认为必须增加对农业的投入和提高农业的生产率,具体方式是"抟之于农"(《商君书·农战》),即尽可能将所有的劳动力驱赶入农业生产。

《商君书》很清楚地认识到人性好利,可以通过利益驱动去创造更多的财富;尤其是它洞察到政治权力对经济具有强大的引导作用。"道民之门,在上所先。故民可令农战,可令游宦,可令学问,在上所与。上以功劳与,则民战;上以诗书与,则民学问。民之于利也,若水于下也,四旁无择也。"(《商君书·君臣》)为把劳动力集中到农业中,国家必须实施"利出一孔"。

所谓利出一孔,简单来说就是将所有社会资源和逐利的途径置于国家权力的控制之下,这样社会要追求利益,只能在权力规导的轨道内进行。这大体包括两个方面,"凡人主之所以劝民者,官爵也;国之所以兴

---

① 刘泽华等:《专制权力与中国社会》,天津古籍出版社,2005年,第31页。

者,农战也"(《商君书·农战》)。即以官爵为唯一激励内容,以农战为唯一的逐利途径。但是利出一孔的实际运作并非温和的利益引导,而是通过各种严酷的强制手段去实现。

一般而言,农业作为典型的劳动密集型产业,要增加产量,可以从增加劳动力、扩大土地规模和延长劳动时间方面入手。由于古代地广人稀,增加劳动力的投入成为提高生产的主要手段。为此,《商君书》认为除了官吏、农民(兵农合一)之外,不应存在其他阶级或阶层。诸如商贾、游士之类,国家不能予以鼓励,而应该加以禁绝,尽量使他们变成从事农耕生产的农民。"夫民之不可用也,见言谈游士事君之可以尊身也,商贾之可以富家也,技艺之足以糊口也。民见此三者之便且利也,则必避农;避农则民轻其居,轻其居则必不为上守战也。凡治国者,患民之散而不可搏也,是以圣人作壹,抟之也。""明君修政作壹,去无用,止浮学事淫之民壹之农,然后国家可富而民力可抟也。"(《商君书·农战》)游士、商贾、技艺,这些职业都是非生产性的,占用大量劳动力。"农者寡而游食者众",国家就会贫弱,所以必须消灭游食阶层,将他们驱入农业,以增加劳动者数量。

《商君书·垦令》篇列举了尽量扩大农业生产队伍、提高农业生产率的种种措施。这些措施包括:

(1)加重官吏的工作量和限定工作时间,使官员没有时间琢磨如何渔民,保护农民生产积极性;

(2)按照收成进行征税,同样能减少官吏盘剥,也使农民预期到更多的产出能得到更多的剩余,从而增加生产;

(3)官爵只对农战开放,这样游士因无利可图而转做农民,农民也就不会去做游士,并且由于社会阶层被简化,从表面看,农民的地位也获得"提升",从而安心生产;

(4)对豢养门客的贵族根据人口数课以严重的赋役,使他们不再养士,这些门客会因失去依托而归农;

(5)取消粮食市场,使农民无法从自己生产以外的其他途径获得粮食,而商人无法买卖,也只能去从事生产;

(6)限制娱乐活动,使农民的思想情绪不受诱惑,保证劳动生产率;

146

（7）禁止雇佣工人，这样富家子弟只能自己动手劳作，而雇工不被雇佣，只能去做农活；

（8）废除客店旅馆，一方面减少人们的交往，增加劳动时间，另一方面使得那些店主伙计也转向农业；

（9）将山泽收归国有，禁止樵采渔猎，将这部分人也驱逐到耕作中；

（10）提高酒肉的价格，以十倍成本的比例征税，卖酒肉的商人数量就得到限制，而酿酒浪费的粮食也会减少；农民也将不喜欢喝酒，更不会喝醉，保证生产效率；而官员也不会醉生梦死，更加勤勉政事；

（11）实行重刑连坐之制，禁绝无谓的私斗和争讼，减少游荡和浪费之人，那些狡猾的人也不敢行骗，从而减少社会资源的流失；

（12）禁止农民擅自迁徙，使怠惰之人不能讨饭，只能自己生产，使农民安土，专心一意地进行生产；

（13）对贵族嫡子以外的子弟平均的赋以徭役，并提高解除徭役的条件，使他们不能游事他人，这样最终也只能务农；

（14）限制贵族官吏追求博闻的行为和活动范围，尤其不能让农民看到新奇的事物，使农民专心于劳作；

（15）军市不准有女子，这样就不会有人闲逛，同时军市的商人要自备武器装备，不准私运军粮，使农民不得淫逸，也减少粮食的浪费；

（16）统一各县的政制，增强对官吏的控制，减少管理成本；

（17）加重关口和市场的税收，阻止农民经商，逼迫商人务农；

（18）对商人按其人口赋以徭役，这样造成农民安逸，商人困顿的境况，驱使商人从事农业；

（19）给官家送粮不能租别人的车，回来时不能载客，减少中途时间的浪费；

（20）不准向官府请求给罪犯送饭，这样就不会鼓励犯罪，减少对社会尤其是农民的损害。

通过以上二十条，我们可以看出，《商君书》对于如何增加农业人口、避免劳动时间的浪费和生产率的降低具有细致的考虑，涉及社会生活的方方面面。并且其构想也非简单地提出方略，而是规定到细枝末节，其精巧细密程度令人咋舌。

当然,《商君书·垦令》只是列举这套制度的一部分。《商君书·算地》篇也指出国家要掌握土地和户籍状况,便于安排生产,而《商君书·徕民》篇则强调要想法设法吸引国外移民从事农耕。

这些措施的运用,大大增加了农业投入,保证了农业生产的规模和效率,为增加社会财富提供了坚实的基础。

(三)攫取的方式:税收和赏罚激励

强大的政府意味着强大的财政汲取力。虽然通过驱民于农的种种措施提高了社会产出,但若是国家不能将财富置于自己的控制之下,仍然不能达到富国强兵的目的。所以《商君书》构想的不仅是一套充分利用劳动力的生产体系,更是一套极力帮助国家攫取社会资源的财税体系。

首先,必须尽量将农民的生产所得通过税收形式收缴上来。《商君书》规定的税制是"訾粟而税"(《商君书·垦令》),就是"结合产量,按照一定租率,校订出一个常数,作为固定租额"[①]。一般来说,相对固定的税率或租额会使生产者能预期的税后所得。若是有利可图,生产者便有动力增加投入,提高产出。另外基于税收和征用的需要,户籍制度和田土测量也得到重视。

但这套税制背后还有"家不积粟,上藏也"(《商君书·说民》)的原则,以图尽可能地将农民的产出收归国有。《商君书》认为,只需将农民的生活水平维持在"足以养二亲,治军事"(《商君书·君臣》)的程度便可使农民安居乐业,超过或低于这个限度,农民就没有致力生产的积极性,难以为国家控制和利用。其具体措施是"民有余粮,使民以粟出官爵"(《商君书·靳令》),即将税收后超过劳动者基本生活保障的那部分产出再通过赋以官爵的方式收归国有[②]。而民间纳粟买爵的主要目的并非为了脱离

---

① 张金光:《秦自商鞅变法后的租赋徭役制度》,《文史哲》1983 年第 1 期。

② 关于秦代的此项政策,最早记载于《史记·秦始皇本纪》:始皇四年"十月庚寅,蝗虫从东方来,蔽天。天下疫。百姓纳粟千石,拜爵一级"。由于我们探讨的是《商君书》的思想逻辑,在当时未必实行,故对历史事实姑置不论。

生产阶层,大多只是为免除令人难以忍受的徭役征发。

除了税收和纳粟拜爵外,为保证将农民的产出尽可能集中到国家手中,国家还运用各种手段打击和取消市场,如提高粮食价格或者直接禁止粮食买卖。这样做除了将商人赶进农业外,更重要的在于防止商人通过市场获得农民的部分产出,与国家争利。

一般而言,良好的货币政策也能使国家获得社会产出的绝大部分,比如《管子·轻重乙》言:"故五谷粟米者,民之司命也;黄金刀布者,民之通货也。先王善治其通货以御其司命,故民力可尽也。"建议君主掌握货币发行权,通过操控商业市场谋取利益。但《商君书》对商业和货币的看法却是"国好生金于境内,则金粟两死,仓府两虚,国弱;国好生粟于境内,则金粟两生,仓府两实,国强"(《商君书·去强》)。这是因为《商君书》设想的是直接通过政治权力掌握所有资源,可以将对商业的需要压至最低限度。

这种体制对于社会财富的汲取程度实可达到令人惊讶的地步。但这就会产生一个问题需要我们解释,那就是在绝大部分社会产出收归君主,农民所得甚少的情况下,如何保持农民的生产积极性、减少懒惰怠工呢?

《商君书》为此又设计了一套十分严密的赏罚机制,它所遵从的基本逻辑是"贫者益之以刑则富,富者损之以赏则贫"(《商君书·说民》)。用刑罚逼迫劳动,而用赏爵来换取农民的财富,正所谓"夫人情好爵禄而恶刑罚,人君设二者以御民之志,而立所欲焉"(《商君书·错法》)。

这里,我们有必要注意一下《商君书》所认为的"富"是怎样的。它的计算方法是这样的:"所谓富者,入多而出寡。衣服有制,饮食有节,则出寡矣;女事尽于内,男事尽于外,则入多矣。"(《商君书·画策》)可以看出它所认为的这个富只是表示可供国家攫取的财富增加,而不意味着农民的收入随之增加。这也可以印证,所谓的富国强兵,农民并非真正的受益者。

我们知道,《商君书》通过各种方式打击商业,比如利用政治权力提高农产品的价格,使商人无利可图,但这并不会像它宣称的那样增进农民的利益,因为商人的消失意味着市场的消失,农民的粮食根本卖不出去。农民多余的粮食只能通过"纳粟拜爵"的方式与国家交易。而国家遵从的逻辑是"民辱则贵爵,弱则尊官,贫则重赏"(《商君书·弱民》),认为必须将农民置于辱、弱、贫的地步,才能保证仅仅付出微薄的爵、官、赏便能获得较高的边际效应,因此国家通过纳粟拜爵方式对农民的剥削是十分残酷的。当时的规定是纳粟千石,拜爵一级,相当于斩敌一个首级,若做官的话,俸禄为五十石。可见赏赐之轻,民生之苦。

即使如此,《商君书》也不愿拿出一定的财富份额来鼓励生产,书中甚至在《赏刑》篇做出将以战争所得的财富和最终的和平作为赏赐的空头许诺,以达到"不费"和"无赏"的目的。这是因为作为激励措施,刑罚比奖赏具有更小的成本。由于已经禁绝了其他行业,农民只能一门心思从事农业生产,这时候只需要"益之以刑"便可,所以赏赐只是更多的用来鼓励军功,如《商君书·外内》篇言:"欲战其民者必以重法,赏则必多,威则必严。"这也解释了为什么《商君书》全书只是提出让农民以粟易官爵的构想,却并没谈什么细节,而用大量篇幅详细介绍军功爵的设定。

因此,《商君书》的赏罚机制,赏只是次要的一面,刑罚才是主要的手段。这也可使我们对《商君书》的法治理论获得新的理解:它主张的法治,不仅具有政治统治职能,还承担着重要的经济功能。

(四)攫取的保障:法治

《商君书》所设计的国家是一架巨大而精密的税收机器,它贪婪而强有力地汲取着农民的生产力和战斗力。从这个角度出发,我们就会发现,所谓法治,相对于巩固君主权位的政治功能,《商君书》更重视它能为自己设计的这套生产和攫取机制提供强有力的保障。

通过上文的分析,我们看出,只要将国民限制于农业生产的范围,那么不必付出太多的赏赐,努力生产是天经地义的事情,不需要奖励,"赏善之不可也,犹赏不盗"(《商君书·画策》)。但不努力生产,违背法令,则必须受到严惩重罚。《商君书》是我国古代重刑主义的代表,它主张"重罚轻赏",多刑少赏,刑罚对于赏赐的比重应该是"刑九赏一",而其中的赏也主要限定在军事方面,这样才能王天下。若刑七赏三,只能成为强国;

刑五赏五,则会沦为弱国。

对于重罚,《商君书》做出了道德方面的解释,认为这是君主爱民的表现。"故行刑重其轻者,轻者不生,则重者无从至矣。此谓治之于其治者。行刑重其重者,轻其轻者,轻者不止,则重者无从止矣。此谓治之于其乱。"(《商君书·说民》)意思是说,刑过其罪,则小罪也不会产生;刑当其罪,则小罪不止,大罪也就不断产生。所以重刑主义的逻辑是以刑去刑,最终实现无刑。"刑重者,民不敢犯,故无刑也。"(《商君书·画策》)另据《史记·李斯列传》记载:"商君之法,刑弃灰于道者。"具体的刑罚是黥,即在脸上刺字,可见当时刑罚之重。但是我们很难相信这种道德解释,"民之内事莫苦于农,故轻治不可以使之"(《商君书·外内》)才是其真正的考虑。

重刑只是形式上会使农民产生畏惧,不敢违犯国家法令,但若不能执行,依然无用。所以法令的威严来自实际的执行,即必须能够抓住犯法的人。"国之乱也,非其法乱也,法不用也。国皆有法,而无使法必行之法;国皆有禁奸邪、刑盗贼之法,而无使奸邪、盗贼必得之法。为奸邪、盗贼者死刑,而奸邪、盗贼不止者,不必得。"(《商君书·画策》)为了使法律得以执行,提高监管的效率,《商君书》提出一种"自治"理论。

《商君书·定分》篇认为,法令必须明白易知,并且不轻易更改,这样民众就可以守法自治。但这只是消极服从的一面。自治理论的另一面在于民众不仅自己守法,还可裁判他人是否违法,因此国家奖励告奸。"省刑要保,赏不可倍也。有奸必告之,则民断于心。上令而民知所以应,器成于家,而行于官,则事断于家。故王者刑赏断于民心,器用断于家。"(《商君书·说民》)告奸制度与什伍连坐制度结合,大大提高了法令执行的效率。"治国者贵不断,故以十里断者弱,以五里断者强。家断则有余,故曰:'日治者王。'官断则不足,故曰:'夜治则强。'君断者削,故曰'宿治者削。'故有道之国,治不听君,民不从官。"(《商君书·说民》)这段话从空间和时间上说明民众断于心、断于家具有更高的执法效率。所以一国的治理有三种境界:"断家王,断官强,断君弱。"(《商君书·说民》)

与告奸制度相联系的则是"任奸"制度,任奸便是任用奸人治理国家。"用善则民亲其亲,任奸则民亲其制。"(《商君书·说民》)善人良民会替别人隐瞒过失,而奸人则一定会揭发。所以,"以良民治,必乱至削;以奸民治,必治至强"(《商君书·说民》)。由于告奸具有如此显著的功效,《商君书》竟然慷慨地将其列入赏赐的行列。"不告奸者腰斩,告奸者与斩敌首同赏,匿奸者与降敌同罚。"(《史记·商君列传》)这样,"赏施于告奸,则细过不失"(《商君书·开塞》)。国家对民众的控制力大大提升。

在重刑和告奸制度下,民众的行为受到严重的束缚和严密的监视,只能致力于农战,不敢越雷池一步。

值得注意的是,农民并非法治的唯一对象。官吏虽然属于统治阶级,却仍处于最高统治者之下,所以也成为治理的对象。《商君书》对于官吏问题的思考,也不像《韩非子》那样从官吏是君主权位的争夺者这个角度去探讨。它所关注的是如何减少官吏对于农民产出的破坏、盗窃或截留,因为官吏那样做无疑是在从国库偷盗,减少国君的收入。"谚曰:'蠹众而木折,隙大而墙坏。'故大臣争于私而不顾其民,则下离上。下离上者,国之隙也。秩官之吏隐下以渔百姓,此民之蠹也。故有隙蠹而不亡者,天下鲜矣。是故明主任法去私,而国无隙蠹矣。"(《商君书·修权》)官吏营私与国君的利益是绝不相容的。

《商君书·禁使》篇认为,君主通过赏罚来进行统治,所以需要关于功过的确切信息,若是"赏高罚下而上无必知其道也,与无道同"。它认识到管理上的一个重要难题或悖论,即为了防止人们谋求私利,国君依靠众多官吏进行管理,官吏下面又有辅佐的监丞,但是,"夫置丞立监者,且以禁人之为利也;而丞、监亦欲为利,则何以相禁?"所以依靠这些监丞治理国家,最多只是"仅存之治"而已。

那么如何解决这个问题呢?《商君书》提出"别其势,难其道"的方法。"其势难匿者,虽跖不为非焉。"(《商君书·禁使》)如何让官吏难匿徇私舞弊的罪行呢?《商君书》首先否定了检验文书的做法。因为官吏长年累月在千里之外独断专行,定期通过文书汇报工作,国君怎么能仅仅在乍听乍见之下做出判断呢?即使看出问题,也很难找到证据。其次,大部分官吏之间的关系是"事同体一",即职业和立场相同,这样也难以互相监督。

能互相监督的，只会是利害关系不同的主体。如果能使利害不同，那么即使是夫妻朋友也不会因为亲情友谊而互相掩盖罪过。书中打比方说，马夫和马夫职事相同，利益也不矛盾，所以缺乏互相监督的动力。但若马能够说话，那么马夫的罪责过失就无法逃避了，这是因为马夫和马之间利害关系正相矛盾。这种职事相联系，但是利害相矛盾的关系，正是什伍告奸制度的设计原则。这也是《商君书》为何否定贤能治国的原因。

因此所谓告奸，不仅是指民众之间的相互告发，还包含民众可以监视官吏的意思。由于民众受到良好的普法教育，如果官吏以违法手段对待民众，那么民众就可以到法官那里确认法律规定，并正告官吏，官吏就不敢为非。前面提到的訾粟而税，也正出于此方面的考虑。

同时，也正因为认识到"上与吏也，事合而利异者也"（《商君书·禁使》），才导致"刑无等级"的提出，如《商君书·赏刑》篇曰："自卿相、将军以至大夫、庶人，有不从王令，犯国禁，乱上制者，罪死不赦。有功于前，有败于后，不为损刑。有善于前，有过于后，不为亏法。忠臣孝子有过，必以其数断。守法守职之吏有不行王法者，罪死不赦，刑及三族。同官之人，知而讦之上者，自免于罪。无贵贱，尸袭其官长之官爵田禄。"我们知道，在各尽其职的情况下，官吏与国君之间具有相同或相容的利益关系：官吏工作越勤勉，国君得到的也就越多。这种关系同样存在于国君与农民之间，农民产出越多，意味着国君能得到的份额也越多。但是在如何分配这些社会产出上，存在的却是零和博弈：官吏营私得到的财富和农民的大量剩余，意味着国君的损失。所以君本位体制下，官吏与农民同样都是国君的攫取对象，他们在君主面前是平等的，民告官和刑无等级观点的提出便也是顺理成章之事。

另外，若我们关注一下书中有关官爵的内容就会发现，得到官爵后能享受的财富份额和政治特权也被严格地按照等级制加以规定。这样做除了彰显和维护君权威严，以及激励军功外，主要为防止贵族追求越制的财富和享受，威胁君主和国家的收入。比如《商君书·垦令》篇规定贵族不能养诸如门客之类的闲人，嫡子之外的子孙也要服役，并不准随便出境。即使宗室成员也要立过军功，才能列入属籍。

因此，《商君书》的法治思想绝对不能用现代法治理念去解读，即使试图将它烙上道德的印记，也会谬以千里，在它那里，有的只是君主利益至上。法治，只是君主攫取社会财富的保障工具而已。

（五）攫取体制的问题与反思

《商君书》构造的这套高度集中的政治经济体制，无论在生产还是财政汲取方面，都堪称空前绝后。经过商鞅变法，秦国的国力大增。秦国在孝公之前，主要依靠地理上的崤函之固得以在列国争雄中立足；孝公任用商鞅变法后，开始取得对山东诸国的主动权，经过七代君王的努力，到秦始皇终于统一六国。这可以看作商鞅富国强兵目标的最终实现。

但这套体制看似精巧细密，实际却有着致命的缺陷。

首先，这套体制的设计依赖于对君王极端理性人的假设。所谓富国强兵，君主是最大的受益者，也是这套体制的动力之源和掌控者，他必须具备避免对社会竭泽而渔的理性和维持法制的决心。一旦王朝出现昏君，这套体制将不可避免地衰败瓦解。

其次，这套体制依赖于农业和战争之间的相互支持。农业为战争提供物质基础，而战争状态则为君主的攫取提供了"合法性"，所以农战缺一不可。萧公权先生认为商鞅重视耕战，"几乎欲举一国之学术文化而摧毁扫荡之，使政治社会成为一斯巴达式之战斗团体"[1]，这种看法一针见血，但有失偏颇。在《商君书》构造的体制下，耕战之间是循环的关系，互为目的。它必须不断地寻求敌人，以刺激生产，然后将生产的财富通过战争消耗掉，如此循环往复。"故能生力，能杀力，曰攻敌之国，必强。塞私道以穷其志，启一门以致其欲，使民必先其所要，然后致其所欲，故力多。力多而不用则志穷，志穷则有私，有私则有弱。故能生力，不能杀力，曰自攻之国，必削。"（《商君书·说民》）"国强而不战，毒输于内，礼乐虱官生，必削。"（《商君书·去强》）一旦失去敌人，这套系统将面临崩溃[2]。这也解释

---

① 萧公权：《中国政治思想史》，新星出版社，2005 年，第 156 页。
② 秦始皇统一六国后修筑阿房宫，秦二世穷奢极欲，这也会造成"杀力"，但是却不能提供战争的紧张和合法性。

154

了为什么统一六国、修筑长城后,秦国会迅速灭亡,即汉儒贾谊所说的"攻守之势异也",也正符合《商君书》自己所说的"当时而立法,度务而制事"(《商君书·六法》)。因此,这套体制更像是战时应急措施,而非长治久安之策,《商君书·赏刑》篇曾以汤武革命胜利后的和平景象作为理想目标,"海内无害,天下大定,筑五库,藏五兵,偃武事,行文教,倒载干戈,搢笏作为乐以申其德。当此时也,赏禄不行而民整齐"。这说明《商君书》似乎也认识到农战政策的时代性。

再次,这套体制只攫取"体力",重视农业生产力和战斗力,却忽视"智力"的重要性。利出一孔要求"止浮学,去无用",消灭拥有智力资源的士人阶层。但秦国的兴盛,却离不开从各诸侯国前来归附的智能之士,这在李斯反对逐客令的奏疏中已得到明确的表达。我们很难想象在没有智力资源的支持下,运行这套体系的组织能维持多久。

最后,它所设计的法治实际并不如想象中那么高效。一方面,官吏和百姓都有动力进行密谋合作,以截留社会产出,增加自己的私人所得;另一方面,秦朝法网之密的名声背后,是吏权的加重和不可避免的营私舞弊,所谓的民告官或告奸制度并不能发挥作用。比如《史记》所载,作为秦朝敌人的项梁"尝有栎阳逮,乃请蕲狱掾曹咎书抵栎阳狱掾司马欣,以故事得已"(《史记·项羽本纪》),连项梁都可放过,其他可想而知。所以,君本位下,"一人之智力不能胜天下欲得之者之众"(《明夷待访录·原君》),《商君书》为专制君主设计的这套经济攫取理论,从根本上讲是不能长久施行而注定要失败的,尽管后来的统治者不会放弃刑法为用的统治手段和以农为本、追求国家富强的政治目标和治国之策,却说明了法家的理论作为一种政治指导思想后来何以会被另外一种儒家仁道正义的理论所修正和替换,其深层原因即在法家理论本身所固有的上述缺陷。

二、全面支配臣民:韩非的政治哲学

韩非为法家思想的集大成者,其思想之系统与宏富,堪足代表法家思想的最高成就。韩非不仅在批判继承前期法家思想主张的基础上,将法家的治国理念综合融会成为了一个法、术、势三要素紧密结合的有系统的思想整体,而且他还批判地吸取了先秦诸子各家的思想资源,将道、法思想结合,同时又融会儒、墨"正名实"、重"符验"、尚"功利""实行"的思想,既对前人的思想多有驳正和发挥,更能自创新说。总的来讲,韩非遵循天道自然观的认识路线,讲求事理而注重参验,审合名实而强调功用,乃至结合自己"势不两立"的矛盾观及对人性和社会历史发展演进过程的深刻而独到的理解,颇富创见地建构了一套深具哲学意蕴、系统且宏富的以"道"为体而以法、术、势为用的政治学说。

(一)韩非政治哲学的内在思维理路

韩非主要是从老子那里批判地吸取了道家的天道自然观。他结合"理"来阐释"道",故曰:"道者,万物之所(以)然也,万理之所稽(寄)也。理者,成物之文(法则)也;道者,万物之所以成。故曰:道,理之者也……万物各异理而道尽。"又言:"凡物之有形者,易裁也,易割也。何以论之? 有形则有短长,有短长则有大小,有大小则有方圆,有方圆则有坚脆,有坚脆则有轻重,有轻重则有白黑。短长、大小、方圆、坚脆、轻重、白黑之谓理。""凡理者,方圆、短长、粗靡、坚脆之分也。故理定而后可得道也。"(《韩非子·解老》)也就是说,理是具体事物的属性、规律和特点,而道则是宇宙万物的本源,是自然万物存在的根据,是普遍性的根本规律或事物的各种具体规律的总汇与体现。

另外,韩非对人的认识能力和认识活动也做出了明确的阐释和限定性的说明。《韩非子·解老》篇曰:"聪明睿智,天也;动静思虑,人也。人也者,乘于天明以视,寄于天聪以听,托于天智以思虑。"所谓"聪明睿智"是指人天生就具备的认识能力,"动静思虑"是指人借助感觉和思维器官进行的认识活动。然而人若过度使用个人的感觉和思维器官,则会导致它们的盲聋错乱,"故视强则目不明,听甚则耳不聪,思虑过度则智识乱。目不明则不能决黑白之分('分'当作'色'),耳不聪则不能别清浊之声,智识乱则不能审得失之地。目不能决黑白之色则谓之盲,耳不能别清浊之声则谓之聋,智识不能审得失之地则谓之狂。盲则不能避昼日之险,聋则不能知雷霆之害,狂则不能免人间法令之祸"。故"治人"当"适动静之节,

156

省思虑之费也"，而"所谓事天者，不极聪明之力，不尽知识之任"，"苟极尽则费神多，费神多则盲聋悖狂之祸至"。

然而，韩非对"道理"的抉发及对人的认识能力的阐释和说明，绝不是出于纯粹哲学的兴趣，而是要为其政治学说提供一种最稳妥的理论基石。也就是说，统治者即所谓的圣君明主必须在了解和把握了自然万物及人情世事的理和道的基础上来治理国家，才会成功。所谓"道者，万物之始，是非之纪也。是以明君守始以知万物之源，治纪以知善败之端"（《韩非子·主道》）。"夫缘道理以从事者，无不能成。""得事理则必成功。"（《韩非子·解老》）否则即如果是"弃道理而妄举动"的话，便不能"有其国保其身"。所以说："夫能有其国保其身者，必且体道。体道则其智深，其智深则其会远，其会远，众人莫能见其所极。"（《韩非子·解老》）从反面来讲，圣明的统治者必须虚静无为或虚静无事，即不用私智私能、不尚己贤己勇，而"尽随万物之规矩"，则"万事之功形矣"。故曰："圣人爱精神而贵处静……好用其私智而弃道理，则网罗之爪角害之。"（《韩非子·解老》）

韩非正是基于上述基本的理论旨趣来推演其具体的治国理民之道的合理性的，从中我们可以深切地体认到其政治哲学内在的逻辑思维理路。具体言之，韩非推演其政治哲学的思维理路是这样的：

第一，治国之道应"缘道理以从事"，决不能"无缘而妄意度""弃道理而妄举动"，换言之，即必须"守成理，因自然"而"寄治乱于法术，托是非于赏罚"（《韩非子·大体》）。这可以说是韩非整个政治学说的主旨，据此如果说儒家主张的是一种伦理政治或道德政治的话，那么韩非所期望君主实行的则是一种理智的政治。

第二，君主治国既无须行仁义德惠，亦不能恃一己之智能，而应"尽随万物之规矩"以治之，治国之规矩便是法术。故曰："有道之主，远仁义，去智能，服之以法。"（《韩非子·说疑》）反之，"释法术而心治，尧不能正一国；去规矩而妄意度，奚仲不能成一轮"（《韩非子·用人》）。

第三，君主一人之视听、智能虽然不足恃，但君主治国却必须要善于化一国（群臣百姓）之视听、智能而为己用，故曰："人主以一国目视，故视莫明焉；以一国耳听，故听莫聪焉。"（《韩非子·定法》）"故有智而不以虑，使万物知其处；有贤而不以行，观臣下之所因；有勇而不以怒，使群臣尽其武。是故去智而有明，去贤而有功，去勇而有强。群臣守职，百官有常，因能而使之，是谓习常。"（《韩非子·主道》）反之，"废常上贤则乱，舍法任智则危"（《韩非子·忠孝》）。

第四，治国之道以治事、禁奸为务，然君主一人之聪明智虑不足以遍知天下之物事与人情，故需用"术"以治之。故曰："且夫物众而智寡，寡不胜众，智不足以遍知物，故因物以治物。下众而上寡，寡不胜众者，言君不足以遍知臣也，故因人以知人。是以形体不劳而事治，智虑不用而奸得。"（《韩非子·难三》）此乃参伍之道术，即通过推类比较、审合形名的方法来治理物事、考察臣下之奸情，亦即《韩非子·八经》所谓："参伍之道，行参以谋多，揆伍以责失。"

第五，君主对臣下进行监察考课是不能依靠自己的耳目、智虑的，因为不仅是"为人主而身察百官，则日不足，力不给"，而且还容易被臣下欺骗蒙蔽，即"上用目则下饰观，上用耳则下饰声，上用虑则下繁辞"，所以君主必须"舍己能，而因法数，审赏罚"，即明主任人以官，应"使法择人，不自举也；使法量功，不自度也"（《韩非子·有度》）。同时还必须借助赏罚或刑德两种权柄以"导制其臣"，所谓"明主之所导制其臣者，二柄而已矣。二柄者何？刑德也。何谓刑德？曰：杀戮之谓刑，庆赏之谓德"（《韩非子·二柄》）。

第六，君主任人之"术"，在于"因任而授官，循名而责实"（《韩非子·定法》），故曰："人主诚明于圣人之术，而不苟于世俗之言，循名实而定是非，因参验而审言辞。"（《韩非子·奸劫弑臣》）又言："人主将欲禁奸，则审合刑（形）名者，言异事也。为人臣者陈而言，君以其言授之事，专以其事责其功。功当其事，事当其言，则赏；功不当其事，事不当其言，则罚。"（《韩非子·二柄》）而且，"明君之道，臣不得陈言而不当"（《韩非子·主道》）。审合形名或循名责实的方法和目的在于以赏罚责求臣下言语行事的功用绩效，故曰："夫言行者，以功用为之的彀者也……今听言观行，不以功用为之的彀，言虽至察，行虽至坚，则妄发之说也。"（《韩非子·问辩》）

第七，君主之所以为君主，不在其贤智，而在其有势，故曰："主之所以尊者，权也。"（《韩非子·心度》)"明主之治国也，任其势。"（《韩非子·难三》)"人臣之于其君也，非有骨肉之亲也，缚于势而不得不事也。"（《韩非子·备内》)然而韩非将"势"区为两种：一是"自然之势"，二是"所得而设"的"人为之势"①。依韩非之见，"自然之势"只不过是治国的前提条件，但不能使国必然得治，唯有结合法术，即运用法术或"抱法处势"，才是治国理民的必然之道，"故有术之君，不随适然之善，而行必然之道"（《韩非子·显学》)。事实上，在韩非看来，即使是"中材之君"乃至是"庸主"只要善于运用法术，就可以造就臣民"不得不"服从他的政治统治的"人为之势"，从而达到"令行禁止"的政治效果。而韩非所倡"治道"也正是为中人之君或庸主准备的，故曰："立法，非所以备曾、史也，所以使庸主能止盗跖也。"（《韩非子·守道》)"使中主守法术，拙匠守规矩尺寸，则万不失矣。"（《韩非子·用人》)韩非亦因此而极力反对儒家的那种圣贤者最宜于作王的政治期望，因为"夫尧、舜、桀、纣千世而一出，是比肩随踵而生也，世之治者不绝于中。吾所以为言势者，中也。中者，上不及尧、舜，而下亦不为桀、纣。抱法处势则治，背法去势则乱"（《韩非子·难势》)。

总之，韩非政治哲学的旨趣"归本于黄老"（《史记·老子韩非列传》)，因此他一方面站在天道自然的哲学立场上，苦心劝导人君清静制欲而不要喜怒妄作，所谓"人主之道，静退以为宝"（《韩非子·主道》)，"圣人之道，去智与巧"，"喜之则多事，恶之则生怨。故去喜去恶，虚心以为道舍"（《韩非子·扬权》)。但另一方面，他则极力申明法家的政治理念，即法、术、势相结合的治国之道才是最稳妥而可靠的治国理民的必然之道，即使是中君庸主，而只要能去智巧而守法术，与"道"同体同在而遵循必然的治国之道，便可以成为能够成功地治理国家的圣王明君。因此综合来说，韩非的政治哲学旨在向人君世主提供的是一种以"道"为体而以法、术、势为用的现实的治国之道或政治学说。

---

① 刘泽华：《先秦政治思想史》，南开大学出版社，1984年，第292—293页。

(二)韩非政治哲学的理论根据

韩非还基于他对现实生活中的矛盾现象,以及对人性和社会历史发展演变进程的独到观察和理解,系统地论证了其治国理念的现实合理性和历史必然性。具体而言,韩非的矛盾观、人性论和社会历史观分别构成了其政治哲学或治国理念的合理性和必然性的理论根据。

1.韩非的矛盾观

韩非在其书中曾两次讲到的一则寓言故事最集中、典型地体现了他的矛盾观。据《难一》和《难势》篇:

> 楚人有鬻楯(通"盾")与矛者,誉之曰:"吾楯之坚,莫能陷也。"又誉其矛曰:"吾矛之利,于物无不陷也。"或曰:"以子之矛陷子之楯何如?"其人弗能应也。夫不可陷之楯与无不陷之矛,不可同世而立。

显然,韩非通过这则寓言故事想要表达的意思是:事物之间存在着不可调和的矛盾性。区分事物的类别、辨析事物的同异、探讨事物的相互关系,应该说是先秦诸子在推动人类认识发展上的最重要的贡献之一,其中老子曾深刻地揭示了事物之间对立统一的关系,受其影响,韩非的矛盾观无疑也具有朴素辩证法的意味,揭示了自然事物和社会人事普遍存在的矛盾对立的现象,所谓"万物必有盛衰,万事必有弛张,国家必有文武,官治必有赏罚"(《韩非子·解老》)。但是他们的理论旨趣和政治期望却截然相反,老子归于"柔弱胜刚强"而期望统治者"无为而无不为",而韩非则将对立双方之间"势不两立"(《韩非子·人主》)的矛盾斗争绝对化,而期望君主在势不两立的政治矛盾与斗争中以强权制胜。

依韩非之见,矛盾无处不在,如:"害者,利之反也""乱者,治之反也"(《韩非子·六反》),"自环者谓之私,背私谓之公,公私之相背也""夫父之孝子,君之背臣也"(《韩非子·五蠹》),"智法之士与当涂之人,不可两存之仇"(《韩非子·孤愤》),"贤与势之不相容"(《韩非子·难势》),"夫冰炭不同器而久,寒暑不兼时而至,杂反之学不两立而治"(《韩非子·显学》),

等等。可见韩非矛盾观的特点，亦是其片面性所在，就是强调矛盾双方"势不两立"的对立与排斥并将斗争绝对化，所谓"不相容之事，不两立也"(《韩非子·五蠹》)。虽然韩非有时也讲"上下调和"(《韩非子·扬权》)，但他认为"凡物不两盛"(《韩非子·解老》)，所以所谓的"上下调和"，其实质是以居上的君主彻底吃掉、压倒和制服在下的臣民为宗旨的。

正是基于上述"势不两立"的矛盾观，所以韩非极力主张凡是破坏法制、于推行法治不利或与之相背的人和思想学说都必须加以禁止灭绝，故曰：

> 世之所谓贤者，贞信之行也。所谓智者，微妙之言也。微妙之言，上智之所难知也……今所治之政，民间之事，夫妇所明知者不用，而慕上知之论，则其于治反矣。故微妙之言，非民务也……事智者众则法败，用力者寡则国贫，此世之所以乱也。故明主之国，无书简之文，以法为教；无先王之语，以吏为师；无私剑之捍，以斩首为勇。是境内之民，其言谈者必轨于法，动作者归之于功，为勇者尽之于军。(《韩非子·五蠹》)

根据"不相容之事不两立"的原则，故"以文犯法""以武犯禁"的儒侠理应在罪诛之列，不务耕战的"学者""言谈者""带剑者"、积于私门的"患(习)御者"及"商工之民"亦皆是该杀的国家的蠹虫或扰乱国俗而该杀的国家的五种蠹虫或"奸伪无益之民"(《韩非子·五蠹》)。当时最具影响力的两大"显学"，在韩非看来，更是"无参验而必之""弗能必而据之"的愚诬杂反之学，而"杂反之学不两立而治"，故必须"去其身而灭其端"(《韩非子·显学》)。

2.韩非的人性论

先秦诸子大多以他们对人性的看法作为其思考政治问题、建构其治国理念的理论基础，韩非亦不例外，而且韩非的人性论更有其独到之处。

法家也像其他各家一样特别注重对人性问题的探究，如《商君书·算地》篇说："民之生(性)，度而取长，称而取重，权而索利"，又说："民生则

161

计利,死则虑名"。《尚君书·赏刑》篇说:"民之欲富贵也,共阖棺而后止。"《管子·形势解》篇也说:"民之性莫不欲生而恶死,莫不欲利而恶害","民之从利也,如水之走下"。《管子·禁藏》篇说:"凡人之情,见利莫能勿就,见害莫能勿避。"同样,韩非也认为:"夫民之性,恶劳而乐佚"(《韩非子·心度》),"利之所在,则忘其所恶"(《韩非子·内储说上》),"利之所在民归之,名之所彰士死之"(《韩非子·外储说左上》)。总之,法家的人性观可归纳为两个字"好利"。

作为法家的集大成者,韩非对法家的人性观点及其与法家治国之道的关系的阐述,更加明晰、全面而透彻。首先,韩非认为人性及人与人之间品性的差异是先天就决定了的,是天生而不可改变的,即"夫天性仁心固然也"(《韩非子·外储说左下》),"仁贪不同心"(《韩非子·难四》)。其次,韩非依人的品性或外在行为特征而将人划分为三类,一类人是轻让天下的许由,孝行卓著的曾参、史蜎,仁义圣人的孔子,他们特立独行、洁身自好而不为赏劝;第二类人是赏足以劝、罚足以禁的"中人";第三类人是"毁廉求财,犯刑趋利,忘身之死"而"罚不足以禁"的盗跖。其实,从行为特征上讲,这三类人又可归结为两种类型,一是行为上不可操控的,即第一、第三类人,二是行为上可加以操控的、人数也最多的"中人"。再者,韩非的人性好利说基于他对现实社会的实际生活境遇中的人的行为的经验性的观察,而不是出于一种对人性的抽象价值判断,韩非讲得至为明确:

> 人为婴儿也,父母养之简,子长而怨。子盛壮成人,其供养薄,父母怒而诮之。(《韩非子·外储说左上》)
>
> 医善吮人之伤,含人之血,非骨肉之亲也,利所加也。故与人成舆则欲人之富贵,匠人成棺则欲人之夭死也,非舆人仁而匠人贼也,人不贵则与不售,人不死则棺不买,情非憎人也,利在人之死也。(《韩非子·备内》)

显然,韩非的人性好利说与其说是一种性恶论,毋宁说是对人的外在行为特征的经验性的事实判断。

总之，韩非认为人的品行是先天就分化为三类的，他并不一概以善恶来抽象地给人定性，其人性好利说实际上是就一般中人之性而言的，这种人性既不可改变也是无须改造的，但却是可以利用的，即利用人的好利性来实施对人的行为的操纵和控制。韩非正是基于他的这种人性论来建构其治国之道并论证其合理性的，故韩非说："凡治天下，必因人情。人情者有好恶，故赏罚可用。赏罚可用则禁令可立，禁令可立而治道具矣。"（《韩非子·八经》）"夫至治之国，善以止奸为务。是何也？其法通乎人情，关乎治理也。"（《韩非子·制分》）意即治国之道必须建立在人性的基础之上，而人情有好恶即好利恶害，人主正可借此立法禁、设刑赏以制驭之。故韩非又说："治也者，治常者也；道也者，道常也者。"（《韩非子·忠孝》）治道之为治道正是因为它是以绝大多数的中人之常情为依据的，反之，在韩非看来，那些不为赏劝、不为罚禁的人虽是极少数却是极为有害的，因其特异行为足以"乱法易教"、破坏整个法制，所以对他们特别是特立独行、洁身自好或标榜仁义而不为赏劝的一类人，如那种"不臣天子，不友诸侯"的所谓贤士，只能用一种办法，就是"使吏执杀之以为首诛"（《韩非子·外储说右上》）。

既然社会中人多为中人，而中人之性又好利，故"立可为之赏，设可避之罚"便可切实地达到控驭臣民行为的政治目的。这样说来，人情好利毋宁说是人性的可资利用的弱点，而法家治国之道的妙用也正在于足可以使一个中君庸主也能够假法禁、刑赏来轻易地"御民之志而立所欲焉"（《商君书·错法》），以至在君主的刑与赏之间民众别无选择也无路可逃。韩非说："夫上所以陈良田大宅，设爵禄，所以易民死命也。"（《韩非子·显学》）又说："君上之于民也，有难则用其死，安平则尽其力。"（《韩非子·六反》）因此，治国绝不能依靠人心自觉地向善，而必须靠推行法治以使人民"秉法为善"而"不得为非"，所以说：

> 夫圣人之治国，不恃人之为吾善也，而用其不得为非也。恃人之为吾善也，境内不什数；用人不得为非，一国可使齐。为治者用

163

众而舍寡，故不务德而务法……国法不可失，而所治非一人也。故有术之君，不随适然之善，而行必然之道。（《韩非子·显学》）

韩非此番话并不是在论人性的善恶问题，而是强调治国之道必须以人数众多的中人之性为根据。不仅如此，如上文所言，其治国之道也是为中人之君乃至庸主所准备的。故既不能依靠一己之贤智而又不能"恃人之为吾善"的中人之君，要治国理民就必须"抱法处势"而治，而于君臣之际更当计利而合，所谓"故君臣异心。君以计畜臣，臣以计事君，君臣之交，计也。君臣也者，以计合者也"（《韩非子·饰邪》）。"臣尽死力以与君市，君垂爵禄以与臣市，君臣之际，非父子之亲也，计数之所出也。"（《韩非子·难一》）

综上所述，在韩非看来，人有好恶之情，人有逐利求名之心，这也许不是什么坏事，恰恰是法治得以实施的人性根据，因这一人性根据，法治也是走上国治的唯一必由之路；法治作为必然的治国之道，既是为求利的民众所设，也是为中君庸主们所设。对韩非的这一人性论，也许我们很难用理论的深刻性去评价它，但从与实际的治国之道密切相关的意义上讲，他依其人性论而建构的治国之道却可以说是最现实、最讲实际的政治策略，也是最为有效的。

3.韩非的社会历史观

韩非的治国理念亦是在其社会历史观的基础上建构起来的。《商君书·开塞》篇曾将人类的历史划分为三个截然不同的阶段，即："上世亲亲而爱私，中世上贤而说仁，下世贵贵而尊官。"韩非也大体上将人类社会历史发展演进的过程划分为三或四个不同的阶段，即上古、中古、近古和当今，并在《五蠹》和《八说》两篇中系统阐述了他的社会历史观。他对其社会历史观有一精湛而简洁的概括，即："上古竞于道德，中世逐于智谋，当今争于气力"（《韩非子·五蠹》），或"古人亟于德，中世逐于智，当今争于力"（《韩非子·八说》）。质言之，韩非认为：一个时代有一个时代各自崇尚的不同的行为价值标准，由此而言，人性又不过是一种历史的范畴。因此在他看来，古代人所以无须厚赏重罚而自治不争，那是因为"人民少而财有余";相反当今之世"人民众而货财寡",故不免于争乱;所以说,"古之易财,非仁也,财多也;今之争多,非鄙也,财寡也",古人的轻传天下、易财辞让的行为并非出于其道德的高尚,而不过是时代环境的产物,不值得今人去倍加称道。

正因为古今异俗,"世异则事异",所以治国之道也必须因事而异,每一时代都有自己时代的问题,每一时代的最有效的治国之道也自应是为适于解决该时代的问题而设的,所谓"圣人不期修古,不法常可,论世之事,因为之备"(《韩非子·五蠹》),换言之,不同的治国之道也唯有适于解决各自时代的问题才可能是富有成效而有价值的。因此,"古者寡事而备简,朴陋而不尽",故只有简陋的手推车;同样,"古者人寡而相亲,物多而轻利易让,故有揖让而传天下者";反之,"处多事之时,用寡事之器,非智者之备也;当大争之世,而循揖让之轨,非圣人之治也"(《韩非子·八说》)。也就是说,在当今大争多事之世,即在一国民众乃至国际之间皆趋利纷争、人类事务日趋复杂繁多的时代状况下,道德政治即那种揖让(拱手辞让)而治的简单"推政"已不适用,适用者只能是以法治天下,而"法"之为"法"也正是为"制事""详事"而设的。故韩非说:"法所以制事,事所以名功也。"而"明主之法必详事"(《韩非子·八说》)。即法之为法,必须详尽明确,而法正是为"制事"而设立的,故曰:"法者,事最适者也。"(《韩非子·问辩》)而唯有最适于处理复杂的人类事务,也才能对治理的成功做一种必然的预期。

韩非在从正面系统地阐述其社会历史观及其治国理念的同时,他还对那种认为人类日益走向道德的退化或衰败的社会历史观,特别是对孔孟的仁义学说进行了尖锐的批评。他认为儒家标榜的所谓"仁政"也许适于实行于上古的时代,但并不具有永久效法的价值与意义,儒家所称誉的古圣先王也没有为后世留传下一种值得永远遵循的典范性的治道遗产,因此,儒家学者生为当代人却标榜仁政、崇尚先王之道以期治当世之民无异于可笑又愚蠢的"守株待兔"之辈。韩非批评道:

今世儒者之说人主,不言今之所以为治,而语已治之功;不审官法之事，不察奸邪之情，而皆道上古之传、誉先王之成功。儒者饰辞曰："听吾言则可以霸王。"此说者之巫祝，有度之主不受也。故明主举事实，去无用；不道仁义者故，不听学者言。（《韩非子·显学》）

韩非所言"不言今之所以为治，而语已治之功"，这话可以说正击中了儒家治国理念的致命弱点。另外韩非还嘲讽说："夫称上古之传颂，辩而不悫，道先王仁义而不能正国者，此亦可以为戏而不可以为治也。"（《韩非子·外储说左上》）意即儒家的仁义之说于治国无异于一种无用的戏论。

那么什么才是最适合于当今之世的治国之道呢？韩非的回答是："法治！"这一回答，可以说既是基于他对人性的思考亦是基于他对时势的判断。当今之世，民情的好恶避就以利为中轴，这是法治的人性根据，而"当今争于力"亦同时构成了法治的历史根据。韩非清醒地认识到，在他所处的大争多事的时代，无论是对外还是对内，都必须依靠实力才能强势地位，所谓"力多则人朝，力寡则朝于人，故明君务力"（《韩非子·显学》）。而"力"来自哪里？韩非认为，真正的力量就蕴藏在好利的民众中间，并有待于君主们的开发和利用，而君主整齐民力以为己用的最有效可行的方法或手段莫过于法禁、刑赏。因此韩非说：

> 且夫死力者，民之所有者也，情莫不出其死力以致其所欲。而好恶者，上之所制也，民者好利禄而恶刑罚。上掌好恶以御民力，事实不宜失矣，然而禁轻事失者，刑赏失也。其治民不秉法，为善也如是，则是无法也。故治乱之理，宜务分刑赏为急。（《韩非子·制分》）

具体而言，民力所在无非表现在耕战之上，民朝夕疾务于耕战则国富民强、霸王可致，以故耕战之民之外的皆是该杀的国家的蠹虫或扰乱国俗的"奸伪无益之民"。

总之,在韩非看来,无论从人性上还是从时代进程的意义上来讲,法治都是最适合当今世事民情或时代课题的最切实有效的治国之道,故"奉法者强,则国强"(《韩非子·有度》)。君主只要以法治攫取了民众的力量,也就真实地赢得了至尊的权力,从而也为谋求霸王之大利奠定了坚强的实力基础。尽管韩非是站在维护君主利益、加强君主权力的立场上来阐述问题的,但我们却不得不说韩非的上述社会历史观及其治国理念无疑在客观上具有进步和革命的意义,为破除旧传统和治国理念上的贵古、复古观念,以进行现实的改革提供了强有力的思想武器,适应和满足了当时统治者通过变革和以法治国来实现国家富强的要求和愿望。

(三)韩非的政治学说评析

综上所述,韩非无疑是为了适应战国时期政治发展的现实需要,即加强区域性中央集权的君主专制制度,来建构其一整套的治国理论的。为此韩非在批判地吸取前人思想资料的基础上,讲求事理而注重参验,审合名实而强调功用,并以势不两立的矛盾观、人性好利及社会历史的演进变化为根据,颇富创见地以君主利益为中心而推演、建构了一套系统的以"道"为体而以法、术、势为用的政治哲学或治国理论,既扬弃了道家消极无为的政治理念,又摒弃了儒、墨以圣贤为治体的人本主义政治观,从而将君主专制主义的思想推向了顶峰!与儒家标榜仁政、礼治而推许君民之间的教化、教养关系的政治理念不同,韩非则主张君主应"缘道理以从事"而借法、术、势这不可缺一的三种工具或手段以治国,对韩非来讲,所谓的治国之道毋宁说是君主控御臣民的一种理智的行为技术或现实策略。

韩非的政治哲学或治国理念,显然亦旨在推进统治阶级的政治理性,故极力主张君主应"明于公私之分"(《韩非子·饰邪》)并崇公抑私或以公灭私,并认为这是国家治乱的关键,所谓"夫立法令者以废私也,法令行而私道废矣……所以治者法也,所以乱者私也……故曰:道私者乱,道法者治"(《韩非子·诡使》)。所谓的崇公抑私,一方面是要求君主本人必须缘道理、依法术治国而不应恃一己之私智、私能,依法术任人以事而不能以私恩授人以官爵,即"明法制,去私恩"(《韩非子·饰邪》),而"赏罚无私"(《韩非子·六反》);另一方面,因为臣民之"私心""私行""私利""私便""私道""私学"与君主之"公义""公利"亦是势不两立,所以君主要崇公就必须禁止臣民为私,所谓"明君使人无私,以诈而食者禁,力尽于事归利于上者必闻"(《韩非子·难三》)。"明主之国,官不敢枉法,吏不敢为私。"(《韩非子·八说》)

　　如上所言,韩非旨在推进统治阶级"崇公抑私"之政治理性的治国理念,势必以加强绝对的君主专制为鹄,故其所倡"法治"实非今之所谓"法治",诚如萧公权和冯友兰两先生对法家思想所做的精湛评价那样,"盖先秦之法家思想,实专制思想之误称。其术阳重法而阴尊君"①。"把法家思想与法律和审判联系起来,是错误的。用现代的术语说,法家所讲的是组织和领导的理论和方法。谁若想组织人民,充当领袖,谁就会发现法家的理论和实践仍然很有教益,很有用处,但是有一条,就是他一定要愿意走极权主义的路线。"②质言之,韩非所谓"法治"绝非要确立一种最低限度的道德行为准则,并旨在约束、限制权力的滥用或者是保障公民权利免受国家和政府的任意侵扰,而是君主强加给臣民的一种必须绝对服从的规定,所谓"一民之轨,莫如法"(《韩非子·有度》)。"言行而不轨于法令者必禁。"(《韩非子·问辩》)"禁奸之法,太上禁其心,其次禁其言,其次禁其事。"(《韩非子·说疑》)因此,"以法教心"(《韩非子·用人》)所保证的不过是君主绝对权力意志的贯彻执行,所要促成的亦只是一个丧失了多元价值理想而缺乏生气的"上下贵贱相畏以法,相诲以利"(《韩非子·八经》)的单调社会。而当秦王嬴政和李斯君臣以武力灭掉了六国并将韩非的治国理念贯彻于政治实践之中去后,不仅结束了战乱,实现了国家的统一,更使一个本来是价值理想多元化而充满竞争性活力的开放社会和道术分裂、百家异说而极富原创性的哲学思想的轴心时代走向了终结。

---

　　① 萧公权:《中国政治思想史》,新星出版社,2005年,第179页。
　　② 冯友兰:《中国哲学简史》,北京大学出版社,1985年,第178页。

文化的政治学
——先秦儒法两家政治思维的文化取向及其比较分析

　　学术界对先秦儒法两家的理解和评价，历来就存在着很大的分歧，这两家的理论实质在根本上究竟是一致的还是截然对立的，即它们究竟是君主专制主义的不同理论表现形态，还是一为进步的革命的(法家)而一为落后的保守的(儒家)，或者正好相反，一为专制的残忍的(法家)，一为民主的仁慈的(儒家)？特别是，就儒家的道德(或伦理)政治论而言，它究竟是未抓住政治的本质或混淆了政治与道德的本质，还是一种无与伦比的极高明而精微系统的政治哲学？儒家政治理论或思想学说的实质，究竟是一种"使人不成其为人"的君主专制主义，还是一种仁慈的富有民主性的民本主义？而就先秦儒、法两家从尖锐的思想冲突与政治斗争而最终在汉代却走向了融通合流，我们又做如何解释呢？仅仅用"儒学的法家化"便可圆满地予以解释吗？笔者认为，诸如此类的问题，都还有待于进行更深入的讨论以便进一步做出令人信服的解释。依笔者之见，在上述问题上存在的认识与评价上的分歧，其实是由缺乏一个统一的富有解释效力的分析框架或在理解上不甚透彻所致。本文拟从文化与政治之关系的理念与视角，尝试提出一种在笔者看来更富有解释效力的分析框架，来重新反思儒、法两家在政治思维方式上的可比较的总体特色，以期能够更好地解释它们之间的冲突与对立乃至融通与合流的问题。

一、一个分析的框架

首先,我们应做一明确界定的就是,一种基于对文化与政治之关系的反思而更富于解释效力的分析框架究竟指的是什么。笔者认为,我们可以采用"文化政治"这一概念来表达这一分析框架的核心理念或理论视角,那么"文化政治"这一概念的意涵又究竟指的是什么呢?简单地说,在我们所要论及的题旨的意义上,它首先表达的就是一种从文化领域与政治领域的互动关系来观察问题的理论视角。不过众所周知,文化和政治是两个歧义性很大的概念,但笔者不想纠缠于对这两个概念的定义进行学究式的辨析,我们在此不妨直接参照美国两位学者对它们简洁明了的定义来进行我们对问题的讨论,即前者是指"人类用来解释他们的经验、指导他们行动的意义结构""人们以此达到沟通、延存和发展他们对生活的知识和态度"①,而后者则是指"以社会权威的名义为社会制定和实施决定的人类活动","它产生于人民在解决冲突、权威地分配稀有价值和指导社会实现共同目标时提出的共同要求"②。因此我们可以说,从社会系统结构分化的意义上讲,文化与政治乃是两个性质不同的功能领域。然而这样说,绝不是指这是两个完全隔绝而互不相涉的孤立的人类活动的领域,它们是既相对独立而又相互依赖的。

对我们所要讨论的问题而言,无疑结构功能主义的理论视界可以为我们提供一种可资借鉴的理解思路,其理论假设是社会是一种相互作用的系统,而一个社会系统的稳定有序有赖于社会诸领域或子系统(政治、经济与文化等)之间积极有效的持续的良性互动。这一理论视界在社会学和政治学界有着广泛的影响,但也因其忽视了对社会冲突的分析而被认为是一种保守的理论而受到批评。但就我们的论题而言,这一理论视

---

① [美]克利福德·格尔兹:《文化的解释》,纳日碧力戈等译,王铭铭校,上海人民出版社,1999年,第167、103页。

② [美]杰克·普拉诺等:《政治学分析辞典》,胡杰译,张宝训校,中国社会科学出版社,1986年,第121、122页。

界是不容忽视的,当然也自有其不足之处,譬如在社会学结构功能学派的学者看来,政治通过其权威性决策而"得以履行它们在社会之中的主要功能,表现了它们相对于社会其他组成部分的特征。然而如果没有其他制度领域和制度的协助——没有其决策所针对的那些领域的协助,这些活动当然也无法完成。"而"为了贯彻各种集体目标,维持政权在社会之中的地位,以及完成其调节和整合功能,就需要资源、服务和支持的不断输入,在此,政权就依赖于其他制度领域。政权必须从经济领域中获取各种人力、劳动、物资和货币资源。在争取对政权的基本支持、对其象征的认同、统治者的合法性及扮演政治角色的动力方面,政权依赖于文化制度"①。如果说这样一种理论视界可作为价值中立的分析工具的话,那么它在提供给我们一种观察问题视角的同时,也会给我们带来某种理论上的盲点,即只关注社会诸领域之间的功能调适与持续互动对维系社会系统的稳定有序的意义问题,而缺乏对问题进行批评反省的思维向度。

就此笔者认为,马克思的意识形态批评方法恰为我们提供了这样一种批评反省的理论思维向度,可用来矫正结构功能主义理论视界的缺陷。众所周知,马克思和恩格斯在《德意志意识形态》一书中有一段名言深刻揭示了历史上阶级统治的总体特征,即"统治阶级的思想在每一时代都是占统治地位的思想。这就是说,一个阶级是社会上占统治地位的物质力量,同时也是社会上占统治地位的精神力量。支配着物质生产资料的阶级,同时也支配着精神生产的资料,因此那些没有精神生产资料的人的思想,一般的是受统治阶级支配的……既然他们正是作为一个阶级而进行统治,并且决定着某一历史时代的整个面貌,不言而喻,他们在这个历史时代的一切领域中也会这样做,就是说,他们还作为思维着的人,作为思想的生产者而进行统治,他们调节着自己时代的思想的生产和分配;而这就意味着他们的思想是一个时代的占统治地位的思想"②。简言

---

① [以]S.N.艾森斯塔得:《帝国的政治体系》,阎步克译,贵州人民出版社,1992年,第8—9页。

② 《马克思恩格斯选集(第一卷)》,人民出版社,1972年,第52页。

之，在社会上占统治地位的阶级在进行经济和政治统治的同时，在文化领域也自然会对被统治阶级实施思想统治，反之，用西方马克思主义的著名理论家安东尼奥·葛兰西的话说就是，统治阶级总是借助掌握或把持意识形态霸权或文化的领导权以维系其政治统治。无疑这种对"文化政治"批评反省的理念是更为发人深省的。难怪美国一位文化批评学家认为，受马克思主义这一主导理论范式广泛影响、熏陶和哺育的中国学人当会特别而深切地关注文化与政治的关系问题，而对这一问题的某种新的阐释理论也许将会由中国学人提出。

总之，上述结构功能主义的理论视界和马克思的意识形态批评方法为我们共同提供了分析"文化政治"问题的基本框架，也就是说，文化与政治是社会系统的两个完全不同的领域，它们在社会之中既发挥其各自不同的功能而具有相对独立性，而又彼此依赖、相互影响与作用。①其中马克思主义的方法论更赋予我们一种考察问题的具体的历史的分析理念，具体言之，就是：对文化与政治的独立与依赖的关系问题，我们必须做一种具体的历史的分析，即在不同的社会历史阶段，文化与政治之间的独立与依赖的关系模式或程度与状态是在不断地发展变化的，绝不可一概而论。

二、儒法两家政治思维的文化取向

上述分析框架表达的只是现代学者的观察问题的理论视角，而并非所有时代的思想家或学者都如此看待文化与政治的关系问题，所以我们还必须具备这样一种清醒的问题意识，即时刻提醒自己切勿犯"时代错位"的误解而将自己对问题的认识混同、移植于过去时代的思想家或学者身上。那么在中国传统政治思想领域，政治思想家们又是怎样看待文化与政治的关系问题的呢？或者说，他们拥有的又究竟是一种什么样的

---

① 刘泽华先生曾用"政治文化化"和"文化政治化"两个概念来概括和阐明政治与文化交互作用和相互制约关系的两个方面，至为精当。

172

"文化政治"理念呢？这也就是我们要具体阐释的"文化政治"的第二个层面的含义，即在传统政治思想领域，先秦儒法两家的影响无疑是最为深远的，而笔者我之见，其"文化政治"的理念也是最具代表性的，那么下面我们要具体阐释的也正是儒法两家的"文化政治"理念。

不过，在阐释儒法两家的"文化政治"理念之前，我们尚需做两点说明：

其一，研究中国政治思想史的几位著名学者有这样一种共识：如梁启超先生所言，中国传统学术思想与文化的一大特色就是，各家各派的思想与议论大都"归宿于政治"①。所以郭沫若先生说："严格地说来，先秦诸子可以说都是一些政治思想家。"②刘泽华先生更指出，中国传统的各种各样的思想即"哲学的、经济的、教育的、伦理的等思想，不仅离不开政治，而且通过各种不同的道路最后几乎都归结为政治"。因此政治思想在整个思想意识形态领域中占据着核心地位，是具有决定性意义的因素。而这一学术思想与文化的特色也正是中国古代社会"行政权力支配社会"③的现实特点的反映。另如萧公权先生亦有言："盖中国政治思想者，中国文化与社会之产物，而同时为二者不可割离之部分。吾人如欲彻底了解中国之文化与社会，自不得不研究中国之政治思想。"④

其二，著名华裔美国学者如林毓生、张灏等曾指出，现代中国的第一代和第二代即"康梁"们及五四时期的知识分子持有一种共同的思考和解决中国问题的方法或思想模式，这一方法或思想模式主张优先考虑解决思想文化的问题或"思想和文化的改革应当先行"⑤，林毓生先生称这一"纯朴的方法"或"文化倾向"为"借思想文化以解决问题的途径"⑥，张

① 梁启超：《先秦政治思想史》，东方出版社，2012 年，第 3、258 页。
② 郭沫若：《十批判书》，科学出版社，1956 年，第 89 页。
③ 刘泽华：《中国传统政治思想反思》前言，生活·读书·新知三联书店，1987 年。
④ 萧公权：《中国政治思想史》，新星出版社，2005 年，第 590 页。
⑤ ［美］林毓生：《中国意识的危机："五四"时期激烈的反传统主义》，穆善培译，贵州人民出版社，1986 年，第 62 页。
⑥ ［美］林毓生：《中国意识的危机："五四"时期激烈的反传统主义》，穆善培译，贵州人民出版社，1986 年，第 43 页。

灏先生则径直称之为"一般的文化方法",即"倾向于认为价值观和思想意识在形成人的行为中具有决定性的作用,并因而将精神的革新作为中国民族振兴的根本途径"①。在指出中国知识分子上述共同的思考和解决问题的方法之后,张灏先生更强调两代知识分子所运用的文化方法之间的具体差异以将它们区别开来,林毓生先生则着力于从儒家思想史即哲学思维方式的意义上分析和阐明其传统的根源,认为"中国第一代和第二代知识分子的借思想文化作为解决问题的途径,是被根基深厚的中国传统的倾向,即一元论和唯智论的思想模式所塑造的,而且是决定性的"②。

如上所述,我们便得到两种有关中国学术思想与文化特色的意象,或者说在中国知识分子的思想传统中历来有两种占据主导地位的方法或思想模式的认识:一是政治和政治思想居于核心地位,二是文化方法或文化倾向居于优先地位。这两种意象或认识是根本冲突的还是一本相融的?对此,论者自可见仁见智,但笔者却不想给出一个或是或非的笼统的答案。依笔者之见,一个明白而确切的答案还有待于我们从整体上而非仅仅是从儒家思想史的意义上对中国思想传统的根源做出一种具体而明晰的分析与考察,而且笔者所感兴趣的主要是政治思维方式的问题。

从政治思想史的意义上讲,儒法两家无疑都属于积极的主治派,换言之,其政治观都是积极能动的,即认为政治能够也应该担负起治理社会的职能与责任。当然两家的具体政治主张更存在着这样那样的差异,甚至是根本对立的,这是人所共知的。具体就先秦儒墨道法四大政治思想流派而言,萧公权先生以为可将四家区分为人治派(儒墨)、法治派(法)和无治派(道),梁启超先生则将四家做了这样的区分,即除了认儒墨同属人治主义、法家为法治主义、道家为无治主义之外,更认礼治主义为儒家所独有的特色。笔者认为,梁先生对儒家所独有的礼治主义的政

---

① [美]张灏:《梁启超与中国思想的过渡(1890—1907)》,崔志海、葛夫平译,江苏人民出版社,1995年,第213页。

② [美]林毓生:《中国意识的危机:"五四"时期激烈的反传统主义》,穆善培译,贵州人民出版社,1986年,第81页。

治思想特色的认取是不可轻忽而至为精审的,即儒家是人治礼治并重而尤以礼治主义为其独具的特色。

而就儒法两家的思想模式亦即其政治思维的方式来讲,学者们能够普遍接受或认同的是这样一种观点,正如萧公权先生所言:"儒家混道德政治为一谈",而法家如韩非等人则"划道德于政治领域之外"。①学者们亦往往将儒家的思想模式和政治思维习惯概括为泛道德主义或称之为政治的伦理化与伦理的政治化。不可否认,这种观点和概括是准确而贴切的,但笔者认为也还留有进一步思考的认识空间。

儒家常常因其"混道德政治为一谈"而受到今人的批评,然而在批评之际我们却大有必要来反思一下这样两个问题,即儒家何以要"混道德政治为一谈"? 而我们又是基于什么样的理由、认识和立场或缘何批评它? 如果这两个问题不首先加以明确或澄清的话,那么批评便是意义含混的。其实这两个问题又可归结为一个根本性的问题,就是批评者与儒家之间在政治观上的差异。批评者的一个基本假设就是,政治与道德是性质完全不同的两个问题领域,道德的规约(以个人自律和社会规范为基础)与政治的运作法则(以权力为中轴)是判然有别的,所以儒家"混道德政治为一谈"没有抓住政治的根本问题,甚至可以说根本就是一个错误。然而我们必须认识到,儒家其实并不是要故意混淆视听,而是他们一直所坚持的根本就是另外一种政治观,如萧公权先生所论:"近代论政治之功用者不外治人与治事之二端。孔子则持'政者正也'之主张,认定政治之主要工作乃在化人。非以治人,更非治事。故政治与教育同功,君长与师父共职。"质言之,即"以教为政"。②而儒家的德政礼教主张,无论是一种人治主义还是一种礼治主义,莫不归本于此。因此对儒家而言,道德(个人品格的修养和社会伦理的规范)既应构成为整个政治运作的普遍基础,而政治亦必须担负起化民成德的根本职能或以化民成德为最终目标与归宿。

---

① 萧公权:《中国政治思想史》,新星出版社,2005 年,第 153 页。
② 萧公权:《中国政治思想史》,新星出版社,2005 年,第 45、140 页。

儒家的上述政治观表达的究竟是一种什么样的理念呢？仅仅称之为"泛道德主义"便可揭示其全部的意涵吗？据台湾学者韦政通先生的定义，泛道德主义"是将道德意识越位扩张，侵犯到其他文化领域(如文学、政治、经济)，去做它们的主人，而强迫其他文化领域的本性，降于次要又次要的地位；最终极的目的是要把各种文化的表现统变为服役于道德和表达道德的工具"①。那么上述政治观是否就是仅仅是要把政治的表现变为服役于道德和表达道德的工具？毫无疑问，它确有这一层含义，但这并不表示儒家便把其他的领域只看作是道德的冗赘。相反，依笔者之见，它所表达的另一层意思是决不容我们忽视的，道德的全方位扩张或一种富有人性价值的社会理想的最终实现是必须也唯有通过政治的途径或政治功能的全面发挥来完成的，这不单单是让政治担负一种道德文化的职能，而实则是赋予了政治一种全能型的职能。政治之所以是政治，在于它不仅是行政事务主义发挥作用的领域，而且应起到富民、养民的经济功能，最终还必须施行教化以全面塑造社会生活道德的和精神的普遍基础，以致政治才是完全意义上的政治。这种无限制条件的全能型的道德政治理念，与其说意在使政治服役于道德，毋宁说更能为政治干预向社会生活的全方位渗透提供一种合法的理据(在这方面，墨子的尚同主义更为简洁直观，不似儒家由于其浓重的道德理想色彩而隐而不彰，以致易让人们误会他们的道德理想总是被现实政治歪曲利用)。说到底，这实质上是一种集泛道德主义与泛政治主义理念于一体的思想模式，对这一思想模式来说，"以教为政"与"以政施教"其实是"政教相维"之一体两面的问题，礼教德化足以构筑政治的合法性基础，亦是有待于政治去施行的根本目标，政治因此而被赋予了一种全能型的被泛化的期望。

依笔者之见，"文化政治"或"文化的政治学"一词最能简洁精要地概括儒家的上述理念。不过儒家思想体系中本就有"德政""仁政"的概念，今人也有"政教一体"之说，因此我们在这里还有必要辨析或明确界定一下我们所使用的"文化政治"一词的含义。我们所使用的"文化政治"一词

---

① 韦政通：《儒家与现代中国》，上海人民出版社，1990 年，第 88 页。

的第二层含义,主要是用以从文化与政治关系问题的视角来审视或表达传统政治思维的文化取向或文化方法,即政治思想家们的思想模式是要通过文化的途径或使之在文化领域中发挥、扩张其功能以解决问题或实现其目标的政治理念。显然用这一概念所要论涉的问题比儒家思想中的"德政""仁政"概念所表达的含义范围要广,同时也比"政教一体"之说的论域为广,而上述儒家"政教一体"或"政教相维"的思想模式只可说为是"文化政治"理念之一种。另外众所周知,"文化"的定义乃是一个歧义性非常大的问题,但在此我们不必纠缠于它的定义问题,我们要做的就是给出它适用于本文论域的具体意涵。在我们的论题范围中,使用"文化"这一概念所要表达或论及的问题与含义主要包含这样三个方面:一是学术思想,二是文明教养,三是生活方式。在明确了"文化"和"文化政治"的意涵之后,我们便可以更进一步地来具体讨论儒家的"文化政治"理念了。论次如下:

其一,整合的理念。对儒家而言,政治的根本目标是文化性的礼教德化,或者说最大的政治也就是礼教德化。所以儒家的"文化政治"理念是一种文化与政治高度整合的理念。然而这并不是说儒家便把文化与政治视作是完全重叠的领域,儒家虽不像法家那样绝对地崇尚权势,但也并不完全排斥和鄙弃政治领域中权力的运用,权势对他们而言可谓是一柄双刃剑。一方面,他们深切地认识到权势的局限性,权力的运用并不能解决一切问题,特别是无节制地滥用权力更会给国家和人民的生活造成极大的危害与破坏;另一方面,他们又意识到权力正当有效的运用确也能发挥社会整合的作用,甚至对于道德理想的实现具有不可或缺的决定性的意义,故言:"道因权而立,德因势而行"(《新语·辨惑》),或者说:"道非权不立,非势不行"(《说苑·指武》),而"无势位,虽舜、禹不能治万民"(《盐铁论·论儒》)。所以他们期望政治既要受文化理想的规约与引导,同时又期之以最有效地拓展文化理想的目标。这种高度整合性的文化政治期望从而也就将儒家引向了人治主义的最高理想——圣王主义,或者也可以说,儒家的圣王理念最能体现他们的这种高度整合性的文化政治期望。儒家的圣王观表达的是这样一种高度整合的文化政治信念:圣人是

"人之至"者,代表人化的极致,是"尽伦者",而君王则是"势位至尊"的"尽制者";合而言之,圣王集"势无上"的世俗政治权力和"备道全美"的精神人格权威于一身,处于社会-政治和道德-文化两种秩序的中心,唯有他才能真正实现社会生活的完美整合并引导人们走向太平大治之世。

其二,就学术思想的层面而言,对于春秋战国之世圣王离异、道术分裂、文化-政治秩序分化解体的时代问题境况,孔儒采取的是一种批评和否定性的认知态度,因为这有悖于他们高度整合性的文化政治理想,尽管他们不见容于世,却能固守其理想而自成一家学派,而且其党派意识在先秦诸子中最浓,以致"和而不同"的孔老夫子口出"道不同不相为谋"一语,至孟荀更演化为了对诸子异说的猛烈抨击与排诋。单从学派之间的门户之争来说,这也无可厚非。但是其意义绝不限于是门户之间的意气之争,他们所争者不外是要极力维护其高度整合的特定的文化政治信念,而依其文化政治信念,诸子异说是不合法的,所谓"世衰道微,邪说暴行有作""诸侯放恣,处士横议"(《孟子·滕文公下》),"诸侯异政,百家异说"(《荀子·解蔽》),而乱谬至此,皆源于"圣王不作"或"圣王没"。孔子以"庶人不议"为"有道"之世,荀子更有言:"今圣王没,天下乱,奸言起,君子无势以临之,无刑以禁之,故辨说也。"(《荀子·正名》)言下之意,圣王治天下,对奸言异说,当以势临之,以刑禁之。然而在他们那个圣王离异的时代,他们所能做的便是极力回护、推尊而为大成时圣、仁知而无蔽的孔子之道的文化霸权申辩。

其三,在文明教养的层面,儒家主要是从人之所以为人的普遍理念来审视政治的与伦理的关系,并倡导以共同的道德规范来构筑社会整合的文明教养基础。《大学》有言:"自天子以至于庶人,一是皆以修身为本。""修身"因为是对每个人立身为人的共同要求,因而构成整个社会整合的普遍根基。而所谓的"修身"不外是要人们遵从儒家的"人义""人道"或"人伦"之教,如"父慈、子孝、兄良、弟弟、夫义、妇听、长惠、幼顺、君仁、臣忠"(《礼记·礼运》),"亲亲、尊尊、长长、男女之有别"(《礼记·丧服小记》),"父子有亲,君臣有义,夫妇有别,长幼有叙,朋友有信"(《孟子·滕文公上》),"为人君,止于仁;为人臣,止于敬;为人子,止于孝;为人父,止于慈；与国人交，止于信"（《大学》）。由此可见，在儒家看来，从道德规范的意义上讲，政治君臣关系与社会伦理关系并无本质性的差别。按儒家的理想，不管人们之间身份地位的差别是出于人为还是出于自然，对人的品分应主要以道德的普遍标准为尺度。

但是耐人寻味的是，儒家从没有想过要抹平人们之间在道德主体意义上乃至身份地位上现实形成的分别。一般而言，道德的主体是在自律与他律的交互作用下不断成长的，不过有的人富有自主的理性而能够在充分自觉的状态下自我完善，有的人则不得不靠他人的教化而且日迁善却不自知。而身份地位上的现实差别，则导致了优势群体特别是拥有权势的政治人物在社会上具有更广泛甚至绝对性的影响力，这种影响既能带来建设性的积极效果也可能造成破坏性的消极效果，正如孔老夫子所谓"一言而兴邦""一言而丧邦"。

因此儒家一方面维护身份等级制，如孔子曰："天无二日，土无二王，家无二主，尊无二上，示民有君臣之别也。""父子不同位，以厚敬也。"（《礼记·坊记》）同时又主张，要真正想构筑整个社会的文明教养，社会上的优势群体特别是有权从政者更甚是为父为君者责无旁贷，必须担负起道德教化的职责，而且首应以身作则、先行修身正己。笔者认为，这是儒家文化政治观的核心理念，而且这种理念既为人所熟知也常被人误解。人们最易误解之点就是，由此人们可能会径直下结论说儒家是要政治统治者仅仅做道德的表率就可自动带来上行下效的广泛社会效果。如孔子曰："政者，正也。子帅以正，孰敢不正？"（《论语·颜渊》）"其身正，不令而行；其身不正，虽令不从。"（《论语·子路》）孟子曰："君子之守，修其身而天下平。"（《孟子·尽心下》）问题的关键是谁来修身。不管其观点是不是符合真实的情况或仅仅表达了一种理想的期望，也不管他们是否抱着"廓然澄清天下之志"而好为大言曰："如欲平治天下，舍我其谁？"或"为天地立心，为生民立命，为万世开太平"，但综合考察儒家言论，显然他们并不认为任何人的修身都能产生广泛的社会效果，而是由政治统治者来修身才会收到上行下效的广泛社会效果，否则，他们也就无须喟叹于"道之不行"或穷达之际了。在儒家的问题意识中，期望"唯仁者宜在高位"或

"圣人最宜于作王",与要求政治统治者修身以治世实是人治主义的一体两面的问题。之所以说由政治统治者来修身才会收到上行下效的广泛社会效果,或者说儒家之所以对由政治统治者来实施道德教化以化民易俗或构筑整个社会的文明教养寄予如此高的期望,那是因为他们对"权威地分配稀有价值、和指导社会实现共同目标"的意义上的政治的本质实际上有相当地理解和体认,如孔子所言:"政者正也。君为正,则百姓从政矣。君之所为,百姓之所从也。君所不为,百姓何从?"(《礼记·哀公问》)

虽然儒家对实际的政治统治者甚至是人君世主有时不乏极为激烈的批评,而且认为统治者统治的合法性理应来自人民的支持与拥戴,但依其文化政治的理念,唯有君主才应处于文化-政治秩序的核心,孔荀的"尊君"(以为人君应拥有独一无二的政治权威)自不待言,即如极言"民贵君轻"的孟子亦不例外,故曰"人莫大于亡亲戚君臣上下"(《孟子·尽心上》)。同时他们虽然强调礼义教化优于刑法政令,但从未否认过作为不可或缺的统治手段之一的刑法政令的有效作用,而只是认为应慎用之,有时甚而主张礼法并重。如孔子曰:"政之不行也,教之不成也,爵禄不足劝也,刑罚不足耻也,故上不可以亵刑而轻爵。"(《礼记·缁衣》)而荀子更明言:"夫民易一以道,而不可与共故。故明君临之以势,道之以道,申之以命,章之以论,禁之以刑,故其民之化道也如神。"(《荀子·正名》)汉儒董仲舒亦有言:"为人主者,居至德之位,操杀生之势,以变化民,民之从主也,如草木之应四时也。"(《春秋繁露·威德所生》)

总而言之,对儒家来说,一个理想的社会无疑应是实现了充分整合而富有文明教养的社会,也只有这样的社会才能实现真正的长治久安,但这一社会理想的实现端赖乎政治统治者能与人民建立起一种富于建设性的积极有效的养教关系;政治的主要职能和根本目标就在于对大众道德文明的养教,但这也要求政治统治者特别是至尊无上的君主首先应该也必须能够做到修身正行、以身作则,即全社会文明教养的培植是一个由政治统治者从自身做起而后再由己及人的过程。

其四,在生活方式的问题层面,儒家的礼教或礼治主义最能体现其文化政治理念的特色。诚如古今学者所指出的,"礼"在中华民族及其文化模式或文明形态的形成过程中起到了至关重要的作用,是"华夏族的灵魂",是"中国文化的根本特征",是"整个中国人世界里一切习俗行为的准则,标志着中国的特殊性"。史称周公"制礼作乐",即自西周以来统治者便以礼作为治理国家的纲纪和根本大法,至春秋"礼崩乐坏"之世仍有许多人信守着这一政治文化传统,而倡导礼教最不遗余力者当首推孔儒。

不过孔儒倡导礼教之功绝不仅仅是要延续西周以来的政治文化传统。众所周知,周代所实行的宗法政治是靠礼乐制度来整合、维系的,然而宗法与政治之间高度的横向联结或整合程度却并不意味着整个社会就具有同样的纵向整合一体化程度,相反,礼乐制度的功能主要是在各阶层和等级之间维系其身份地位的分化,正所谓"名位不同,礼亦异数"(《左传·庄公十八年》)、"为礼卒于无别"(《左传·僖公二十二年》),如此的礼尚往来不过是旨在不断肯定和提醒人们身份地位的尊卑贵贱之别。这样一种社会政治意义上的礼治传统,无疑为孔儒完全继承了下来,所以他们倡导礼教亦特重其维系人们之间身份地位的等级差别与分化的功能,故曰:"礼者,贵贱有等,长幼有差,贫富轻重皆有称者也。"(《荀子·富国》)但是在儒家的理论视野中,礼的这种功能更被赋予了一种人道主义的普遍含义,如荀子谓:"礼者,人道之极也。"(《荀子·礼论》)《礼记·冠义》更明言:"凡人之所以为人者,礼义也。"《礼记·曲礼上》亦说:"圣人作,为礼以教人。使人以有礼,知自别于禽兽。"基于这一设准或信念,儒家的礼治主义自然就可将社会全体成员特别是下层人民都纳入礼治秩序之下,而且礼之所以为礼,不仅是作为一整套的行为准则与规范发挥作用,也不只是用以区分人们之间的尊卑贵贱之别,而更重要的是表达了这样一种价值观或生活方式的理念,即"社会上每一个成员和其他成员之间有一种特定的功能上的关系"①,而人们只需安分守己,各奉其事,各尽其能(尽其各自的社会职责与义务),就可实现社会的治平。如孟子

---

① [英]李约瑟:《四海之内:东方和西方的对话》,劳陇译,生活·读书·新知三联书店,1987年,第57页。

曰："人人亲其亲,长其长,而天下平。"(《孟子·离娄上》)荀子则说:"礼义之谓治,非礼义之谓乱也。"(《荀子·不苟》)无疑只要人们真的愿意共同分享儒家的这一人道主义价值观或生活的信念,自然就能够在此基础上实现整个社会等级秩序的充分整合,至少儒家是深信通过礼治"在等级制度之下也可以达到一种理想的社会生活"①的。一句话,通过礼治而达到的理想的社会生活秩序,也正是经由社会-政治意义上的尊卑贵贱制度与道德-文化意义上的人道主义价值观或生活信念的充分整合而实现的。

正因为儒家赋予了"礼"一种普遍的人道主义价值,他们所倡导的礼教或礼治主义涉及社会生活的各个方面或所有领域,从而具有无限扩张的特征。蔡尚思先生论孔子的礼学体系最为详备②,足堪为证。另如《礼记》书中亦有数语最足明此,如:"道德仁义,非礼不成。教训正俗,非礼不备。分争辩讼,非礼不决。君臣、上下、父子、兄弟,非礼不定。宦学事师,非礼不亲。班朝治军,莅官行法,非礼威严不行。祷祠祭祀,供给鬼神,非礼不诚不庄。"(《礼记·曲礼上》)"民之所由生,礼为大。非礼无以节事天地之神也,非礼无以辨君臣上下长幼之位也,非礼无以别男女父子兄弟之亲,昏姻疏数之交也。"(《礼记·哀公问》)大体而言,儒家的礼治主义主张主要包括这样一些内容:依礼来培养健全的个体人格,用礼来平衡人们的欲望与物质需求的满足,用礼来调节人际关系,用礼来维系和调整社会政治的尊卑贵贱秩序,用礼作为是非善恶的主要标准,用礼来构筑区分华夏族与夷狄的文化边界,用礼来教民成德、化民易俗,等等。显然正如有的学者所指出的,礼的功能具有混溶性、弥散性等特点。不过依笔者之见,更确切地讲,礼的功能具有的是一种整合性的特点,而礼的群体整合的功能又是通过分化辨治的方式来发挥作用的,荀子的观点最具代表性,其言道:"人何以能群?曰分。分何以能行?曰义。"又说:"先王恶

---

① 何怀宏:《世袭社会及其解体》,生活·读书·新知三联书店,1996年,第97页。

② 蔡尚思:《孔子的礼学体系》,见陈其泰等编:《二十世纪中国礼学研究论集》,学苑出版社,1998年。

其乱也,故制礼义以分之。"(《荀子·王制》)即依礼来区分贵贱之等、长幼之差,或"明义""以别贵贱,以序尊卑"(《大戴礼记·朝事》)。而辨治的主体不是别人,正是君主,故曰:"君者,善群也。"(《荀子·王制》)"君者,治辨之主也。"(《荀子·礼论》)如此说来,儒家的礼治主义最终又是与其人治主张融贯相通的,即人君圣主当处于治辨的中心,治辨之道应以礼义教化为根本,而礼义体现的是人之所以为人的人道价值。正所谓"人道政为大",而"政者正也""君为正,则百姓从政矣","为政先礼,礼其政之本与!"(《礼记·哀公问》)以今语言之,儒家的礼治主义实则表达了这样一种文化政治的理念:政治既在人道主义的意义构架中处于核心的地位,同时便应由人道主义的价值理想所引导而以推行极富人道价值的礼义教化为根本目标。如荀子所言:"先王案为之制礼义以分之,使有贵贱之等,长幼之差,知愚能不能之分,皆使人载其事,而各得其宜,是夫群居和一之道也。"(《荀子·荣辱》)在儒家的这一礼治主义意义上,所谓的人道主义价值理想正体现了一种对人类生活的理解与思考的特定方式,即上文所说他们认为"社会上每一个成员和其他成员之间有一种特定的功能上的关系",而人们都应该安分守己、各奉其事、各尽其能。这种人道主义的生活信念,通过一种非此即彼即人不如是生活便行同禽兽的内化机制,赋予"贵贱有等,长幼有差,贫富轻重皆有称者也"的礼治秩序充分的合法性而以理所当然的方式强加于人们,从而发挥着维系社会政治等级制度的整合功能。

综上所论,将一种泛道德主义的文化价值理想与泛政治主义的全能型政治观融合为一,正可以说是儒家"文化政治"理念的最大特色。对此我们似可从正反两个方面来予以批评性的反思。根据我们自己的基于现代民主与法治观念基础上的特定的"文化政治"理念,即我们认为文化与政治是两个不同性质的领域,应该保持彼此相对的独立性,特别是在学术思想领域,如严复先生所言:"盖思想言论,修己者之所严也,而非治人者之所当问也。问则其治沦于专制,而国民之自由无所矣。"(《法意》第十二卷十一章案语)当然我们也并不是简单地主张政与教或政治与文化领域的分离,事实上二者之间会不可避免地发生相互依存、相互影响和作用的关系，但无论二者之间是分离与独立的关系还是整合与互动的关系，笔者认为我们在对待和处理二者之间关系的时候都应当保持一种谨慎的态度或适度的理性，否则只会造成离则两伤而合亦两败的局面。据此审视儒家的"文化政治"理念，一方面，它向政治统治者提出了一种理想性的、高标准的政治期望、要求与规约，要其全面承担起促进和拓展人伦道德理想或实现文化价值的根本目标的政治职能与责任，这是颇值得我们同情的；另一方面，这种漫无节制的政治理想期望同时也就将塑造整个社会生活形态而欲望被充分放大了的可能性给予了政治，政治因而成为无边界的全能性的行动领域，以致政治势力向社会生活的各个领域全面渗透和无限扩张的合法性是否正当很少受到儒家的质疑。因此我们看到，自孔子而后，儒家"文化政治"的理念，一是以孟子为代表，他把道德式的政治视为具有极大诱惑力的"乌托邦"，认为仅凭仁慈的感召力就足以获得一统天下的权力与威望，所谓"以德行仁者王"（《孟子·公孙丑上》），而"王之不王，不为也，非不能也"（《孟子·梁惠王上》）；一则以荀子为代表，他主张的"礼治"熔儒家的"礼"与法家的"法"于一炉，尽管在他看来君权的最终合法性基础理应是道德（"道德之威"），然而就政治实施过程而言，他的王霸论事实上将道德的"上行下效"与强制性的"令行禁止"合二为一了，王道政治因此也就成了最大的极权主义的全能性的行动领域。

不过批评反省也可能来自拥有与我们完全不同理念的批评者，法家便是这样一些儒家的批评者。法家崇尚法治，而实则是君主专制的露骨的讴歌者（儒家如孔荀虽尊君而不失重民之义），萧公权先生对此有一精湛的评语："盖先秦之法家思想，实专制思想之误称。其术阳重法而阴尊君。"而且"法家尊君，非尊其人而尊其所处之权位"。但法家虽反对崇尚圣贤政治，实质上亦是"人治思想之一种"。[1]不过法家又的确提出了一种与儒家极为不同的政治思维路向，他们极力反对"心治"或"身治"而主张抱法处势以治，其政治观可以说是完全以权力的有效运作为重心、以强

---

① 参见萧公权：《中国政治思想史》，新星出版社，2005 年，第 179、151、166 页。

184

化智能有限之君主的权力为宗旨的。所以对他们来说,君主的权威完全来自他手中的权势而不是道德的威望,政治的根本目标或核心问题就是依权力的有效运作来强化君主的权力,以便彻底有效地驾驭或控制社会,即宋儒所谓的"以法把持天下",而绝不是什么推进道德教化或民心归往的合法化问题。

如上所言,如果说法家主张的是一纯粹政治性的目标,从而提供了一种与儒家完全相反的纯政治的思考政治问题的思维路向,似乎并无不妥。正如阎步克先生所言:"法家寻求的是'富国强兵'的'霸道',是一个高度精密可靠的庞大官僚机器的有效运作,这本身就是一个纯粹政治性的目标,而非颇具弥散性的文化目标。"①萧公权先生亦曾如是评价韩非的势治之说:"有势治之说,不问君主之行为如何而责臣民以无条件之服从。于是君主本身遂成为政治上最后之目的,唯一之标准,而势治亦成为君主专制最合逻辑之理论……韩非论势,乃划道德于政治领域之外,而建立含有近代意味纯政治之政治哲学。"②然而笔者认为,"纯粹政治性的"这一评语并不能涵盖法家政治理论的全部意义。为何这样说呢?我们不妨来比较一下儒家的礼治主义和法家的法治主义。

就儒家的"文化政治"信念来说,如上所论,诸如个人的修身正行或健全人格的培养,人际关系的调节,社会政治秩序的维系,大众道德文明的教养,乃至学术思想的是非论衡③,等等,最终都是要落实于礼治主义之上的。正如儒家礼治主义最重要的代表荀子所说:"礼之于正国家也,如权衡之于轻重也,如绳墨之于曲直也。故人无礼不生,事无礼不成,国家无礼不宁。"(《荀子·大略》)《礼记·曲礼上》篇的作者亦言:"夫礼者,所以定亲疏,决嫌疑,别同异,明是非也。"而法家的法治主义则意欲将社会生活的所有

---

① 阎步克:《"礼治"秩序与士大夫政治的渊源》,见袁行霈主编:《国学研究(第一卷)》,北京大学出版社,1993年。

② 萧公权:《中国政治思想史》,新星出版社,2005年,第153页。

③ 如荀子曰:"劳知而不律先王,谓之奸心。"(《荀子·非十二子》)"凡言不合先王,不顺礼义,谓之奸言,虽辨,君子不听。"(《荀子·非相》)

领域都纳入"法治"的轨道上来,但法家之言"法"与儒家之说"礼"颇为相类而如出一辙,如《商君书·修权》篇说:"法者,国之权衡也。"《管子·明法解》篇说:"法者,天下之程式也,万事之仪表也。"《管子·禁藏》篇说:"法者,天下之仪也,所以决疑而明是非也,百姓所悬命也。"而且正如儒家虽然强调礼义教化的价值优先性,但并不否认刑法政令作为必不可少的统治手段之一的有效作用一样,除了《商君书》某些篇对礼有批判外,多数法家在强调法治的价值优先性的同时,也认为礼亦是治国不可缺少的基本手段之一。[①]就此而言,我们完全可以说,尽管儒法两家在这两种统治手段的政治价值的优先性或有效性即孰优孰劣或应以何者为主导的问题上,可能会发生极严重的认识上的分歧甚至是激烈的思想对立与冲突,他们在用以维持社会政治等级秩序的同一问题意识下更有可能握手言欢而趋于合流。诚如萧公权先生所说:"盖礼法均有广狭之二义。礼以狭义为仪,法之狭义为刑。礼法之广义为一切之社会及政治制度。以仪文等差之教为维持制度之主要方法,而以刑罚为辅,则为'礼治'。以刑罚之威为维持制度之主要方法,而以仪文等差辅之,则为'法治'。故礼法之间无绝对之分界。礼治不必废刑法,法治不必废礼仪。"[②]但是礼与法又毕竟是两种其效用和性质极为不同的统治手段,其间的差异绝不容轻忽。

梁启超先生曾说礼、法之不同:其一,法是事后治病的药,礼是事前防病的卫生术,即所谓"夫礼者禁于将然之前,而法者禁于已然之后,是故法之所用易见,而礼之所为生难知也……然而曰礼云礼云者,贵绝恶于未萌,而起教于微眇,使民日迁善远罪而不自知也"(《汉书·贾谊传》)。其二,法靠政治制裁力发生作用,而礼专靠社会制裁力发生作用;礼治绝不含有强迫的意味,专用教育手段慢慢地来收效,而法治注重的是具体的成文法,用国家权力强制执行。[③]而依笔者之见,礼治与法治之不同尚不止于此。从政治思维方式上来讲,儒家的礼治主义乃以人性可善为

① 参见刘泽华:《先秦礼论初探》,见陈其泰等编:《二十世纪中国礼学研究论集》,学苑出版社,1998年。

② 萧公权:《中国政治思想史》,新星出版社,2005年,第132页。

③ 参见梁启超:《先秦政治思想史》,东方出版社,2012年,第281—282页。

基础,旨在通过礼义教化来激励、诱导人之善性或矫正、改造人之恶性,或者也可以说,礼治的根本问题即在于引导人们遵从一种基于对过去时代的文化传统的损益、沿革而形成的合理的生活方式,故而礼治是尊重文化传统及伦理道德规范与人际交往的情感生活的;而法家的法治主义则以人性好利为前提,对他们来说,人之好利与其说是人性之恶,毋宁说是可资利用的人性之弱点,故法治的要旨是通过赏罚来操纵、控制人的行为,所以法治是重事务、尚权术的,是彻底地反文化传统、排斥伦理道德规范与人际交往情感的。如韩非所言:"法所以制事,事所以明功也。""明主之法必详事。"(《韩非子·八说》)"法者,事最适者也。"(《韩非子·问辨》)"明主之国,无书简之文,以法为教;无先王之语,以吏为师。"(《韩非子·五蠹》)而且法家商韩一系在极力张扬权势、法治的效用的同时,还不遗余力地排诋儒家的道德仁义之说,诚如萧公权先生所评:"抑吾人当注意,韩非不仅摒道德于政治范围之外,且认私人道德与政治需要根本上互不相容,而加以攻击……推其论之所极,则政治社会中殆无复个人生活之余地。儒家认穷则独善其身,隐居以求其志,为个人高尚生活之一种。而自韩子视之则此为国法之所不能容。"①因此我们可以说,儒家的礼治主义与法家的法治主义体现了两种极为不同的政治文化意向。

然而吾人当同样注意的是:"从广义的解释,则法与礼同为人类行为的标准,可以说没甚分别。"②而为什么这样说呢?梁、萧二氏却都语焉不详,未能为我们提供一种确切而明晰的解释。问题的关键是我们究竟应怎样来理解儒家的礼治主义和法家的法治主义。冯友兰先生对法家思想曾有一精湛的评语:"把法家思想与法律和审判联系起来,是错误的。用现代的术语说,法家所讲的是组织和领导的理论和方法。谁若想组织人民,充当领袖,谁就会发现法家的理论和实践仍然很有教益,很有用处,但是有一条,就是他一定要愿意走极权主义的路线。"③最近,陈来先生对

① 萧公权:《中国政治思想史》,新星出版社,2005年,第153—154页。
② 梁启超:《先秦政治思想史》,东方出版社,2012年,第287页。
③ 冯友兰:《中国哲学简史》,北京大学出版社,1985年,第186页。

"礼"的本质亦有一界说:"礼是一套生活的规则体系,也是儒家关于组织社会的理想方式","'礼'的本质在于实现一种非法律维持的社会组织方式"。①如此说来,礼与法都可说是组织社会的方式,而且礼还不仅是一种"非法律维持的"社会组织方式,从"文化政治"的视角来讲,泛道德主义的文化价值信念与泛政治主义的全能型政治理念的高度整合性,才真正是儒家礼治主义的最大或最本质的特色。反之,法家的法治主义与其说是一种"纯政治之政治哲学",毋宁说是一种反道德—文化的、泛政治主义的全能型政治哲学,因为法是社会生活全部领域的唯一的最高的准则,法治并非只是为维持社会秩序提供一种最低限度的道德标准与安全保障,而是旨在最大限度地实施对社会全面有效的控制。一如儒家之礼治主义,法家的法治主义亦要求法之外无善恶、无是非、无私议,而臣民必须循法而言、循法而行乃至循法而思。如韩非曰:"一民之轨,莫如法。""顺上之为,从主之法,虚心以待令,而无是非也。"(《韩非子·有度》)"法已定矣,不以善言害法。"(《韩非子·饬令》)"境内之民,其言谈者必轨于法。"(《韩非子·五蠹》)"言行而不轨于法令者必禁。"(《韩非子·问辨》)"以法教心。"(《韩非子·用人》)"禁奸之法,太上禁其心,其次禁其言,其次禁其事。"(《韩非子·说疑》)如此之"法",旨在铲除人的智识与个性、吞噬人的是非善恶观、剥夺私人的道德自主性、摒弃人的心智、精神活动,排斥伦理道德规范和思想言论的自由、割断人际交往的情感纽带和文化传统的传承,人民除了知道政令之外,任何认知与文化活动不仅不再有其必要,而且被视作是多余的和极其有害的。

　　总之,儒家的礼治主义或"文化政治"理念表达的是这样一种政治思维的文化取向:期望由圣贤政治来引导或规范整个社会的生活方式,即主要在道德—文化领域通过"以身作则"和推行礼义教化的方式来塑造一个民族的伦理和精神状态、思想与行为模式,从而实现对社会的有效管理与全面统治。反之,法家的法治主义则是要在道德、思想与文化价值领域通过一概排斥和禁绝的方式来建立强制遵从的思想与行为模式,以便

---

　　① 陈来:《儒家"礼"的观念与现代世界》,《孔子研究》2001 年第 1 期。

实施对社会生活全面有效的控制和操纵。而如果说我们对儒家的"文化政治"理念尚可做正反两方面的批评性反思的话,那么对法家的法治主义我们则只能有一种评价,那就是它必然归于绝对、极端的君主专制,即所谓的"主者,人之所仰而生也"(《管子·形势解》)。而且这种绝对的君主专制不仅仅限于是"政治上的",同时更是"文化上的"或最终归宿到"文化上"。然而就两家政治思维的文化取向而言,儒家所主张的"政教相维""以教为政"或上述政治期望,与法家所鼓吹的"以法教心"或"以法为教""以政为教",二者推论至极,其实正可说为"殊途而同归",即最终都是通过一种文化的方法或"借思想文化以解决问题的途径",即旨在在学术思想、道德、价值观等文化领域塑造或建立一致遵从的思想与行为模式来实施对社会生活全面有效的政治统治,所不同者在于他们主张的文化方法与途径正好一正一反,以及他们倡导的具体统治手段也有所差别,即一主礼教德化,一重政令刑赏。一言以蔽之,他们正是在同一问题框架或问题意识下进行政治思维运作的两种对立性的话语体系,即其政治思维的文化取向是相反和对立的,而对他们来说,政治其实却又具有同样的含义,即政治理应是无边界的、全能性的行动领域。历史地讲,儒、法两家如是"文化政治"理念在秦汉时期的政治文化演进过程中,可以说是相继扮演了一种具有决定性意义的构造性因素,其影响所及以致秦皇的"焚书""坑儒"和汉武的"独尊儒术"几成了那个时代最具特色的象征,这是颇发人深省的。

三、余论

"文化是一个斗争的舞台"(美国著名学者赛义德语),法家力主在文化领域明目张胆地张扬吞噬一切的帝王权力意志的威力,而在人文教化的话语背后儒家则温情脉脉地将整个社会诱导引入圣王无所不能的魔力笼罩之下。因此在法儒文化政治理念的影响下,王权政治不是"以法把持天下"而肆意在文化领域采取"非用即杀"的粗暴行动,就是通过在文化领域建立强制遵从的思想与行为模式的柔性策略,来实施对整个社会的全面渗透、控制、操纵与改造。一言以蔽之,在以儒、法为主导的传统文化政治的理念与思维习惯的影响下,政治与文化之间是不存在任何边界的,王权政治是无边界的,所以才具有无限扩张的专制特征,而文化是不需要边界的,以至它可以被任意侵入而丧失掉独立性。于是也就有了梁启超先生的《中国专制政治进化史论》,因失掉了应有的边界而日益变得暗昧不明爽的中国文化在近世科学与民主风潮的冲击下也只能是节节败退了。

据上分析,儒法两家无疑是中国传统政治思维之文化取向的两种典型代表,即他们都主张通过文化的方法来最终实现或实施政治权力对社会的全面渗透与操控,从一般思维方式的意义上来讲,也就是林毓生先生所说的"借思想文化作为解决问题的途径"。一般而言,将儒家的人文教化即思想文化改造优先的信念视作解决问题的文化途径和方法是不会发生歧义的,不过从广义上来讲,法家反文化的取向实质上亦属于"借思想文化以解决问题"的文化方法与途径。如果说儒家是"唯智论"的,对文化传统采取的是充分认同与尊重的认知态度,那么法家则是"反智论"的,对文化传统所取的则是全盘否定与抛弃的认知态度。而我们何以要汲汲于论究这两种思维取向呢? 说到底,这样一个值得深入反思和讨论的问题对我们来讲同样是颇富吸引力的,即这两种思维取向在现代中国究竟还有没有影响? 如果有,那是一种什么样的影响?

林毓生先生认为:"中国第一代和第二代知识分子的借思想文化作为解决问题的途径,是被根基深厚的中国传统的倾向,即一元论和唯智论的思想模式所塑造的,而且是决定性的。当这种具有一元论性质的借思想文化以解决问题的途径,在辛亥革命后中国社会政治现实的压力下被推向极端的时候,它便演变成一种以思想为根本的整体观思想模式。'五四'时期的反传统主义者,根据这种思想模式把中国传统视为一个有机整体而予以全部否定。"①无疑林毓生先生的这番论述包含着深刻的卓

① [美]林毓生:《中国意识的危机:"五四"时期激烈的反传统主义》,穆善培译,贵州人民出版社,1986年,第81页。

见,不过笔者深感费解的是,何以一种"唯智论"的、充分认同与尊重文化传统的思想模式竟能决定性地塑造了五四时期激进的、"全盘性的思想上的反传统主义"? 当然林毓生先生亦接着上番话另有言:"中国'五四'时期的反传统主义者,尽管尚有自相矛盾之处,但都深受其传统的影响"。笔者认为,中国五四时期的反传统主义者的"自相矛盾之处",也许是由我们只是从儒家思想模式的影响上来追溯其传统根源的思维定式造成的。

刘小枫先生通过对儒家革命精神的源流所做的精湛考察,旨在追溯中国现代性革命的精神基础或透视中国即毛泽东的马克思主义的儒家精神根源或释义学背景[1],也存在着同样的问题。儒家传统对我们的影响无疑是最深广的,然而我们仍禁不住要问:它是唯一的吗?这问题问得绝不多余,笔者在此想强调的只是我们还有法家的传统,但笔者无意于简单地下结论说:中国五四时期的反传统主义就是受法家思维模式的影响或由其塑造的。笔者认为,一种新思潮或思想文化运动的兴起主要应从它产生其中的时代的现实需求上寻求圆满的解释。当然任何新思想都不是凭空造作的,其可理解性亦应从思想史的发展演变理路来说明,因此,追溯一种思想的传统根源是十分有意义的,某种思想传统的影响也可能是持久而根深蒂固的。不过就精神气质的"亲合性"而言,我们似乎更能从法家抛弃文化传统、强调不同时代的断裂式跃进的社会历史观或思维取向中寻味出中国五四时期的反传统主义和中国现代性革命的精神根源或释义学背景。这无须过多的论证,仅是"文化大革命"期间的"儒法斗争"竟能跨越汉以后两千年的时空成为一大热门话题就足够我们寻味的了。但笔者这样强调,一点也不是要看轻儒家传统的影响。依笔者的理解,文化的"大革命"正是要通过文化(正、反两种形式)的途径和方法,来使一个强大的、全能性的国家或具有超凡魅力的政治领袖的权力意志对整个社会实施全面的动员、渗透与改造,它承载着马克思主义社会革命的理想,既有阶级斗争的残酷,也有思想改造的僭妄,既富于文化革新的

---

[1] 参见刘小枫:《儒家革命精神源流考》,上海三联书店,2000 年。

建设性激情,更极力张扬革文化的命的破坏性冲动,思想文化的领域完全成了阶级和政治斗争的舞台。因此那是一个现代性革命理想与传统"文化政治"精神奇特地发生了共鸣的狂欢节,它们交织在一起而发挥作用,使整个社会在几近疯癫的状态下痉挛与扭动。相较之下,中国五四时期的反传统主义者特别是马克思主义先驱李大钊、陈独秀等人,他们的那种"借思想文化以解决问题"或思想文化改革优先的信念其实是相当理性和有节制的,如他们极力掊击作为"专制之护符"的孔子,而力主"政教分离",实即主张应厘清政治与文化的边界,他们提倡科学与民主,实亦旨在促进科学文化与民主政治的协同发展。笔者认为,我们理应像梁漱溟先生那样"叹服"他们"头脑的明利",并据此对中国文化做更为细致入微的批评性反思,否则就只能是"对于中国文化有不知其所以然的一种羡慕"①,或者是对于五四传统竟也有人将其与"文革"传统一视同仁而有不知其所以然的一种批评了。

---

① 梁漱溟:《梁漱溟全集(第一卷)》,山东人民出版社,1989年,第331页。

先秦诸子的权力理论及其现代反思

    政治学区别于其他社会学科的主要标志就在于它所关注的焦点是权力。严格来说,"权力"或"政治权力"并非中国古代学术的核心概念。但是这并不表示中国人对权力没有深切的认识。实际上从政治现象主要表现为权力现象这个角度而言,中国古人对于权力进行了广泛的、深入的研究,尤其对于"谁适合掌握权力"和"如何运用权力"这两个问题的解答更是付出深刻、持久的努力。西汉太史公司马谈曾对先秦诸子的思想要旨进行梳理,认为"夫阴阳、儒、墨、名、法、道德,此务为治者也"(《史记·太史公自序》)。简言之,中国文化轴心期的先秦诸子思想都可视之为政治思想,它们围绕权力问题进行了系统而多样的思考。

    中国对传统政治思想的重新整理、解读始于梁启超等人的努力,最早一部研究中国政治思想史的专门著作应当是 20 世纪 20 年代出版的梁启超的《先秦政治思想史》。此后又有众多学者的著作面世,影响比较大的当属 20 世纪 40 年代出版的萧公权的《中国政治思想史》。新中国成立以后,尤其是改革开放以来,中国政治思想史的研究得以恢复并有了长足的进步。最有代表性的是刘泽华先生提出"王权主义"的研究范式,对中国古代的政治思想乃至社会状况进行了系统的解读与分析。

    由于中国古代学术具有"专业不分"或"学科不分"的特点,故内容体系颇为庞杂,且主要体现为一种哲理性的思考,这就给后世的研究带来诸多不便,难以对其进行确切的学科划分和形成明晰的研究线索。而且古代学术的这种特点也导致一种学术研究的路径依赖,即"大部分著作都带有哲学、史学的痕迹,政治学学科色彩不够突出"①。至于如萧公权版《中国政治思想史》"根据政治学观点,参酌历史学方法,充分运用原始资料"②这样的著作更是凤毛麟角。我们要从中挖掘梳理出专门的权力理论无疑无从站到巨人肩上,而只能顺势而为采取泛权力或泛政治的观点和视角来对各种思想和各派研究加以囊括,并需要运用恰当的研究方法予以分析。这就是说,我们对古人有关权力的论说也不可避免具有思辨的色彩,而更多采用诠释学的方法加以解读。

近来林存光总结了自梁启超之后的中国政治思想史的研究范式,认为此领域大体存在三种范式:政术或治道的范式、民本主义或民学的范式、王权主义的范式,并且从中西比较的视角提出另一种富有创造性的解读中国古典政治哲学的思路:政治主体论的范式。③这四种范式以政治学的三个要素或问题为基点:统治主体、统治方式和统治对象,即对应谁来统治、如何统治和统治谁三个问题的解答,其实质无不围绕政治的核心问题——权力展开。

这四个范式的概括对于中国政治思想史的研究状况的把握是基本到位的。我们可以此作为进一步研究的基础,将古代政治权力理论的研究从四个方面来加以梳理和阐释,这四个方面即治道论、主体论、民本论和王权论。第一部分,我们会从治道论角度对儒、法、道为代表的古代权力理论进行介绍;第二部分,我们继续从主体论角度探讨古代权力理论的思维逻辑;接下来的第三部分和第四部分对民本论和王权论的讨论则引入现代的研究,涉及对古代权力理论所构造的权力的性质和这些理论在历史中的实际表现的各种争议;最后,我们将对古代权力理论的现代

---

① 徐大同:《从政治学角度研究中国古代政治思想史——中国古代政治思想史的线索与特色》,《政治思想史》2010 年第 1 期。

② 萧公权:《问学谏往录》,学林出版社,1997 年,第 138 页。

③ 参见林存光:《重读中国古典政治哲学——简论中国政治思想史研究诸范式》,《政治思想史》2011 年第 1 期。

意义做进一步探讨。

一、治道论的权力理论

治道论的权力理论研究主要从如何运用权力或者说运用权力最好的手段是什么这一问题入手研究古代政治思想,其研究理路体现为对先秦诸子各学派思想的梳理。这些治道理论主要包括儒家的德治主张、法家的法治思想和道家的无为而治,他们分别趋向于建立以道德权威为主要特征的权力、以强制为主要特征的权力和一种消解性的权力。

(一)儒家权威主义的德治理论

儒家的德治在其早期代表人物孔子、孟子和荀子那里各有不同的表述,孔子称之为"有道"①,孟子则是明确的仁政主张,而荀子又称之为王道政治。其基本的主张在于政治必须遵照道德的指引运行。

对儒家而言,最好的统治方式并非运用具有强制性的权力甚至暴力,而是要采取柔性的、示范的、说教的德性力量。所谓"道之以政,齐之以刑,民免而无耻;道之以德,齐之以礼,有耻且格。"(《论语·为政》)以暴力为后盾的行政命令和刑罚并不能达致完美的治理结果,因为这会使统治者与被统治者形成对抗性的博弈关系,被统治者将以逃避权力的约束或制裁而侥幸;反之,以道德礼仪为手段,则可以驯化出理想的臣民,实现有效的治理。

作为一种治国方略,德治具有一套相对系统的体系。有学者认为这一体系包含四个子系统:作为其理论出发点的服民、徕民的重民思想;作为政治价值观基础的德主刑辅的尚德主张;作为管理价值观根基的重人轻法的圣贤观念;作为社会人文教化论理论基石的富而必教的教化原则。②也有学者将儒家德治思想的内在逻辑概括为:"道德社会是先秦儒

---

① 《论语·卫灵公》:"邦有道,则仕;邦无道,则可卷而怀之。"

② 参见张奇伟:《"为政以德"的当代解读——论儒家"德治"思想的现代意义》,《北京师范大学学报》(人文社会科学版)2002 年第 2 期。

家德治思想追求的理想目标，德治是实现理想的道德社会的根本途径，具体的德治手段是教化和统治者的表率作用。"①当然这些概括都含有哲学、伦理学的因素。就一种政治思想而言，儒家德治的权力理论大体可以包括三个方面：统治者品德的影响力、良好的社会教化和爱利民众的政策主张。②

基于君主政体的特点，"惟仁者宜在高位。不仁而在高位，是播其恶于众也"（《孟子·离娄上》）。实现德治的关键措施就在于让圣贤之人主政，即让有德行的人成为统治阶级，尤其最高统治者更要超脱一般的贤良而成为圣人。"天下者，至重也，非至强莫之能任；至大也，非至辨莫之能分；至众也，非至明莫之能和。此三至者，非圣人莫之能尽，故非圣人莫之能王。圣人备道全美者也，是县天下之权称也。"（《荀子·正论》）儒家"突出地重视执政者，特别是最高执政者的个人素质、道德操守、思想境界，把它作为为政安邦的关键和清明善良政治的前提"③。从德治方略的内在逻辑看，由道德的人执掌权力可以看作是其核心要素。

具备高深道德的圣贤居于统治地位，其治理的手段除了自身道德的表率作用，还包括一系列具体的政策措施，而这些措施正是其内在道德的外化。经济上要实行惠民的政策，孔子主张"节用而爱人，使民以时"（《论语·学而》），孟子提出要"制民之产"（《孟子·梁惠王上》）；政治上则要以宽大为主，反对苛政，主张省刑罚，"平政爱民"（《荀子·王制》）；并要进行思想文化教育，"富而教之"（《论语·子路》），"谨庠序之教"（《孟子·梁惠王上》），荀子学术的主线更是强调圣人化性起伪、以礼法教化民众的重要性。

这套治国方略传承两千多年，自有其引人入胜之处。不过更让我们感兴趣的是，儒家所主张的以德治国所涉及的道德权力或道德影响力究

---

① 冯国超：《论先秦儒家德治思想的内在逻辑与历史价值》，《哲学研究》2002 年第 7 期。

② 焦国成：《论作为治国方略的德治》，《中国人民大学学报》2001 年第 4 期。

③ 张奇伟：《"为政以德"的当代解读——论儒家"德治"思想的现代意义》，《北京师范大学学报》(人文社会科学版)2002 年第 2 期。

竟是怎样的一种权力形式？它与一般的、强制性的政治权力有何区别或联系？它果然如其主张者所宣扬的那样具有效力或效果吗？

孔子认为，施行德治可以达到极高的政治境界，即实现被统治者自动的服从。以现代政治科学的眼光看，儒家追求的是一种权威性的权力。"为政以德，譬如北辰，居其所而众星共之。"（《论语·为政》）朱熹对此注曰："政之为言正也，所以正人之不正也……不动而化、不言而信、无为而成。所守者至简而能御烦，所处者至静而能制动，所务者至寡而能服众。"（《四书章句集注》）现代政治科学也赞同，"权威，一旦其基础是夯实了的，其使用就是既廉价又方便的"①。孔子对道德的影响力表现了充分的自信。他对当时鲁国的实权人物季康子言："政者，正也。子帅以正，孰敢不正！"（《论语·颜渊》）又说："子为政，焉用杀？子欲善，而民善矣。君子之德风，小人之德草。草上之风，必偃。"（《论语·颜渊》）因此我们可以说，儒家趋向于建立一种以道德权威为主要特征的权力理论。

不过我们注意到，孔子在上段两句话中用了"孰敢"和"必"两个字词。考虑到孔子对季康子的谆谆教导之意，这两个字词当然有加强语气的强调作用。但是这两个字词所蕴含的"必然性"却并不是"道德影响力"所能充分解释的。联系到季康子的统治者身份，道德与服从之间的必然关系更能使人豁然开朗：道德影响力不能取代政治权力，并且必须借助政治权力才能使之体现最大化的功用。儒家自身对此有着清醒的认识，"徒善不足以为政"（《孟子·离娄上》），孟子承认道德影响力的局限性。

不过，对儒家德治最深刻的批判则来自法家。法家从三个方面指出德治的不足。首先，道德影响力自身固有缺失。道德的目标是造就道德的人或塑造符合道德的行为，但往往难以如愿。所谓"仁者能仁于人，而不能使人仁；义者能爱于人，而不能使人爱。是以知仁义之不足以治天下也"（《商君书·书策》）。如果我们从"权力主体影响他人以实现权力主体目标的能力"这个角度来界定权力，那么道德影响力在强度上只能算是

---

① ［美］罗伯特·A.达尔、［美］布鲁斯·斯泰恩布里克纳：《现代政治分析(第六版)》，吴勇译，中国人民大学出版社，2012年，第56页。

一种弱权力——即使它在能发挥作用的时候效果可能是显著有效的。其次,道德能治寡而不能治众。"仲尼,天下圣人也,修行明道以游海内,海内说其仁、美其义,而为服役者七十人。盖贵仁者寡,能义者难也。故以天下之大,而为服役者七十人,而仁义者一人。鲁哀公,下主也,南面君国,境内之民莫敢不臣。民者固服于势,诚易以服人,故仲尼反为臣,而哀公顾为君。仲尼非怀其义,服其势也。故以义则仲尼不服于哀公,乘势则哀公臣仲尼。"(《韩非子·五蠹》)这意味着即使存在圣人,如果不能获得政治权力、具备一定的政治地位,那么他的道德影响力的发挥将是极其有限的。当在位者并非圣人时,儒家对此将无能为力。这里涉及"义"与"势"的区别,即道德影响力与政治权力的区别。两者之间的区别,在于政治权力预示一种强制的、否定性的剥夺(处罚)能力,而这是道德所不具备的,也是我们称其为"影响力"的原因。最后,理想中的圣人并不经常出现。"尧舜桀纣,千世而一出,反是比肩随踵而生也,世之治者不绝于中,上不及尧舜,下不为桀纣。"(《韩非子·难势》)经常的情况是执政者只是具备一般德性的普通的凡人,那么如何实现德治呢?即道德影响力如何产生呢?因此儒家的道德影响力并不能提供一种持续的、稳定的统治。虽然孟子提出性善论和四端之心的主张,指出"人皆可以为尧舜"(《孟子·告子下》),但哲理构造的完善性和逻辑的一致性并不能解决现实问题。

(二)法家强制主义的法治理论

相对于儒家的"为政以德",法家提出"以法治国"(《韩非子·有度》)的主张。有学者认为,法家的治国之道大体包括"现实主义的政治观;'权势不可以借人'的集权观;'事断于法'的法治观;'深藏于心'的御臣术"[①]。不过这些概括往往与研究者的关注点密切相关。法家作为一个学派,其思想并非是能用其"法、术、势"三个概念所能完全涵盖和解释的。法家的代表作主要是《商君书》和《韩非子》——尽管这两本书未必是或未必全是商鞅和韩非本人的著作,但既然其已成书并流传甚久以至发挥实际的影

---

① 徐大同:《先秦法家权势、法治、心术的治国之道》,《政治学研究》2013 年第 5 期。

响,我们就以此作为研究对象。

《商君书》的主要功绩在于为统治者构建出一套系统的权力模式并为其提供正当性论证。因此从"治国方略"这个角度而言,《商君书》是当之无愧的。而《韩非子》则在此方略基础上修补以更为细密的权力运行机制,使法家的理论在逻辑一致性和严密性上达到空前的高度。

《商君书》所提出的治国方略以耕战政策和以法治国为两大支柱。① 关于这两者之间的关系,有论者认为耕战政策是其法治理论的基本内容②,也有学者认为"法与耕战政策是一种相辅相成关系,《商君书》强调法应是保证耕战政策实现的手段"③。就《商君书》本身的理论体系而言,耕战是其宏观的战略,而法治则是为实现耕战而服务的。它关注的是"必须通过各种手段提升国家对社会资源有效动员和最大程度汲取的能力。它主张运用政治权力来改造经济体制,通过消灭商业市场、全民皆农和法治等手段,将臣民置于君主的绝对支配下,以实现君主对国民生产力、战斗力及其生活的全面掌控"④。美国政治学家拉斯韦尔认为,"在权力基础上对于财富的控制构成政治经济权力(polinomic power)"⑤。可以说《商君书》是一部"政治经济学"的著作。

《商君书》认为国家的富强有赖于农业生产和军事动员,即耕与战。在技术条件一定的情况下,要发展生产就必须增加从事农业生产的人口。不过增加农业人口并不仅仅出于经济的考虑。《商君书》还洞察到,农民"朴、穷、怯"的性格特点相比其他阶级更适宜于改造成勇敢的战士。"农民是战士的最好的预备兵,农业是培养战士的学校。"⑥为实现耕战的

---

① 参见刘泽华:《论〈商君书〉的耕战与法治思想》,《山东师范大学学报》(人文社会科学版)1983 年第 4 期。

② 参见黄中业:《〈商君书〉法治思想述论》,《史学集刊》1990 年第 4 期。

③⑥ 刘泽华:《论〈商君书〉的耕战与法治思想》,《山东师范大学学报》(人文社会科学版)1983 年第 4 期。

④ 侯长安:《〈商君书〉君本位下的经济攫取方略》,《浙江工商大学学报》2011 年第 2 期。

⑤ [美]哈罗德·D.拉斯韦尔、[美]亚伯拉罕·卡普兰:《权力与社会——一项政治研究的框架》,王菲易译,上海世纪出版集团,2012 年,第 92 页。

目标，《商君书》提出"利出一孔"的方略，即通过政治权力的运作将最大部分的人口驱逐到农战中。"道民之门，在上所先。故民可令农战，可令游宦，可令学问，在上所与。上以功劳与则民战，上以诗书与则民学问。民之于利也若水于下也，四旁无择也。"（《商君书·君臣》）政治权力对于国民的职业选择和社会的阶级构成具有决定性的影响。《商君书·垦令》集中列举出一系列措施，尽可能将一切劳动力驱逐到农业中去，其细致程度令人惊叹。比如规定禁止雇工，这样富人也必须从事农业生产；根据豢养门客的数量课以重税，使贵族不得不遣散门客，失去依托的门客也只能去务农；贵族的庶子也要服徭役，并提高解除徭役的条件。此外还有各种打击商业、商人的手段。最后的结果是使社会只存在三种类型的民：官吏、农民和士兵。①

《商君书》还设计了一套国家税收和征用体系以汲取和掌控社会资源和财富。除了国家税收外，还要民纳粟拜爵，即"民有余粮，使民以粟出官爵"（《商君书·靳令》）。不过"民间纳粟买爵的主要目的并非为了脱离生产阶层，大多只是为免除令人难以忍受的徭役征发"②。农民的生活水平被维持在"足以养二亲，治军事"（《商君书·君臣》）的程度，这样也更加利于国家控制，其逻辑是"民辱则贵爵，弱则尊官，贫则重赏"（《商君书·弱民》），尽可能地榨取社会财富和实现对农民的人身支配。

至于《商君书》的法治主张，也完全贯彻了以权力支配经济的思维。比如它体现出的重刑主义倾向，也旨在尽量减少国家控制的财富的损耗。就赏和罚两种权力形式而言，《商君书》认为应主要运用刑罚的方式，"刑不善而不赏善"，"赏善之不可也，犹赏不盗"（《商君书·画策》）。所以，"王者刑九赏一，强国刑七赏三，削国刑五赏五"（《商君书·去强》）。当然仅靠重刑是不足的。为保证这套体制的有效性和控制的严密性，《商君书》还鼓励人们告奸。告奸不仅指民众可以互相监视，检举揭发，还包含民众可以监视官吏的意思，以减少作为君主代理人的官吏因为营私舞弊

① 参见任远：《论先秦法家的政治理论及政治秩序构建》，《中州大学学报》2007 年第 4 期。
② 侯长安：《〈商君书〉君本位下的经济攫取方略》，《浙江工商大学学报》2011 年第 2 期。

而导致国家财富的减少和秩序的混乱。

《商君书》勾画出一种以强制为主要方式和特征的政治经济权力体系。其有效性在历史上得到一定程度的验证。不过它所构造的学说是以治民为其面向的。就君主专制体制而言,君主直接应对的不是身在田亩的农民,而是处于其身边的官僚、妻妾、子女和便嬖之人等。在礼崩乐坏的大背景下,这些人对君主及其权位构成直接的、实际的威胁。这就使得君主必须具备防御和操控这些威胁势力的手段。《韩非子》曾对商鞅做过一番评价:"公孙鞅之治秦也,设告相坐而责其实,连什伍而同其罪,赏厚而信,刑重而必,是以其民用力劳而不休,逐敌危而不却,故其国富而兵强。然而无术以知奸,则以其富强也资人臣而已矣……战胜则大臣尊,益地则私封立,主无术以知奸也。商君虽十饰其法,人臣反用其资。故乘强秦之资,数十年而不至于帝王者,法不勤饰于官,主无术于上之患也。"(《韩非子·定法》)《韩非子》认为,虽然商鞅的方略确能达到国富兵强的目的,但是其成果却经常被其他势力获取,君主反而未受其益。为此它综合法家理论,提出一套以"法、术、势"为主要内容的权术理论。

因此,《韩非子》的旨趣与《商君书》是不同的,它是关于君主如何操控臣民的技术指导,进而实现君主权力对社会的全面掌控。对韩非而言,法治的对象不仅包括民众,更重要的是君主的身边人。法必须实现对臣下的督责、约束;术要君主独操,并暗藏于心,防止被身边人窥测;势位虽来自世袭和制度规定,但《韩非子》更强调一种"人为之势"①,通过权术的运用扩大君主与臣民之间尊卑的差距。

《韩非子》最重要的特点是注重对意识形态的控制,这是韩非子对法理论的一大扩张。法令的确定性与君主权威的不可置疑性紧密结合在一起,因此必须铲除一切可能对君权和法令构成威胁的势力、理论乃至想法。"故明主之国, 无书简之文, 以法为教;无先王之语, 以吏为师。"(《韩非子·五蠹》)这些理论也是后来秦始皇焚书坑儒的重要依据。

---

① 《韩非子·难势》:"势必于自然,则无为言于势矣;吾所为言势者,言人之所设也。"

(三)道家的无为而治

如果说儒家、法家的权力观体现一种积极、主动乃至强制的倾向,那么道家则是一种消解性权力观,因为它主张通过减少人为的干预来达到治理的效果,即无为而治。

之所以称道家持有的是一种消解性权力观,是因为它包含看似矛盾的两个层面的意思。第一,它对人类的权力意志抱有否定的态度,认为道或自然本身已能保证万物包括社会的生长和运作,不需要人类的造作和主宰,因此主张不干预主义,用不治的方式达到治理的目的。第二,作为一种政治学说,它并没有完全否定权力的运用和质疑政治的存在,不过老子的权力主要用于"执而杀之"那些试图打破自然状态的行为或人。简单来说,道家的无为而治的权力理论其实包含两方面:无为和为无为。

老子认为:"道常无为,而无不为。侯王若能守之,万物将自化。"(《老子·第三十七章》)道的运行方式虽然是无为的,但它已能将万物处置妥当。统治者应该效法道的运作,用无为的方式而非有为的方式进行治理,否则将是"乱上加乱"。"以正治国,以奇用兵,以无事取天下。吾何以知其然哉?以此。天下多忌讳,而民弥贫;民多利器,国家滋昏;人多伎巧,奇物滋起;法令滋彰,盗贼多有。故圣人云:我无为而民自化,我好静而民自正,我无事而民自富,我无欲而民自朴。"(《老子·第五十七章》)以仁义礼智法等正统的道术治理国家,必然导致人民贫困、国家昏乱,最后则沦为狡诈用兵以解决问题, 这是老子所反对的。①儒家的有为正是失道的表现。"失道而后德,失德而后仁,失仁而后义,失义而后礼。夫礼者,忠信之薄而乱之首。"(《老子·第三十八章》)最好是以无事取天下。统治者无为、好静、无事、无欲,就会自动地产生民自化、自正、自富、自朴的结果。这种"自动地产生"在于统治者的无为给道的运作让出足够的空间,"道生之,

---

① 《老子·第三十章》:"以道佐人主者,不以兵强天下。其事好还。师之所处荆棘生焉。大军之后必有凶年。""夫佳兵者不祥之器,物或恶之,故有道者不处。君子居则贵左,用兵则贵右。兵者不祥之器,非君子之器,不得已而用之,恬淡为上。胜而不美,而美之者,是乐杀人。夫乐杀人者,则不可得志于天下矣。吉事尚左,凶事尚右。偏将军居左,上将军居右。言以丧礼处之。杀人之众,以哀悲泣之,战胜,以丧礼处之。"

德畜之，物形之，势成之"，自然之道即能保证万物的生长。相反，统治者有为则将扰乱和扭曲道为世间安排的秩序。"民之饥，以其上食税之多，是以饥。民之难治，以其上之有为，是以难治。民之轻死，以其求生之厚，是以轻死。"(《老子·第七十五章》)厚敛、重刑和欺诈足以使民众与统治者之间形成紧张的态势，即使积极意义的仁智忠孝也未必是理想的统治方式。[①]政治的状态完全取决于统治者是无为还是有为——这也是老子并非无政府主义者的重要原因。因此统治者必须采取不干预主义。

不过道的运行面临的最大的挑战是人的权力意志，即代替道来主宰世界的意志。为克服和消除这种意志，统治者必须有所作为。其一，要消除统治者自身的权力意志，"不尚贤，使民不争；不贵难得之货，使民不为盗；不见可欲，使民心不乱"。"它要消解的是权力的拥有者占有及主宰这个世界的冲动，取而代之的是一种通过节制来成就万物和百姓的德性和智慧。"[②]其二，要消除智者的权力意志，"常使民无知无欲，使夫智者不敢为也。"这两方面合起来，便是"为无为，则无不治"(《老子·第三章》)。

值得注意的是，当老子说"绝圣弃智，民利百倍；绝仁弃义，民复孝慈；绝巧弃利，盗贼无有"(《老子·第十九章》)的时候，我们应该认识到，这里的"绝"和"弃"对于统治者自身而言是道德的修养，但若作为一种统治权力，那么将导致一种"反智主义"的倾向。老子是公开地承认"愚民"政策的。"古之善为道者，非以明民，将以愚之。民之难治，以其智多。"(《老子·第六十五章》)对付智者，这或许是政治权力必须存在的又一原因。至于其具体的运用手段，老子讳莫如深，不过我们仍能通过只言片语窥测其本意。"若使民常畏死，而为奇者，吾得执而杀之，孰敢。"(《老子·第七十四章》)无为之治下的愚朴之民将"贵生"或"畏死"，而那些离经叛道的异端将被执而杀之以起到警示的作用。所以老子的权力观带有暴力的反人类文明的性质，这是我们应该注意的。

---

① 《老子·第十八章》："大道废，有仁义；慧智出，有大伪；六亲不和，有孝慈；国家昏乱，有忠臣。"

② 王博：《权力的自我节制——对老子哲学的一种解读》，《哲学研究》2010 年第 6 期。

二、主体论的权力理论研究

前面我们从治道的角度大体梳理了先秦儒法道三家的权力理论，明确了它们的权力特点。下面我们将进一步探讨中国古代权力理论的一个带有共性的特点，即主体论式的思维方式。中国古代的政治思想关注的焦点，相比权力的运行机制即制度问题，更关注运用权力的人。其思维的路向，简单来说即为"内圣外王"之道。内圣是精神内核，外王则是内在德性的外化或扩充，两者之间存在一定程度的因果和递进的关联性。这一思维路向所聚焦的"是一个理想的政治主体的问题，反身以求而以'主体'为中心来思考和寻求解决客观世界的问题的根本办法这一政治思维特征，可以说真正体现了中国古典政治哲学思想的形态与特质"①。中国古典政治哲学各派别努力的方向都在塑造能适应、把握和践行其治道理论的圣王或贤人君子，可以说，古典政治哲学是围绕"怎样才能成为适格的权力持有者"这个问题展开的，而"适格的权力持有者应该怎样运用权力"即"治道为何"这个问题则在一定程度上涵摄于前一个问题之内。

(一)儒法道的权力主体观

儒家的权力主体首先是一个道德主体。如前所述，儒家虽未完全否定强制性权力，但其主要强调的是一种道德影响力的权力形式。这就意味着，只要能够成为合适的道德主体，即成为君子，那么就具备为政的资格。"所谓的政治主体并不一定是权力的实际占有者和行使者，正如孔子所谓不必入仕做官才叫作'为政'。"②据《论语》所载，有人问孔子为何不入仕从政，孔子答曰："书云'孝乎惟孝，友于兄弟，施于有政。'是亦为政，奚其为为政？"(《论语·为政》)有德无位的君子可以通过道德影响力完成建立良好伦理秩序和善良风俗之政治任务。

---

①② 林存光：《重读中国古典政治哲学——简论中国政治思想史研究诸范式》，《政治思想史》2011 年第 1 期。

君子原本只是专称贵族在位者,但在孔子这里,它从一个身份地位的概念转变成更多地具备道德品质的内涵。"君子从出身高贵的人转变为高尚的人。君子不再是享受特权的上流社会子弟,然而宽广的胸怀和高尚的道德水准又使得君子鹤立鸡群,远在小人之上。"①作为道德主体的君子内在的含有修己以为政之意。"子路问君子。子曰:'修己以敬。'曰:'如斯而已乎?'曰:'修己以安人。'曰:'如斯而已乎?'曰:'修己以安百姓。修己以安百姓,尧、舜其犹病诸。'"(《论语·宪问》)从这段对话可以看出,君子内在的道德是可以层层外推以化成天下的,只是"安百姓"即"平天下"是极难达致的境界而已。

　　不过孔子似乎并不认为人人都可通过修为成为君子,具备为政的资质。孔子将人两分为君子和小人,并讲"唯上知与下愚不移"(《论语·阳货》),这实际指明一部分人是不可能成为君子的。他不仅不敢自诩拥有完美品德的圣人,即使就君子这一境界而言,孔子"规定得非常高,仅次于可望而不可即的'圣人'",并认为自己在某些方面也没有达到君子的标准②。虽然孔子把"圣"或"圣人"提到难以企及的地步,但是《论语》里只有六处提到这两个词,他更关注的是提到过一百零六次的君子。③孔子对当时的精英阶层,不论是当权者还是潜在的精英群体——士人或低级贵族——都予以相当的关注,并努力将君子理念灌输给他们作为生活和从政的理想。

　　然而到了孔子后学那里,这种状况发生了转变。其一,圣人或圣王的地位和作用被进一步推崇和拔高;其二,可能成为政治主体的范围更广;其三,有德无位的君子突破了"不在其位不谋其政"的局限,而可以过问和参与政治。

　　孟子"言必称尧舜"(《孟子·尽心上》),他不仅肯定身处高位的尧舜为圣人并神化其功绩,而且也圣化了无位的孔子,甚至伯夷、柳下惠也被

---

① [美]狄百瑞:《儒家的困境》,黄水婴译,北京大学出版社,2009年,第6页。
② 《论语·述而》:"躬行君子,则吾未之有得。"
③ [美]狄百瑞:《儒家的困境》,黄水婴译,北京大学出版社,2009年,第8页。

纳入圣人之列。①这实际认定了统治权威之外另一种道德权威的存在。不过儒家的另一代表人物荀子却极力推重圣王。"'圣王'一词在《论语》中未出现,在《孟子》中也仅一二见,而在《荀子》里却频频显身,粗略计算约有三十八次之多。"②圣王成为儒者的终极目标,并且儒者必须遵循其教导和制定的礼法。"圣也者,尽伦者也;王也者,尽制者也;两尽者,足以为天下极矣。故学者以圣王为师,案以圣王之制为法。"(《荀子·解蔽》)这与其学生韩非"以法为教,以吏为师"的思想是相通的,为君主专制体制的形成和维护提供了理论支撑。

孟子扩大了圣人的范围,并为其仁政思想提出性善论的内在理据,指出人皆有仁爱四端,这就生出"人皆可以为尧舜"(《孟子·告子下》)的断言。孟子还进一步指出人能否成为圣人君子不是一个"能不能"的能力问题,而是"为不为"的意愿问题。③这一思路发展到宋明理学,就出现"满街都是圣人"④之语。如果是这样,那么对儒家而言是否意味着人人都可以成为政治主体呢?比如王阳明的致良知学说,"专制君主要使'天下之是非一出于朝廷',现在阳明却说:'良知只是个是非之心。'而良知则是人人都具有的。这样一来,他便把决定是非之权暗中从朝廷夺还给每一个人了。从这一点来说,致良知教又涵有深刻的抵抗专制的意义。"即使良知是需要"致"的——主要是被教化或主动的学习⑤,但这毕竟在理论

①《孟子·告子下》:"伯夷,圣之清者也;伊尹,圣之任者也;柳下惠,圣之和者也;孔子,圣之时者也。孔子之谓集大成。"

② 张奇伟:《荀子圣王思想浅议》,《邯郸学院学报》2013年第1期。

③《孟子·梁惠王上》:"不为者与不能者之形何以异?""挟太山以超北海,语人曰'我不能。'是诚不能也。为长者折枝,语人曰'我不能。'是不为也,非不能也。故王之不王,非挟太山以超北海之类也;王之不王,是折枝之类也。"

④《传习录下》:"一日,王汝止出游归,先生问曰:'游何见?'对曰:'见满街人都是圣人。'先生曰:'你看满街人是圣人,满街人倒看你是圣人在。'又一日,董萝石出游而归,见先生曰:'今日见一异事。'先生曰:'何异?'对曰:'见满街人都是圣人。'先生曰:'此亦常事耳,何足为异?'"

⑤《传习录上》:"所以为圣者,在纯乎天理,而不在才力也。故虽凡人,而肯为学,使此心纯乎天理,则亦可为圣人……人之气质,清浊粹驳。有中人以上,中人以下。其于道,有生知安行,学知利行。其下者,必须人一己百,人十己千。及其成功则一。"

上意味着人人皆有资格过问和参与政治而成为政治主体了,尤其具备良好道德和学识水平的读书人更可以先行一步。我们可以注意到明末之时,黄宗羲就提出学校议政的政治方案,士人不再是辅助君王治理的配角,而成为政治舞台上的主角。

法家理论所确立的权力主体是唯一的,就是专制君主,臣民皆是其工具而已。当然我们说法家主张法治,那么它是否也体现内圣外王的主体论思维?萧公权先生的一段话足以对此做出解答:"韩非论势,谓治国无待尧舜之异材,中主可以胜任。夫法治之无待尧舜,固矣。然而韩子所谓中主,就其论法术诸端察之,殆亦为具有非常才智之人。身居至高之位,手握无上之权,而能明烛群奸,操纵百吏,不耽嗜好,不阿亲幸,不动声色,不挠议论,不出好恶,不昧利害。如此之君主,二千余年之中,求其近似者寥寥无多,屈指可数。其难能可贵殆不亚于尧舜。"[1]法家的理论并不如其声称那样只需一个中等之才的人主,它必须依赖一个具备卓越才能的圣王才能维持其权力体制的运转。如果我们进一步考究,法家对圣王的依赖甚至比儒家有过之而无不及。如前所言,儒家重视圣王之治的同时,并没有否定君子的政治作用,而不论君子是否拥有政治上的权位。但是法家体制则必须有一个强力、深沉的君主的存在,这是其政治设计的核心,一切危及君主权威的行为和事物都视为对其秩序的破坏。而如果不存在具备如此品质的君主,必然导致此一体制发生混乱,权臣、宦官和后宫干政将是不可避免的痼疾。

至于道家,《老子》学说自汉代就被视为"君人南面之术"[2],是统治者学习统治技能的指导用书。"老子之言皆为侯王而发,其书言'圣人'者凡三十许处,皆有位之圣人,而非无位之圣人也。言'我'言'吾'者凡十许处,皆侯王之自称,而非平民之自称也……故《老子》书实侯王之宝典,

---

① 萧公权:《中国政治思想史》,新星出版社,2005年,第167页。

② 《汉书·艺文志》:"道家者流,盖出于史官。历记成败、存亡、祸福、古今之道,然后知秉要执本,清虚以自守,卑弱以自持。此君人南面之术也。合于尧之克让,易之谦谦,一谦而四益。"

《老子》哲学实侯王之哲学也。"①但老子设想的政治架构是怎样的呢？观其"小国寡民"的结构设计，似乎仍然想维持分邦裂土的封建制度，由诸侯主政。不过老子忽略了很多制度层面的问题。比如诸侯中若出现造作的"智者"应如何应对？似乎需要一个更高一级的控制诸侯的天子的存在。但若天子不是圣人又当如何呢？这些制度层面的问题老子没有进一步地思考。所以其学说具有某种境界论的特点②，很少有操作层面的具体细则，有赖于统治者自身对这一学说的领悟和修养。

（二）人治与法治

中国古典权力理论皆设计出某种圣人、圣王的统治模式，那么这种"内圣外王"之道是否都在倡导一种"人治"政治？我们应该在何种意义上理解中国古代的"人治"与"法治"？

中国政治思想史的研究者一般将儒家称之为"人治派"，而将法家称为"法治派"，这一传统是从梁启超《先秦政治思想史》开始的。不过这一区分具有特定的含义和标准，它是从古典治道这个角度即以统治方略或统治工具的不同来界定儒法学说的特质。这与今天我们区分"人治"与"法治"有一定的类似之处，但其背后的理念和精神实质是迥然不同的。

那么圣王之治是否是一种人治？西方的人治与法治的区别来自古希腊的柏拉图和亚里士多德的学说。柏拉图初始主张哲学王统治，但其后期学说则逐渐走向法治。亚里士多德接受柏拉图后期主张，也倡导法治。亚里士多德主张法治的一个重要理由是法律可以消除情欲的影响。"谁说应该由法律遂行其统治，这就有如说，唯独神祇和理智可以行使统治，至于谁说应该让一个个人来统治，这就在政治中混入了兽性的因素。常人既不能完全消除兽欲，虽最好的人们（贤良）也未免有热忱，这就往往在执政的时候引起偏向。法律恰恰正是免除一切情欲影响的神祇和理智的体现。"③在这里，法律成为"神祇和理智"的象征，而贤良之治的弊端就

---

① 高亨：《高亨著作集林（第五卷）》，清华大学出版社，2004年，第99页。

② 参见牟宗三：《中国哲学十九讲》第五、六讲，上海古籍出版社，1997年。

③ ［古希腊］亚里士多德：《政治学》，吴寿彭译，商务印书馆，1983年，第169页。

在于难以避免情欲的偏私。不过这并没有从根本上否定哲学王统治的理想国设计。哲学王统治实是知识、理念的统治，本身就能消除情欲的影响。柏拉图从哲学王统治转变为法律统治，只是出于现实的考虑而非逻辑的结果，即现实中不可能出现哲学王，因此必须考虑现实中最好的统治应该怎样。而按照亚里士多德的逻辑推论，如果出现"神祇和理智"化身的哲学王，那么也没有理由反对其统治。实际上，法律亦有"良法"与"恶法"之分，这也令亚里士多德纠结，只能将其"法治"界定为良法之治。[1]不过我们可以总结出，对柏拉图和亚里士多德而言，是否能避免情欲的影响是划分好的政治与坏的政治的一个重要标准。

而在给中国古典的圣王理念贴上人治或法治的标签时，我们必须做出严格的界定。中国的圣王"并不以追求知识为根本目的，圣人是追求与道为一的'体道'者"[2]。但各家的道又是不同的，需要我们具体的分析。

儒家作为中国古典人治主义的代表，它的人治其实有两个层次。第一个层次是圣王之治。在先秦儒家孔子、孟子和荀子的学说里，圣王是完美无缺的，是人类的极致。这一层次类似于柏拉图哲学王统治，是超脱私人情欲的理智之统治。第二个层次则是君子之治或贤人之治。君子贤人自然不如圣人完美，因此不能实现完美的治理，即不可避免类似于亚里士多德所否定的人治状态。那么这种不完美的君子之治应该如何弥补其不完美呢？儒家导向进一步的修行以步入圣域，而亚里士多德则转向了法治。

不过有一点需要提及和注意。儒家的圣王思想到了明末的黄宗羲那里发生一大转变，在其《明夷待访录》中，尧舜禹等圣王也有了"好逸恶劳之情"[3]，这其实将圣王贬低为不脱世俗的君子层级。从另一角度讲，这也

---

① ［古希腊］亚里士多德：《政治学》，吴寿彭译，商务印书馆，1983年，第199页。

② 林存光：《中国古典政治哲学论纲——一项基于中西比较视角的审视与分析》，《天津社会科学》2006年第2期。

③ 《明夷待访录·原君》："有生之初，人各自私也，人各自利也，天下有公利而莫或兴之，有公害而莫或除之。有人者出，不以一己之利为利，而使天下受其利，不以一己之害为害，而使天下释其害。此其人之勤劳必千万于天下之人。夫以千万倍之勤劳而己又不享其利，必非天下之人情所欲居也。故古之人君，量而不欲入者，许由、务光是也；入而又去之者，尧、舜是也；初不欲入而不得去者，禹是也。岂古之人有所异哉？好逸恶劳，亦犹夫人之情也。"

表明黄宗羲认识到圣王是难以出现的,必须采取现实主义的态度重新设计政治架构,因此提出学校议政的方案,使君子与君主共治以相互制衡。

道家的圣王之治就其理想形态而言也超脱了私人情欲的影响而遵循道的指引,不过由于它是君人南面之术,即面向具体的统治者,则其实也难免出现人治之弊,而其解决之道亦为不断地提升境界。

如前所述,法家学说暗合"内圣外王"的思维方式:对权术的运用也需要极高的智能。不过《韩非子》明言其学说为"中主"而设,认为法治和势位足以弥补君主作为一个凡人的有限性。我们通常称法家为法治派,但它的学说其实比儒家更导致一种极端的专制,"盖先秦之法家思想,实专制思想之误称。其术阳重法而阴尊君"①。法、术、势不过是君主的统治工具而已,亦必须服从君主的需要,"时移而法不易者乱,能众而禁不变者削,故圣王之治民,法与时移,而能与禁变"(《韩非子·心度》)。这就交给君主任意支配法律的权力,因此法家的法治与亚里士多德体现理智和民意的法治是不同的。

因此就人治问题而言,中国的儒家和道家的圣王理想与柏拉图的哲学王设想有着异曲同工之处,不过在面对"如何实现圣人到圣王的转变"或"王者不是圣人怎么办"这样的问题时,中西方对此问题的意识和回应是不同的。西方的柏拉图和亚里士多德清醒地认识到此类问题并实现了从理想到现实的转变,从哲学王走向了法治。中国的儒家几经回转,孔子的君子之治似乎表明认识到这个问题,但是孟荀和后来董仲舒的"天人感应"学说却将圣王推向神坛,明末的儒者更深刻意识到此问题,提出君王与士大夫共治天下的制度架构,不过这些努力始终在人治的圈里兜转。道家没有此类问题的意识,它执拗地要造就无为的圣王。法家似乎最深刻认识到这问题,并且自以为提供了最好的解决之道,但实际还是走了回去。

---

① 萧公权:《中国政治思想史》,新星出版社,2005年,第179页。

三、民本论的权力理论研究

民本主义被认为是中国传统政治思想和权力理论的一大特色。"民本主义"这一概念是由梁启超在《先秦政治思想史》中提出的,他认为与西方政治思想相比,"我国有力之政治理想,乃欲在君主统治之下,行民本主义之精神"[1],因此将民本主义列为中国政治思想的三大特色之一。尽管这一概念得到学界的普遍认可,但围绕它却充满了诸多争论,主要体现为民本与民主之争和民本与专制之争两大主题,这两大争论贯穿了近代以来中国政治思想史的研究。究其实,这些争论的根本即在于分辨和确认中国古代政治思想乃至历史政治所构画和体现的政治权力的性质问题。

(一)民本

关于民本思想的起源与发展,梁启超认为民本思想与"天子"观念所蕴含的人类平等之精神密切相关,他认为"商周以前,民本主义极有力,西周之末尚然,东迁以后渐衰,至春秋末几无复道此者"[2]。萧公权也认为民本思想起源于先秦,孟子为一大代表,但秦汉之后长期消沉,至元明才又盛兴起来。[3]金耀基的《中国民本思想史》对民本思想的历史演变做了梳理,他认为中国或儒家的民本思想胎息于《尚书》的"民为邦本"之观点,孕育于孔子的思想之中,到孟子真正确立。秦汉之后,董仲舒援天权以抑君权,对民本思想做出一定贡献。此后民本思想则日益式微,至明末黄宗羲等人提出"民主君客"之论断,又带来民本思想的一次飞跃,并成为近代民治、民主思想之先河。[4]

尽管学界在中国古代政治思想存在民本主义和其发展历程的问题上存在着一定的共识,但是对于民本思想的内涵的界定却难以达成一

---

① 梁启超:《先秦政治思想史》,东方出版社,2012年,第7页。
② 梁启超:《先秦政治思想史》,东方出版社,2012年,第49—50页。
③ 参见萧公权:《中国政治思想史》,新星出版社,2005年,第617—618页。
④ 参见金耀基:《中国民本思想史》,台湾商务印书馆,1993年,第2—3页。

致。学者普遍采取了列举式的方法来归纳其所认识的民本思想。金耀基从六个方面来梳理民本思想的丰富内涵。他认为民本思想的第一义是以人民为政治主体，即孟子所说的民贵君轻；第二义是君主地位的合法性来源于人民的同意，与之相应，人民对于暴政与暴君具有革命权；第三义是重视民生的保民、养民之主张；第四义为重道义而轻私利；第五义为倡王道黜霸道；第六义是在君臣关系上强调两者存在一定的对等关系。[1]韦政通也将民本思想条列六方面含义：民为邦本；民意即天意；安民、爱民；重视民意；民贵君轻；革命思想。[2]陈胜粦认为民本思想作为一个体系由三方面构成：第一，关于民在邦国中之地位，肯定民是邦国的基础、本根；第二，关于民与君主之关系，君主须通过贵民才能使权力地位巩固；第三，关于固本与宁邦之关系及固本之措施，本固方能邦宁，而固本之法在重民，即重视民意、民力、民生。[3]邓小军也提出，民本思想包括民贵君轻、君权有限合法性和君臣关系相对性三大组成部分。[4]李存山则将中国古代的民本思想概括为两方面的含义：其一，人民的利益是国家和社会的价值主体；其二，君主的权力只有得到人民的拥护才能够稳固。[5]张分田考察了各种民本概念的利弊得失，主张用一个核心理念和三个基本思路来概括民本思想的内涵：核心理念是以民为本，基本思路是立君为民、民为国本和政在养民。这三个思路从政治本体、政治关系和施政原则三个层面论证了以民为本的终极依据、政治理据和操作原则，从而构成一个严密的逻辑体系，进而从这一框架可以推导出民本思想的全部内容。[6]

尽管对民本这个词的界定十分繁复，但我们仍可以从中总结出民本思想的核心观点，即统治者的统治必须顾及被统治者的反应。民本思想

---

① 参见金耀基：《中国民本思想史》，台湾商务印书馆，1993年，第8—13页。

② 参见韦政通：《中国的智慧》，吉林文史出版社，1988年，第34—36页。

③ 参见陈胜粦：《民本主义论纲》，《学术研究》1991年第3期。

④ 参见邓小军：《儒家思想与民主思想的逻辑结合》，四川人民出版社，1995年，第276页。

⑤ 参见李存山：《中国的民本与民主》，《孔子研究》1997年第4期。

⑥ 参见张分田、张鸿：《中国古代"民本思想"内涵与外延刍议》，《西北大学学报》（哲学社会科学版）2005年第1期。

趋向于将政治权力导向理智地而非任意地运用的轨道。

(二)民本与民主

如前所言,梁启超提出民本概念时是从中西方政治思想比较的背景出发的,尤其是与西方的民主思想相对照。民本与民主虽只有一字之差,却也看出梁启超并未将两者等同视之。

梁启超认为,西方民主理论的经典表述是林肯的名言:"of the people,by the people and for the people",并将其译为政为民政、政以为民、政由民出。他认为中国的民本思想包含了政为民政和政以为民的精神,独缺政由民出之旨,因此是一种"无参政权的民本主义",并认为这是"我国政治论之最大缺点"①。萧公权则进一步认为:"先秦以来之政论家,发扬'民为邦本'之学说者虽不乏人,然以近代之语述之,彼等大体只知'民享''民有'而未知'民治'之政治。且孟子一派虽以'得乎丘民为天子',以及'一夫'可诛之说阐明'民有'之精义,然既无民治之说以伸之,则有体无用,两千年中,亦只传为原则上之空谈。况孟子以后之人,多半仅传民享之观念。不知民有,何况民治。人民虽为政治之目的,而君主永为政治之主体。"②则民本思想与民主思想虽有共通之处,究竟不可视为同等。

虽然民本与民主不同,但是不代表两者的关系仅限于此。一些学者从思想史的内在逻辑和历史的演变出发,指出民本思想实可作为民主思想的萌芽、开端或启蒙。这一点主要是在对明末黄宗羲的民本思想研究时提出的。黄宗羲的民本思想在整个政治思想史中具有重要的价值和地位,这一点可以得到公认。即使那些作为黄宗羲民本思想的批评者,也对其冠以"极限"③之说,肯定它在某些方面超越前代,具有一些新的因素,从而不得不承认它所占据的特殊地位。

---

① 参见梁启超:《先秦政治思想史》,东方出版社,2012 年,第 7 页。

② 萧公权:《中国政治思想史》,新星出版社,2005 年,第 617 页。

③ 黄宗羲民本思想的极限说,参见张师伟:《民本的极限——黄宗羲政治思想新论》,中国人民大学出版社,2004 年;允春喜:《儒家民本思想的极限——黄宗羲政治思想研究》,《宁波大学学报》(人文科学版)2009 年第 6 期。

一些学者则持民主启蒙说或新民本说。比如吴光的《论黄宗羲新民本思想的性质、内容、渊源及其现代意义》一文指出："黄宗羲的民本思想已经超越孟子以来'由君王做主'的'尊君重民'式民本思想的旧范式，创立了'由民做主'的'民主君客'式的新民本理论，其思想已具有朴素的民主启蒙性质，因而不是传统民本思想的'极限'，而是近代中国民主思想的'开端'。"①

冯天瑜和谢贵安将黄宗羲的民本思想与传统民本思想进行比较，肯定它是一种"新民本"，在此基础上又将新民本思想与西方近代民主思想做出对比，认为两者之间存在有民治与无民治之异、三权分立成立与不成立之异、虚君与实君之异三大差别，但又有某些相似之处，比如承认民众是最高权力的主人、强调君臣和君民间的人格平等，并且新民本也提出一些与君主立宪制类似的限制君权的措施，所不同者只是它只保证士大夫的权力而没有保证人民的参政议政权而已。经过分析，冯天瑜得出结论说："'新民本'具有从民本思想向近代民主思想过渡的性质。一方面它没有达到近代民主政治的高度，从而与传统民本思想十分接近；另一方面它又在某些方面超越了民本思想的框架，从而逼近近代民主思想。"②

秦晖也认为，儒家民本观念与近代民主观念的确存在一定的差异，但"这些差异并非鸿沟难逾"。西方的民主理论之间和具体制度实践之间本身就充满差异，未必就比民本与民主之间的差异更小。民本思想实可"有造于民主"。比如黄宗羲对专制君主的一些批判，"实际上已涉及近代自由主义的一个根本理念，即专制的本质在于对个人权利的剥夺或对个性自由的压迫"③。他的学校议政的制度设计，"对君权的限制纵然不能与现代议会相比，比西方中世纪贵族政治的'大宪章'却要大大

---

① 吴光：《论黄宗羲新民本思想的性质、内容、渊源及其现代意义》，《孔子研究》2009年第2期。

② 冯天瑜、谢贵安：《解构专制——明末清初"新民本"思想研究》，湖北人民出版社，2003年，第19—20页。

③ 秦晖：《从黄宗羲到谭嗣同——民本思想到民主思想的一脉相承》，《浙江学刊》2005年第4期。

超过"①。黄宗羲的这些思想深刻影响了近代谭嗣同等人融汇西儒的努力,成为民本到民主的桥梁。

李存山也认为,黄宗羲的政治思想和制度设计开始考虑如何从制度上以权力来制约权力,尤其是制约君权的问题,"正因为此,黄宗羲的政治思想可视为从民本走向民主的开端"。

尽管学者一致将民本与民主做对照,但其实他们往往忽略了西方民主理论的多样性,更忽略了民本与民主是否存在逻辑上的关系。民本能否走向民主更多的是一个实践问题,而不是理论问题。而且如果民本的价值需要从它能"走向民主"那里获取,那么我们又何不直接取民主而弃民本呢?

(三)民本与专制

我们考察了民本与民主之间的关系, 这两者之间虽有质的差别,但是对一些学者而言,民本作为一种中国独有的特殊的权力观,可资为嫁接和汇通民主思想的平台。不过我们也必须注意到民本问题的另一面,即民本与专制的关系问题。

民本思想与专制权力的关系的研究,大致存在三种观点,我们称之为对立说、依附说和一致说。

对立说一般强调民本思想对专制权力的限制作用。梁启超、萧公权等人都认为民本思想可以对君主专制形成制约作用, 不过此二人也承认,民本思想由于缺乏民治的制度设计,在历史上实际发挥的作用甚少,梁启超叹曰:"为效几何?"②萧公权则遗憾地断言"民本者未实现之理论,而专制者不可否认之事实"③。但也有较为乐观的学者认为民本思想在历史中发挥了一定的功能,比如金耀基指出,"中国二千多年之政治,虽为专制而民气不斩,虽属王权而民多生息"④,推究促成这种状况的根源,

---

① 秦晖:《从黄宗羲到谭嗣同——民本思想到民主思想的一脉相承》,《浙江学刊》2005 年第 4 期。

② 梁启超:《先秦政治思想史》,东方出版社,2012 年,第 7 页。

③ 萧公权:《中国政治思想史》,新星出版社,2005 年,第 617 页。

④ 金耀基:《中国民本思想史》,台湾商务印书馆,1993 年,第 1 页。

"此重人文精神的儒家之民本思想的巨流冲洗,减杀了专制毒害之故"①。

依附说尽管承认历史中的民本思想对专制权力具有一定的制约作用,但同时也强调民本思想对于王权的依附地位和服务作用是主要的,它并没有独立的价值,而是专制权力的补充。"民本寄身于王权的肌体中,没有王权的存在,民本也就无所寄托。"②陈永森从四个方面论述了民本思想对王权体制的维护和巩固。第一,民本思想可资为君主权力合法性的理论资源;第二,民本思想与君主专制思想和等级观念糅合在一起巩固了君主地位;第三,民本思想中的圣君崇拜造就了专制体制的社会心理基础;第四,民本思想增强了王权统治的韧性,与王朝的不断循环密切相关。③冯天瑜也认为,民本思想虽与绝对君权论存在对立关系,但"与皇权政治的一般形态又是相互补充的"④。

主张统一说的学者认为民本思想是专制理论的一种,民本思想与帝制具有"高度的匹配性"⑤或是专制权力的"题内应有之义"⑥。与主张民本思想从未实现过的相对论者不同,持统一观点的学者认为民本思想并非只是一个政治空谈,而是"对帝制的精神层面、制度层面和过程层面都产生了极其广泛、相当深刻的影响"⑦,因此"基本上得到自我实现"⑧。儒家思想中虽然也有一些积极的因素,但是这些因素往往被压制和湮灭,原因在于儒家思想的一些亮点是与其暗点共生并存的,甚至可以说,儒家思想的暗点恰恰由其亮点产生,"最典型的事例莫过于从儒家的天作君师、立君为民思想中可以直接导出帝制的根本法则"⑨。因此儒家学说从根本上是为论证专制君主制度的合法性服务的,这也是儒学成为古代官方意识形态的根本原因。

---

① 金耀基:《中国民本思想史》,台湾商务印书馆,1993年,第2页。

②③ 陈永森:《儒家的民本思想与王权主义》,《江西社会科学》2001年第8期。

④ 冯天瑜:《"民本"与"尊君"(论纲)》,《吉林大学社会科学学报》2013年第1期。

⑤⑦⑧⑨ 张分田:《关于儒家民本思想历史价值的三个基本判断》,《天津师范大学学报》(社会科学版)2009年第5期。

⑥ 李宪堂:《试论儒家民本思想的专制主义实质》,《历史教学》2003年第5期。

(四)民本与权力

从上面的各种争议可以看出,古代的民本思想与民主思想和专制主义既有龃龉的一面,也存在融通的地方。尽管争议尚无定论,或许永无定论,倒也使我们对民本思想有了较为全面的了解。

不过人类总是倾向于得到问题的某种解答或解释以获得好奇心的满足。或许我们可以从这个角度去理解民本思想及其在历史上的作用:"我们称一套政治符号为乌托邦,如果其在政治过程中的功能是导致权力关系或权力实践的根本变迁;我们称一套政治符号为意识形态,如果它们起着维系既定权力模式的作用。因此反革命符号,与革命运动符号一样,在当下的意义是乌托邦的;借助于攫取权力,乌托邦符号就转变为意识形态。"[1]我们必须认识到任何政治学说都旨在建构某种政治秩序状态的道德或法理基础,这种论证同时意味着任何不符合其学说的权力实践都被认为是缺乏正当性或合法性的。儒家学说的这种双重作用在汉初那场著名的御前会议的争论中显露无遗。

> 清河王太傅辕固生者,齐人也。以治《诗》,孝景时为博士。与黄生争论景帝前。黄生曰:"汤武非受命,乃弑也。"辕固生曰:"不然。夫桀纣虐乱,天下之心皆归汤武,汤武与天下之心而诛桀纣,桀纣之民不为之使而归汤武,汤武不得已而立,非受命为何?"黄生曰:"冠虽敝,必加于首;履虽新,必关于足。何者?上下之分也。今桀纣虽失道,然君上也;汤武虽圣,臣下也。夫主有失行,臣下不能正言匡过以尊天子,反因过而诛之,代立践南面,非弑而何也?"辕固生曰:"必若所云,是高帝代秦即天子之位,非邪?"于是景帝曰:"食肉不食马肝,不为不知味;言学者无言汤武受命,不为愚。"遂罢。是后学者莫敢明受命放杀者。(《史记·儒林列传》)

---

① [美]哈罗德·D.拉斯韦尔、[美]亚伯拉罕·卡普兰:《权力与社会——一项政治研究的框架》,王菲易译,上海世纪出版集团,2012年,第120—121页。

我们必须注意区分儒家政治学说内在理路的逻辑推演与其历史展开。比如在引用的案例中，儒家从理论上肯定了汤武革命，而历史机缘的推动尤其是王权的压制却导致"是后学者莫敢明受命放杀者"的结果。所以民本思想与专制、民主的争论有时是在理论与历史两个不同层面进行的，这是争论总是相持不下的一个重要原因。另外，在一定程度上，围绕民本思想的有关激烈争论并非这一思想本身存在内在的逻辑冲突，而是因为我们对与其相联系的"专制"和"民主"这两个政治话语符号赋予太多的价值因素，与之相联系就会带上"正义的"光环或者扣上"邪恶的"帽子。

就民本思想本身而言，作为一种政治学说，它将政治权力——包括专制权力——导向一种理智地运用，而非任意地、肆无忌惮地、不考虑统治对象利益的妄为。我们必须承认，任何政治统治，如果趋向于极端的暴力和君主私欲的无限扩张，那么这种统治即使不称之为邪恶的，也是不明智和有缺陷的。仅仅依靠暴力作为拥有和行使权力的基础是不稳固从而不能长久的。"即使是最强者也绝不会强得足以永远做主人，除非他把自己的强力转化为权利，把服从转化为义务。"①卢梭的这句名言实际上强调了统治对象对于统治者的制约作用。这一点，也就可以作为评断一种政治学说是否导向理智的权力运用的一个标准。相比而言，道家和法家都把人民当成统治者操纵的木偶，即便他们也声称"爱民"——比如法家认为自己的重罪轻罚是爱民的一种表现，但并没有赋予统治对象以独立于君主的存在价值，尤其对法家而言，民的价值只在于可以成为富国强兵的最好工具。而《老子》的愚民之术则将人类变成毫无情趣的、只有生理机能的动物性的存在。儒家则主张士大夫应该从道不从君，并突破君臣伦理的束缚肯定汤武革命的正义性——至少先秦儒家是如此。这种革命权尽管被儒家做了极大地限定，但是它毕竟承认一定程度的"人民的权力"，而这种"人民的权力"正是作为孔子偶像的周公考虑以德治国的起点。

---

① [法]卢梭：《社会契约论》，何兆武译，商务印书馆，2003年，第9页。

所以,民本思想即便与民主思想不存在能够沟通的地方,它也可以说是一种与极端专制权力存在对抗关系的政治学说。

四、王权论的权力理论研究

本部分我们将主要探讨学界围绕王权或君权在历史中的实际运行及其呈现的实际状态所进行的研究。开始部分,我们会对王权主义范式进行简短的介绍,并分析它的主要特点,尤其与"君主专制主义"的区别。接下来我们将王权论做泛化的理解,对有关古代社会的权力的研究的一些成果进行梳理,围绕皇权与相权、皇权与绅权两个主题展开讨论。这些研究可以使我们对古代权力理论在历史中的实际表现有更为深入全面的认识。

(一)王权主义

中国政治思想史的王权主义范式由刘泽华先生提出。这一范式包含两个主要命题:其一,王权支配社会;其二,王权主义。前者是对中国古代社会的历史判断,后者则专指中国古代政治思想的主旨。正如刘先生所言:"中国传统思想文化的主体是政治思想和政治文化,而其主旨则是王权主义。思想文化的王权主义又根源于'王权支配社会'这一历史事实。"[1]刘先生认为中国传统社会最大的特点就是"王权支配社会",它"是在相信生产力发展状况与生产关系决定着社会的基本形态的基础上提出的一个具体社会运行机制问题"[2]。这一机制包含三个层次:一是以王权为中心的权力系统,二是以这种权力系统为骨架形成的社会结构,三是与这种权力系统和社会结构相适应的观念体系。[3]尽管两个命题各有侧重,不过出于研究的方便,我们统称为王权主义。

---

① 刘泽华:《中国的王权主义——传统社会与思想特点考察》自序,上海人民出版社,2000年。

② 刘泽华:《王权主义概论》,《锦州师范学院学报》2001年第3期。

③ 参见刘泽华:《王权主义概论》,《锦州师范学院学报》2001年第3期。

王权主义显然可以提供一种宏观而又不失细腻的视角以使我们对古代君主体制下的权力状态做全面地审视。以刘泽华先生的《专制权力与中国社会》为例，这本书首先分析了君主集权国家的形成和特点，进而探究了集权国家对人身、土地、阶级构造、分配关系和工商业的支配，政治权力对古代城市的起源、构造和功能的影响及对古代文化和知识分子的控制，并探讨了君权与社会普遍危机和周期性动荡的关系。[①]

　　乍看之下，"王权主义"的提法不过是"君主专制主义"的翻版，是贴给中国传统社会和思想的另一个总括式的标签。这是那些抱有偏见而从未深究的人经常的一种误解，尽管此学派内部有时也难以避免——比如有学者甚至提出王权主义的内涵和实质是一种极权主义的观点，这是将王权主义标签化并极端化之后的必然结果。

　　不过王权主义学派内部却在不断地理清此概念可能带来的误解和曲解。他们认为至少有三个理由不能把王权主义做简单的标签式理解。其一，在政治思想层面，王权主义承认诸子的"思想主张之间显然存在着极大的差异，而不宜做一种简单的完全同质化的理解"[②]。其二，在制度实践层面，王权主义也主张历史地看待，认为"王权或王权主义是一种历史的社会建构物，作为一种社会控制和运行机制，在不同的历史时期，它究竟建基于一种什么样的制度基础之上，采取一种什么样的权力形式，施行一种什么样的统治方式，具有一种什么样的本质特性，呈现一种什么样的精神面貌，诸如此类的问题……需要我们历史地看待，而一旦失去了历史的眼光，所谓的历史研究也就失去了它应有的价值和意义了"[③]。其三，在研究思维层面，王权主义的研究思维是"主-辅"式的，即"阴阳组合结构"，所谓阴阳组合结构包括两种含义："一是说，在传统思想中，如'君本''民本'等命题都不是单独存在的，在理论逻辑上也不能自成系统，而是两者互为条件，互相依存，互相渗透，是一种

---

　　① 参见刘泽华：《专制权力与中国社会》目录，吉林文史出版社，1988年。

　　②③ 林存光：《思想、社会与历史——刘泽华先生的"王权主义"说评析》，《天津社会科学》2009年第3期。

有机的组合关系;二是说,两者是主辅组合……正像阳为主、阴为辅那样,不能颠倒。"①这种思维结构是理解"支配"二字所必须注意的,即它虽然强调主对辅的主导、利用和转化甚至异化,却也承认——至少没有否定——辅从者的存在和价值,这些辅从的因素"不能简单地把它们直接等同于或定性为'君主专制主义的',其与'君主专制'并没有必然的逻辑关联"②。"主-辅"表明双方之间的结构和地位关系,但不必然包括对主辅两者自身价值的评判。显然王权主义的丰富而灵活的内涵、变动的历史眼光和主辅式的研究思维方法避免了"君主专制主义"的独断论式的简单化和标签化特点,也在一定程度上去除了其所带有的负面价值色彩。

另外,我们要注意,王权主义的提出有着特定的目的倾向。按刘先生的自述,他对王权主义的研究是由反思"文革"中的封建主义触发的。"那些封建主义的东西不仅仅是'文化大革命'的创造,而且是历史封建主义的继续和集成。专制权力支配中国社会有二三千年的历史,其影响是相当广泛的,它不仅形成了一套体制,也形成一种文化心态。我们要从这种体制和心态中走出来,不是一蹴而就的。为了走出来,首先要正视历史,确定历史转变的起点。我们经常说要了解和熟悉国情,而历史就是国情最重要的组成部分。笔者的研究目的之一就是为解析中国的'国情',并说明我们现实中封建主义的由来。"③这种目的性表明刘先生是将王权主义视为我们走向现代化的障碍和敌人,他的"一系列著作正是要试图帮助我们理解王权主义,以及对其进行不断斗争的意义"④。同时这也揭示了王权主义范式的研究重点就在于梳理王权主义在历史实践和思想文化领域的支配地位,而研究重点的确立并不意味着赞同历史和文化虚无主义,即否定传统文化存在有价值的地方。如前所述,其"主-辅"式的研

---

① 刘泽华:《传统思维方式与行为轨迹》,《天津社会科学》,2001年第4期。

②④ 林存光:《思想、社会与历史——刘泽华先生的"王权主义"说评析》,《天津社会科学》2009年第3期。

③ 刘泽华:《中国政治思想史集(第一卷)》总序,人民出版社,2008年。

究思维正是其体现也必然导致对历史光明的包容和涵摄。从这个意义上说，王权主义与其他学派尤其是致力于发掘传统文化精华以服务于现代的国学派或所谓新儒家的研究并非水火不容，甚至可以说殊途同归、并行不悖。

我们经常会发现自己所从事的研究领域处于术语与事实严重不符的困境。术语往往是前代的产物，而时代总是在变化，惯用旧瓶装新酒的学术领域不得不殚精竭虑于术语重构，使其具备从来没有也不可能有的新的含义，以构造新的观念和理论。但这种努力的前提是对旧术语有全面的把握，以便于弃旧扬新。传统文化要继续发展，首要的工作仍然是破除历史上王权主义对它的操纵和扭曲，如果不能做到这一点，那么所谓的国学研究或新儒家的努力都是大可质疑的。比如有学者指出，新儒家面对现代社会所提出的"内圣开出新外王"的命题带有精英主义的倾向，而这"与西方相对照，新儒家关于中国现代化的设想恰好是一个反命题。新儒家不但坚持中国的道统必须继续占据原有的中心地位，而且还赋予道统以前所未有的更积极的功能：'开出'政统和学统。这个理论一旦涉及实践便必然预设一种金字塔式的社会结构。"这个金字塔的塔尖将是作为最高权威和新外王之原动力的新儒家的"教主"，随之居于最高层的是证悟了道体的新儒家，次一层则是处于经验界的学者和政治家。这种层级社会结构不仅与古典儒家对圣人论德不论位的传统不符，与新儒家所声称要开出的以世俗化为主要特点的现代民主制度也是"不尽符合"的。新儒家之所以会出现此一悖谬，与其没有认识到并理清和撤除先秦儒家乃至诸子学术共有的"内圣外王"思维方式的王权主义特点密切相关。关于这一点，新儒家实在应该借鉴和吸取王权主义的研究成果。

(二)皇权与相权、绅权等

学界关于古代专制权力对国家和社会的控制问题，主要体现为君权和相权、皇权和绅权的争议，这两个问题实质涉及对中国古代专制权力的强度、广度和深度的争议。

君权与相权的争斗史可以看作是君权控制国家机器的不懈努力。在理论上，君权是一切政治权力之源，相权只是君权的衍生品和附属品。不过在制度实践中,相权所代表的官僚集团势力和法律、惯例等制度性的力量往往对君权形成制约。君权烦恼于相权的阻滞,却又离不开相权的辅助,这就导致它不断地去改造相权,使之变成称手的而又不会自伤的武器。

宰相制度始于秦代,考察相权在历史上的转变,它的遭遇可以概括为"名数易而权数移",几百年前的王夫之已灼见此特点。

> 自汉以后,名数易而权数移,移之有得有失,论者举而归功过于名;夫岂其名哉?操之者之失其实,则末由以治也。西汉置丞相而无实,权移于大将军;故昌邑之废,杨敞委随,而生死莫能自必。东汉立三公而无实,权移于尚书;故陈忠因灾异策免三公,上书力争,言选举诛赏不当一由尚书。两汉之异,丞相合而三公分,然其权之上移于将军、下移于尚书同也。晋之中书监,犹尚书也。唐之三省,犹三公也。宋以参知分宰相之权,南宋立左右相,而移权于平章。永乐以降,名为分任九卿,而权归内阁。或分或合,或置或罢,互相为监,而互相为因。(《读通鉴论·后汉安帝一六》)

宰相制度在历史上大部分时间处于有名无实和名不副实的状况。君权惯于用分权制衡和废置的方法来对其不断削弱,以此维持自身的优势地位和加强对官僚集团的操控。

这种分权操纵之术还伴随着另一现象,即君主总是倾向于用私臣、近臣分夺宰相之权最终取而代之。宰相原本就是君主、贵族的亲近辅弼之人,后来演化为官僚之长,但随后被别的近臣架空和取代,此近臣取得实权变为政府大臣后,也摆脱不了继续被别的近臣取代的命运,如此循环不已。如上述引文所示,秦汉之时的宰相,汉武时被多由外戚担任的大将军夺权,后又被尚书取代。尚书之权又移于中书。晚唐时,三省之实权又被翰林学士和多由宦官担任的枢密使架空。宋代权移于参知、平章。明代废宰相,设内阁,但内阁只有拟票之权,与皇帝更亲近的太监则掌批红之权。清代内阁权力又被皇帝及其亲信组成的军机处夺去了。

这种现象,秦晖称之"内外朝的循环"。其实不独宰相制度如此,中央巡视员与封疆大吏之间、地方分权与地方集权之间乃至编户齐民与基层自治之间都呈现类似的循环,这是在分权制衡的权术原则下产生的怪圈,是中国历史上独特的"分权循环"现象。①

　　就相权而论,分权意味着宰相职权的削弱。以宋代为例,钱穆先生的《论宋代相权》指出,宋代相权与唐代相比,已经被大为削弱了。主要表现为,宋代宰相只有掌管民政的权力,而军权归枢密院,财政权则属三司,人事权被审官院和王室分剥,决策权也被皇帝夺去一部分。此外相权不仅被分解,还不断被压制。原本作为宰相下属而负责进谏皇帝的台谏转而变成监督百官的机构,封驳制度被用以抑制相权,并且宰相接见宾客也须遵守严格地规定。更有甚者,宰相面见皇帝坐而论道之礼也被废除,君尊臣卑之局进一步从行为和心理上得以强化。②如果我们按照钱穆的思路审视明清的相关制度,诸如内阁、司礼监、军机处乃至廷杖制度、锦衣卫制度等,的确可视作皇权对相权和官僚集团的压制。

　　对于钱穆的观点,王瑞来提出相反的意见,他认为宋代的皇权和相权的格局是皇权变弱而相权强化。不过王瑞来在很大程度上是将相权放到官僚集团的大背景之下研究的。自科举兴盛以来,官僚集团的确呈增长壮大的趋势,宋代形成皇帝与士大夫共治天下之局,而黄仁宇的《万历十五年》也细腻地展示了明代皇权——甚至内阁——面对此一庞大集团势力的无奈。王瑞来总结出士大夫集团限制皇权的手段包括天、道、法三个紧箍咒和不文律、公议、留名的青史三堵墙。③这些当然会对皇权构成一定的约束,但是我们也要注意到,这些手段在很大程度上并非制度性的,而是官僚在与皇权博弈过程中以其掌握的知识资源或意识形态资源而形成的功能性的制约。就制度层面而言,宋代的相权本身确呈弱化状态和趋势。

---

① 参见秦晖:《传统十论》,复旦大学出版社,2004 年,第 192—196 页。

② 参见钱穆:《钱宾四先生全集(第 20 册)》,台湾联经出版事业股份有限公司,1998 年。

③ 参见王瑞来:《皇权再论》,《史学集刊》2010 年第 1 期。

只是我们知道,实际的权力状况还与皇帝和宰相个人的性格、能力和私人关系等因素密不可分,并且宋代王室尊重文官的家法在一定程度上也促使皇帝在某些情况下会采取妥协让步的姿态。例如霍存福提出一种理解皇权与相权关系的理论范式,他认为皇帝的政治人格对于相权制度具有较强地决定作用,他将皇帝行使权力的性格分为"躬亲庶务型"和"委任责成型",这两类性格"规则地、不规则地交替循环,不是权力的加强或削弱的线性发展观所能解释的", 由此导致宰相制度在历史上的分合、有无等演变现象。①

实际上钱王二人的争议在一定意义上也可以达成某种共识:皇权费尽心思地去算计相权的行为正说明官僚制度的强韧和官僚集团势力的增长。从理论、制度和实际演化趋势来讲,皇权在与相权的斗争中占有较高的优势。

有关以皇权为核心的国家权力对社会的控制问题,主要的争议在乡村基层受国家权力影响的程度。在这方面,最具代表性的是一个"皇权不下县,县下行自治"的论断,或者更为全面的表述是:"国权不下县,县下惟宗族,宗族皆自治,自治靠伦理,伦理造乡绅"②。简单来说,这种观点认为传统社会中皇权体系只延伸到县级,县下的基层组织主要是由绅权来治理的,此即费孝通先生所说的传统社会的"双轨政治"。

这一观点历来颇受争议。于建嵘总结学界有关清末乡村社会政治特征的主要观点有三种:1.皇权政治,即乡村精英的治理权不过是国家政权的延伸;2.乡绅政治,此观点认为乡村主要由乡绅治理,而乡保作为国家政权的代表则是绅权与皇权之间的连接器与缓冲器;3.宗族政治,强调乡村社会受宗族的控制,而国家也只是放大了的宗族。他本人则提出另一种解释范式:"清末乡村社会的政治特征应该是,以代表皇权的保甲制度为载体,以体现族权的种族组织为基础,以拥有绅权的士绅为纽带

① 霍存福:《论皇帝行使权力的类型与皇权、相权问题 (上)》,《吉林大学社会科学学报》1990 年第 2 期。

② 秦晖:《传统十论》,复旦大学出版社,2004 年,第 3 页。

而建立起来的乡村自治政治。"①除了宗族政治观点外,其他的观点无不肯定地方基层组织受到皇权或国家权力的不同程度的干预。

有关传统社会基层组织是由绅权控制的、排除皇权的自治组织的观点越来越受到学界的质疑。因为这些观点多是基于清末以来的田野资料得出的结论,是否可以用于概括秦朝以来两千多年的历史中基层组织的状况呢?秦晖以最新发现的史料为研究基础进行考证,认为近代以来"国家–宗族"或"皇权–绅权"的二元模式是大可质疑的,史料表明,汉唐时期国家政权在县下的活动和控制十分明显,地方组织很大程度上不是血缘社群,而是编户齐民的产物,也非由士绅控制的乡土社会,而是乡吏主导的吏民社会。②

即使就清代的研究而言,也存在不同的意见。瞿同祖先生在《清代地方政府》中对士绅的研究得出明确的结论:士绅参与地方治理并不意味着地方自治。"首先,参与者仅限于作为少数人群体的士绅。其次,士绅既非地方百姓选举的代表,也不是政府任命的代表。"③并且"作为一个特权集团,士绅的利益与社会其他集团的利益时常会发生冲突。这一事实又与自治不相容,因为自治要求社会利益作为一个整体被对待"④。同时士绅与官僚集团实属同一权力集团⑤,绅权——包括士绅的声望和特权——的大小和施加影响力的渠道及其有效性,主要取决于士绅与国家正式权力的关系。士绅"绝不是一个孤立的地方势力"⑥。

通过上面的研究,我们可以看出,君主专制政体之下,皇权对于国家和社会的控制和支配是全面而深刻的,并且也对学术、思想也产生极强的异化作用。

---

① 于建嵘:《清末乡村皇权、族权和绅权的联结》,《探索与争鸣》2003 年第 3 期。

② 秦晖:《传统十论》,复旦大学出版社,2004 年,第 3 页。

③ 瞿同祖:《清代地方政府》,法律出版社,2003 年,第 337 页。

④ 瞿同祖:《清代地方政府》,法律出版社,2003 年,第 338 页。

⑤ 参见瞿同祖:《清代地方政府》,法律出版社,2003 年,第 283 页。

⑥ 瞿同祖:《清代地方政府》,法律出版社,2003 年,第 299 页。

五、结语——传统权力理论的现代价值

儒法道三家的政治思想作为意识形态在历史的不同时期被明确地实施过，并在整个古代社会的历史长河中发挥着不同程度的作用。那么这些理论对我们今天是否还有一定的启发意义呢？依照建构主义的观点，意义是被人类建构出来的。传统权力理论本身即是人类建构物，用以解释和理解当时的政治现象，并对现实世界产生实际的影响。在更一般的意义上，人类认识世界是通过理论——概念可看作最基本的理论形态——的框架进行的，离开理论我们无从认识世界。我们要谈传统权力理论的现代意义，无疑是在对这些理论予以重新阐释，赋予新的价值。而这一工作也正是深刻认识我们所处的世界并解决我们面临的问题的重要途径之一。

儒家权威主义的权力理论可以使我们认识到政治必须考虑被统治者的感受和利益，把强制变成服从。这种转变的决定力量主要在于对统治者诸如美德、荣誉等"质"的方面的要求。"《春秋》责备贤者。"（《新唐书·太宗纪赞》）政治对于精英并不仅仅意味着权力和权利，它更象征着政治责任的承担。一言以蔽之，儒家所要求的是一种负责任的权力。

法家的学说是一种典型的专制主义理论，对此我们必须予以深刻的分析和批判，以维护和推进我们来之不易的民主和法治成果。它的法治学说尽管与现代法治颇有些格格不入——现代法治代表了一种生活方式，而法家法治则是一种统治方式，但在一定程度上却也是我们步入法治之轨的重要台阶。正如有的学者所言，法家的法治理念与西方普世主义法治观具有一定的相通之处，并且"法家从方法论上说明了非西方国家实施法治的可能性。这种可能性就在于，一个国家的人民（不管其代表是党员还是议员）依据自己的文化和社会哲学传统，有权根据理性规则创制自己的法律，这些法律在满足了一些客观的条件以后确实能得以普遍地执行和遵守——这样一个'最低限度'的法治概念——可以为法律

'发展中'的国家所接受"①。在民主和法治的道路上，我们应该脚踏实地而非好高骛远。

道家权力观的独树一帜即使在今天仍能给我们耳目一新的感觉，撤去它的专制主义倾向，它实则在告诫我们注意权力的"限度"。权力总是过分地自信，自信能操控一切事物，解决一切问题，但却往往成为问题的根源。权力在解决问题的同时也在不断地制造问题，并且可能是更大的问题。

这些古代权力理论的主体式思维当然趋向君主专制，但在当今民主时代是否就一无是处了呢？我们注意到儒家思想实际并未像法家和道家那样将君主视作唯一的权力主体，它承认权力之外道德的权威，在政统之外开辟了道统和学统。这对打破专制主义"把持天下"的权力垄断思维无疑具有一定的理论意义。那么儒家这种内圣外王的思维逻辑是否必然导致一种精英主义从而趋向专制呢？这个问题可以从两方面回答：其一，这个问题在一定程度上与"精英主义是否意味着专制"这一问题关联。"社会结构的民主与否不是取决于是否存在精英，而是取决于精英同民众的关系——它是如何被组建的，以及它是如何行使权力的。"②这意味着，即使只有儒家群体才有资格掌握政治权力，也并不预示一种专制体制，关键取决于构建精英与民众之间关系的制度安排。其二，内圣外王可以具有多样的内涵。在一个较广泛的含义层次上，它可以塑造一种负责任的政治参与者。现代民主制度的一个重大危机是负有投票权的主权者经常是"不负责任的个体"和"欲望的个体"。③我们无法从法律上划分负责任的个体或不负责任的个体从而限定投票权，这是没有操作性可言的。道德问题只有通过道德来解决。"只有通过非法律的手段，只有通过

① 王人博：《一个最低限度的法治概念——对中国法家思想的现代阐释》，《法学论坛》2003 年第 1 期。

② ［美］哈罗德·D.拉斯韦尔、［美］亚伯拉罕·卡普兰：《权力与社会——一项政治研究的框架》，王菲易译，上海世纪出版集团，2012 年，第 187 页。

③ 参见刘小枫主编：《苏格拉底问题与现代性——施特劳斯讲演与论文集：卷二》，韩磊、丁耘等译，华夏出版社，2008 年，第 9 页。

道德教育才能培养出尽职尽责的品质。"①在此意义上,儒家的教化观和人人皆可为尧舜的平等观似可导向一种与制度逻辑相适应的公民教育。

有关民本与民主、民本与专制的争议,当然存在"真理越辩越明"的可能。但是我们也需注意不要把我们的才华和精力浪费在次要的甚至无谓的问题上。证明民本与民主或专制的关系只是用民主或专制来赋予民本以某种程度的正当性(或所谓进步性)或否定性,而不是从民本自身生发出独特的价值。民本思想与理想的民主和极端的专制都相距甚远。但即使民本思想从未实施或实现过,仅仅作为一种理想而存在,它也具有不可否定的价值。如我们分析的那样,民本思想涉及政治权力"应该如何行使"的问题,它的价值也必然在理想与现实的冲突和斗争中产生和突显,它在历史中的主要体现便是儒家道统与政统之间的张力。

不过我们也要注意民本是什么和应是什么的区分。前者是历史中的实然表现,后者则是观念中的价值标准。"实然"能否成为评判"应然"的标准呢? 如果我们承认历史中民本思想被王权主义扭曲,变成专制理论的一种,那么是否就意味着对民本思想的全盘否定呢? 我们要知道,理论并不必然导向实践,但实践不能离开理论的指导。历史并不就是理性或理论的逻辑展开,它是多种客观因素和条件共同推动的结果。比如西方近代以来民主制度的建立在很大程度上并不是启蒙时代民主理论导致的逻辑结果,而可看作西方社会传统、阶级构造等历史机缘促成的偶然性事件。但这是否就否定了民主理论的价值?相反,民主理论和民主理想的确提供了一种批判、修正现实的方向性的指导。有了理论,实践就不是盲目的行动。就此而言,民本思想所能提供给我们的追求"好的政治"的力量和勇气一点也不逊色于"民主"这个词。尽管它没有"民治"的内涵,但是否也可以看作一种适合中国的文化、历史传统乃至现实的"最低限度"的民主思想呢?

民本的问题,在很大程度上产生于我们并非按照它的指导来进行我

---

① 参见刘小枫主编:《苏格拉底问题与现代性——施特劳斯讲演与论文集:卷二》,韩磊、丁耘等译,华夏出版社,2008年,第9页。

们的实践,由此在历史上缺乏制度层面的支持。王权主义作为主要的统治思想主导了历史实践。王权成为万权之源,它紧紧操控着国家机器和整个社会。它不是导向而是否定人民的权力。因此我们必须对历史上的王权主义做深入的研究,从而将传统文化中的有价值的部分从其束缚中解救出来。

在此意义上,好的政治理论才能引发好的政治实践。这也正是我们进行此研究的原因和目的所在。

圣王崇拜:一种政治宗教
——先秦诸子政治哲学综论

由先秦诸子特别是儒墨道法四大政治思想流派所建构的中国古典的政治学说,可以说是最富原创性而又深具解释性的,历代学者们对它们的阐释、描述和评价,既存在着某种连贯一致性,同时也存在着很大的分歧。笔者认为,为了能够更好地把握和理解中国古典政治哲学的内容实质与本质特征,如其基本的政治价值取向、政治思维的逻辑结构及其根本性的政治目标追求,对先秦诸子政治思想的分野重新进行描述,并基于一种中西比较的视角对先秦诸子所共同关注的核心政治议题即推崇圣王统治做一些尝试性的全新解读,是十分必要的。

一、对先秦诸子政治思想分野的重新描述

从西周时期的"学在官府"到中国轴心时代的私家子学,诸子学的勃兴真可谓是一场异彩纷呈的"学术暴动"。由于诸子各家均遵循着"当者胜"的辩难精神而进行学术的争鸣与哲学的论辩,并极力拓展思想的话语空间,故随着一个个圣哲大师的出现,中国轴心时代诸古典学术流派的思想亦不断地被推向了一个个高峰。正是在这一时代突生式的思想生长的过程中,形成了"百家争鸣"的思想文化奇观。

传统对诸子百家学术思想流派与思想家群体的典型描述,以司马谈

《论六家要旨》和《汉书·艺文志》的概说为代表,他们将诸子百家概括为阴阳、儒、墨、名、法、道德六家,或者是儒、墨、道、名、法、阴阳、农、纵横、杂、小说十家。而就诸子政治思想的分野而言,梁启超在其所著《先秦政治思想史》一书中,将儒墨道法的政治主张概括为四大主义,即道家的无治主义、儒墨的人治主义、儒家的礼治主义和法家的法治主义;而萧公权在其所著《中国政治思想史》一书中,则将儒墨道法划分为三派,即以儒墨为代表的人治派(即主张贤人政治)和以法家为代表的法治派(这二派皆为积极的政治思想),以及与前二派相对立而取消极态度的、以道家为代表的无治派。梁氏以礼治主义为儒家所独有,实属卓见,而这一点却为萧氏所忽略。不过萧氏除了根据各家政治思想的内容而将他们分为三派之外,还特别就这三派在由封建天下转为专制天下之过渡时期所可能持有的三种政治态度做了描述:儒墨所持为一种复古或保守的政治态度,即"对将逝之旧制度表示留恋,而图有以维持或恢复之";法家所持则是一种积极适应新的时代趋势要求的政治态度,即"承认现状,或有意无意中迎合未来之新趋势而为之张目";道家所持是一种悲观而抗议的政治态度,即"对于一切新旧之制度均感厌恶,而偏重个人之自足与自适"。[①]萧氏对各家政治态度的区分与描述,亦可说至为精当。

不可否认,如梁、萧二氏对诸子政治思想分野及其政治态度分化的描述,对于我们理解和把握诸子各家政治理念的特色当然是非常有用的。然而笔者认为,上述描述还是存在着一些有待进一步阐释的问题,其中最大的问题就是,仅据诸子各家的治国主张,如不管是无为而治也好,还是人治、礼治与法治也好,是否就可直接用来准确地概括和描述诸子各家政治理念的特色?换言之,对我们来说,诸子各家的这些治国理民的主张究竟意味着一种什么样的政治理念?要更明晰而贴切地回答这一问题,就有必要对诸子各家政治思想的分野及其政治态度的分化做一番重新描述的工作。

众所周知,政治无疑是一个对人类生活有着直接的决定性影响的功

---

① 萧公权:《中国政治思想史》,新星出版社,2005年,第15页。

能领域，诸子各家显然对此具备了一种共同的概念或充分的自觉意识，正如司马谈《论六家要旨》所言："夫阴阳、儒、墨、名、法、道德，此务为治者也。""务为治"一语，既道破了诸子各家皆"归宿于政治"的理论追求，亦向我们明确传达了这样一个信息，即诸子各家亦都是要通过政治的途径来实现对国家与社会的治理的，因此诸子们才会怀抱着一种"干世主"的政治热忱去游说奔波于各国之间，以便寻找到能够实现其政治抱负、理想与主张的机会，即使是主张最好不治的庄子学派亦是要"应帝王"的。但是他们对人的能动性之于治理国家和社会所能发挥的政治作用，却持有极为不同的态度。大体而言，一种是积极肯定的态度，一种是消极否定的态度。儒墨法三家无疑是主张充分发挥人的能动性的政治肯定论者，而道家则是对人的能动性持否定乃至怀有一种天然的敌意的政治怀疑论者。

就作为政治怀疑论者的道家而言，其政治主张是否便如梁启超先生所言，其无治主义"等于无政府主义"，而"这种主义，结果等于根本取消政治"[①]？除庄子一派的学者有这样一种政治态度与价值取向外，其他道家人物很难说其主张一概都是旨在"根本取消政治"。笔者认为，就道家政治态度与价值取向的根本共同点来说，毋宁说是对人自身政治能动性与统治者权力意志的深刻怀疑并极力主张削弱之。

而就政治肯定论者而言，政治无疑是最能表现人的能动性的人类活动场所或领域，他们均强调发挥人的政治能动性及政治的积极建构功能，故可称之为政治上的积极能动主义，但他们的政治态度与价值取向却又有着根本的分歧，儒墨二家的政治追求是以实现善或人道主义的价值目标为旨归的，属于政治理想主义者，从其对政治主体的信任态度(主张贤人政治)而言，亦可称他们为政治人本主义者。而法家的政治追求以实现君主利益的最大化为目标，就其将法、术、势完全视作为君主对臣民和国家实施绝对统治与治理的最有效的利器或工具而言，他们无疑是政治上的现实主义者，而且他们的政治理念实质上不过是将政治理解为一

---

① 梁启超：《先秦政治思想史》，东方出版社，2012年，第258页。

种通过赏罚的手段对臣民实施意识与行为控制的纯粹技术而已,故笔者认为亦可将法家的政治理念称之为单纯的行为控制主义政治学。

然而我们对诸子政治理念的描述,还可以采取不同的视角或路径。诸如:

从与其权力观相关联的政治态度而言,庄子学派极力抨击圣人与帝王,以为正是他们的政治统治或权力意志扰乱了人心人性,以至从根本上破坏了自然与社会的整体和谐状态;墨家与法家则对天子、正长或君主、行政或官僚政治持充分信任的政治态度,以为唯有充分强化其权威、发挥其功能才能从根本上消弭世间的混乱而重建世界的秩序,他们亦同归于极权主义的政治路线;[1]而儒家对权势究竟能带来什么样的政治后果却持两可的态度,因为对他们而言权力既可被用来行善,亦可被用来作恶,故他们最为关注权力获取的合法性及其行使的正当性问题,就社会政治秩序的重建来说,儒家在根本上信任的是人的自我完善的力量与过去时代一直行之有效的传统生活方式及与之相应的道德行为规范,故有仁政的张扬与礼治的推隆,而其政治态度却在尊君与轻君这两可之间摇摆。

从与其文化价值取向相关联的政治态度而言,儒墨均推崇古圣先王之道,但其取舍却相反不同:儒家重礼乐教化,而墨家尚功利实用;道法均持蔑弃、反对人类文明或文化传统的态度,但两家的政治理念与权力观却旨趣迥异。

从其政治忠诚的归属感而言,儒墨难以割舍封建时代的天下情怀,故周游奔波说四方诸侯以期实现其治国平天下的政治理想与抱负;道家

---

① 美国著名汉学家狄百瑞认为,墨子不过是在其"简单化的有关人类行为的假设"的基础之上,"强烈真诚地、直截了当地"主张"依照一种单纯的极权主义的观点来动员起一切力量"。([美]狄百瑞:《东亚文明——五个阶段的对话》,何兆武、何冰译,江苏人民出版社,1996 年,第9 页。)冯友兰则认为:"把法家思想与法律和审判联系起来,是错误的。用现代的术语说,法家所讲的是组织和领导的理论和方法。谁若想组织人民,充当领袖,谁就会发现法家的理论和实践仍然很有教益,很有用处,但是,有一条,就是他一定要愿意走极权主义的路线。"(冯友兰:《中国哲学简史》,涂又光译,北京大学出版社,1985 年,第 186 页。)

老庄则以回归自然之道为宗旨,不是向往小国寡民的社会理想,就是希望化民如野鹿而实现彻底回归自然状态的"无何有之乡";而法家则将自己的政治忠诚感拘囿于完全以君主利益为中心和以国家富强为目标的特殊政治共同体之上,舍此之外则别无他求,故李斯可假"存韩"之罪名陷韩非于死地。

另外就对诸子各家政治理念的描述而言,尚需稍稍详加辨析的一点,就是我们究竟是在什么意义上来将儒墨的政治理念描述为人治主义的?以及如何看待儒家人治与法家法治之间的对立的?依梁启超先生之见,人治主义"本来是最素朴平正的思想,所以儒墨两家都用他"①,此所谓人治主义(贤人政治)丝毫不带任何的贬义,似乎也不应受到贬损,因为不管诸子各家之所谓"贤"是指一个人的"品德""能力"还是"忠诚"(忠于君主与职守),事实上诸子各家都主张君主应任用他们所谓的"贤人"或"贤臣",唯有在这一意义上我们才能真正理解梁启超先生何以认为人治主义"本来是最素朴平正的思想",然而"专讲人治"又"到底不能成为一派壁垒"。②

但是所谓的"人治"往往又是在与"法治"相对立的意义上被使用的,如法家所极力反对和批评的"身治"或"心治",就往往被认为是针对儒家的人治主张,而儒家强调政治生活中的人的主体性、决定性的作用,如孔孟荀所谓的"为政在人"(《中庸》)、"徒善不足以为政,徒法不能以自行"(《孟子·离娄上》)、"君师者,治之本也"(《荀子·礼论》)和"法不能独立,类不能自行;得其人则存,失其人则亡。法者,治之端也;君子者,法之原也"(《荀子·君道》),亦往往被指认为一种人治主张,然而法家所批评反对者与儒家所主张者却完全是风马牛不相及的,因为法家批评反对的是君主凭一己之好恶滥施刑罚的做法,反之他们主张的是信赏必罚、赏罚必当或赏罚严明,其实儒家也是主张刑罚应中正不偏的。两家政治主张的根本差异只是在于法家认为赏罚(尤其是刑罚)乃是治国的最有效的

---

① 梁启超:《先秦政治思想史》,东方出版社,2012年,第258—259页。

② 参见梁启超:《先秦政治思想史》,东方出版社,2012年,第259页。

根本手段或不二法门,而儒家则不这样认为,他们更重视和强调的是礼义、道德教化作为治理国家最有效的途径和方式的价值优先性。

在笔者看来,法家如韩非直接针对儒家的政治批评主要有三点:一是期望圣人作王,二是期望政治能引导人们向善,三是儒家所主张的仁政或道德政治虽能推行于上古却不适宜于今世。因此之所以会产生认为法家批评"身治"或"心治"是针对儒家的人治主张这种风马牛不相及的误会,笔者认为若不是由于法家本身对儒家政治观念的错误理解的话,就是由于后人误将法家对儒家的上述直接的政治批评进行了不适当的泛化,以为所有的批评肯定都是针对儒家的人治主张的,如韩非之批评"心治"而认为君主舍法术而或仁或暴,其性质或造成的政治后果其实却是一样的。就此而言,除了法家主张任法术为治而儒家倡导遵循先王之道或行仁政为治的不同之外,儒家亦是坚决反对君主任意妄为的,两相比较,甚至儒家更有过之而无不及,我们不能因为韩非一说到"仁"便以为那是儒家所主张的"仁",其实韩非所反对的,既是《商君书·说民》篇所谓的"过之母"的"慈仁",亦是孔子所谓的因不好学而"其蔽也愚"的"仁",又是孟子所谓"徒善不足以为政"的"徒善"。而从对君主的要求来讲,事实上儒家较法家更为严格,无论是个人品德方面的要求,还是制度(如谏议)方面的制约,尽管儒家所倡导的这些要求或制约对君主而言只可能具有某些影响的作用,而对君主个人及其政治行为不可能从根本上形成一种客观化的制约机制。

但是如果说儒家对握有权力的统治者的圣贤期待易于导致专制的话,法家的那种期望中君庸主单纯凭借工具化的法术以控制、驾驭臣民的政治理念更易流于一种人治化的绝对君主专制,故萧公权先生才会如是说:"盖先秦之法家思想,实专制思想之误称。其术阳重法而阴尊君。"①我们这样讲一点也不意味着我们是在为儒家辩护,我们的用意是要彻底厘清用以描述儒家政治理念的"人治"或"人治主义"这一概念的含义,如果说其正面的含义仅仅是指主张贤人政治或强调人的主体性、决定性的作

① 萧公权:《中国政治思想史》,新星出版社,2005 年,第 179 页。

用的话,如孟子之言"惟仁者宜在高位"(反之,"不仁而在高位,是播其恶于众也"。)(《孟子·离娄上》),笔者认为这种重视人的作用的政治理念显然是有相当的道理的,亦可说具有其"素朴"的正当性,因为我们总不至于要求古人主张"惟恶人宜在高位"吧,而强调人在政治生活中的主体性、决定性的作用也并不意味着就赞成政治主体的权力意志可以任意性地决定一切。不管人在政治生活中的作用是不是决定性的,但毫无疑问的是人在政治生活中绝不应是或者事实上也不是纯粹消极被动的,而孔子所谓的"人存政举,人亡政息"(《中庸》),毋宁说是对政治现实的一种事实性的描述。而从贬义上来讲,如一般人们所批评的那样,如果说人治之为人治意味着拥有权力者的意志可以任意决定一切[①],以致因缺乏客观化的有效的制度制约的机制而易使政治走向专制的话,那么儒家那种对统治者过于信任的道德政治期望和法家基于对臣民的不信任的法治理念,显然都是易流于人治化的君主专制政治的。不过毋庸讳言,在儒家的道德理想主义的温床上也往往会生长出一种对现实政治的强烈批评精神,而耐人寻味的是法家人物如韩非虽口口声声说什么"中君""庸主",实际上其基于工具性操纵思维之上的法术理念却最易使现实君主神圣化,从而导致君主个人的无法统治。

二、政治哲学的作用

仅仅由上述对诸子各家政治理念所做的重新描述,尚无法凸现出中国古典政治哲学的主旨与特色。笔者认为,中国古典政治哲学的主旨与特色,集中体现在先秦诸子所共同关注的核心政治议题即对圣王统治的推崇之上,而就诸子推崇圣王统治的实质性意义来讲,唯有在一种比较分析

---

① 据[美]列奥·施特劳斯、[美]约瑟夫·克罗波西主编《政治哲学史(上)》:"个人的无法统治,即人治……'无法'在这里并不意味着没有任何形式的法律或习惯。它意味着政府习惯于漠视法律,特别是意在限制政府权力的法律:一个可以改变任何法律或'至高无上的'政府就是无法的政府。"在这一意义上,若将文中"政府"一词替换为"君主",便最适于用以说明中国传统的人治理念,即意味着君主个人的无法统治。(李天然等译,河北人民出版社,1993年,第75页。)

的意义上，即通过与古希腊即西方古典政治哲学所关注的主旨的比较，我们才可能摆脱身处其中的无意识的蒙蔽而拥有一种真切的反省与理解。

首先，综合中外学者对"政治哲学"所做的界定①，我们不妨这样来给政治哲学下一个定义："政治哲学是对政治智慧的挚爱，是对政治价值、政治事务的本性或政治现实的实质，对政治的目的或根本目标，对政治生活中的解释性问题，对政治宏观体系及一般规律，所做的有系统的哲学反思；作为整个政治理论的哲学基础，它对政治理论的全局和人们政

① 美国著名政治哲学家施特劳斯在《什么是政治哲学？》一文中，对"政治哲学"所下的一个经典性定义是："政治哲学就是要试图真正了解政治事务的性质以及正确的或完善的政治制度这两方面的知识。"（参见［美］詹姆斯·A.古尔德等编：《现代政治思想——关于领域、价值和趋向的问题》，杨淮生等译，商务印书馆，1985年，第61页。）另据《政治哲学史》一书的"译者前言"："他（施特劳斯）给政治哲学下了如下定义：政治哲学是哲学的一个分枝，它以寻根求源、广泛而系统的方式探讨人类政治生活的问题……它的目的既在于认识政治事务的本性，也在于认识公正的或好的社会制度。"（［美］列奥·施特劳斯、［美］约瑟夫·克罗波西主编：《政治哲学史》，李天然等译，河北人民出版社，1993年。）而对犹太裔美国政治学家和哲学家汉娜·阿伦特来说："除了对政治智慧的挚爱之外，政治哲学的目的即是去回答政治生活中的解释性问题。为了回答这些问题，它就应通过对政治经验进行现象学分析，来发展一种政治的本体论。"（参见李小兵：《资本主义的文化矛盾与危机——当代人本主义思潮研究》，中共中央党校出版社，1991年，第527—528页。）美国学者杰克·普拉诺等著《政治学分析辞典》对"政治哲学"条目的解释是："研究与政治，特别是与政治价值、政治现实的实质和政治分析的知识假定有关的观念的分支学科。政治哲学有几个主要研究重点：第一，作为规范理论，它力图阐明政治的价值，确定什么是希求的和道德的事物……第二，当政治哲学考虑'是怎么样'而不是考虑'应该怎么样'的实际政治时，它关心的是现实的实质或根本性质，而不注重对特殊的现实现象进行观察……第三，作为分析哲学，政治哲学研究词汇和概念的含义、论证的逻辑性、发现真理的途径以及命题的根据。""从历史上来说，政治哲学也就是人类对于政治现象可靠知识的探求。"（参见［美］杰克·普拉诺：《政治学分析辞典》，胡杰译，中国社会科学出版社，1986年，第114—115页。）刘泽华先生在《中国传统政治思维》一书中是这样给"政治哲学"下定义的："有关政治的哲学思考，或者用哲学的方式思考政治问题，都可以称之为政治哲学。也就是说，政治哲学指对有关政治宏观体系和一般规律的认识，是政治思想的高度抽象。""政治哲学影响着政治理论的全局，政治哲学的深入是政治理性深入的标志。"（刘泽华：《中国传统政治思维》，吉林教育出版社，1991年，第112、114页。）俞可平在《权力政治与公益政治》一书中则认为，政治哲学"主要研究政治价值和政治实质……它是关于根本性政治问题的理论，是其他政治理论的哲学基础。""政治哲学是一种规范理论……它主要回答'应该怎样'的问题。"（俞可平：《权力政治与公益政治》，社会科学文献出版社，2000年，第1页。）

治理性的提升有着决定性的影响。"但我们只把这一定义作为我们思考的起点而非终点，也就是说，这一定义对我们来讲不是一种限定，而是一种富于建设性的启示。在这一启示的基础上，下面将以我们对西方古典政治哲学也许还算不上十分完备的了解作为一种重要的参照，来尝试展开对中国古典政治哲学的全新诠释与描述。

在西方，一般认为苏格拉底是其古典政治哲学的创始人，但他却不是最早的哲学家，也就是说，政治哲学的产生在时间上要晚于哲学。最早的哲学家是那些"论述自然的人"，而苏格拉底则从研究神圣或自然事物转向了全力探索人类事物，即正义的事物、高尚的事物，以及对人之为人是善的事物。作为西方古典政治哲学的创始人，苏格拉底在谈话中论述问题的显著特点，就是对于每一事物他都提出"什么是……?"的问题，这种提问题的方式意味着要阐明所问事物的自然（本性），即事物的形式或特征。①而在中国，尽管很难说有一个与古希腊的"哲学"完全对等的具有独立学科意义上的哲学，但只要我们不是那么太学究气，我们就仍然有充分的理由可以将孔老作为中国哲学同时亦是我国古典政治哲学的创始人，也就是说，哲学与政治哲学在我国是同步产生的，而且这种同步性产生了一个重要的后果，即中国人的哲学思维方式没有发生苏格拉底式的那种转向，孔老一开始就留给我们一种共同的哲学遗产，就是重人事而同时又是重自然的，尽管孔老之间存在着一重人事一重自然的那种鲜明的差异性。与苏格拉底谈话中论述问题的方式截然不同的是，老子谈论问题的方式完全是一种对不可言说的自然之道的独白式言说，而当"不耻下问"、谦恭好学的孔子向他人提问时，他则主要是为了丰富和增长自己在倾心以求的有关古代礼乐文化传统方面的知识，而他对别人的教导则除了传授这方面的知识之外，就是教人如何做人或成为君子，孔子独具特色的教人方法是因材施教、问同而答异。

苏格拉底谈论问题的方式，不仅是不断地向他人提出有关事物的形

---

① 参见［美］列奥·施特劳斯、［美］约瑟夫·克罗波西主编：《政治哲学史》绪论，李天然等译，河北人民出版社，1993年。

式或特征的"什么是……?"的定义问题①,特别是"什么是正义?"的问题,而且在考察了关于正义的各种不同的观点之后,苏格拉底给出了他自己(也许是柏拉图本人的)关于正义的这样一个明确的定义:"正义在于人人做一件属于城邦而又为其天性所擅长的事情,或只在于人人关心自己所做的事情……更准确地说,一个城邦之正义只在于其三部分(生意人、武士、统治者)中的每一部分都做且只做自己的工作。"②而由于孔老等主流派的中国哲人并不像苏格拉底那样提问题而又在讨论的基础上给出自己明确的定义,以至于后人在理解夫子之道和老子的自然之道时,便只能是得其道之一体或者是只可意会而不可言传了。③不过,虽然思想缺乏由对事物的形式或特征的清晰明确的定义而凸显出的理智的形式,但这并不是说孔老开创的哲学言说的方式及其思想是完全排斥定义、不合逻辑、不成系统以至混乱而不可理解的,它缺乏的仅仅是基于对其使用的核心概念(譬如孔子的"仁"、老子的"道")的明晰而确切的定义之上的系统性而已。

对中西古典政治哲学做深入而系统的比较研究,既非本人所能胜任,亦不是本文的主旨所在,但为了更能准确把握中国古典政治哲学真正的特色所在,比较又是不可避免的,为此笔者愿意从以下几个方面进一步尝试做一些谨慎的比较工作,之所以谨慎,是因为比较的工作需要不断地深入细致地开展,它不是一次性就能完成的,而且在比较时需要尽量避免两种先入为主的偏见,一是不应对中西做简单的比附,二是亦不宜轻率地断言中西之间是完全不可相通的,因为比较的必要性既是基于二者之间的不同之上,同时亦必须基于二者均具可理解性的认识基础或前提条件之上。

---

① 据约翰·麦克里兰《西方政治思想史》所言,亚里士多德的《政治学》更是"一切系于定义"。([美]约翰·麦克里兰:《西方政治思想史》,彭淮栋译,海南出版社,2003 年,第 86 页。)

② [美]列奥·施特劳斯、[美]约瑟夫·克罗波西主编:《政治哲学史(上)》,李天然等译,河北人民出版社,1993 年,第 44—45 页。

③ 诚如金岳霖先生在《中国哲学》一文中所言,"希腊文化是十足的理智文化",而"中国哲学没有打扮出理智的款式"。参见金岳霖:《中国哲学》,见胡晓明、傅杰主编:《释中国(第二卷)》,上海文艺出版社,1998 年。

众所周知，德国著名哲学家雅斯贝尔斯曾将古希腊苏格拉底所处的时代、印度佛陀的时代，以及中国孔老与诸子百家的时代等并称为人类历史上的"轴心时代"，这一时代具有一些重要的共同的特征，在此我们无须赘述。仅就轴心时代中国与古希腊古典政治哲学的产生及其任务或作用而言，美国著名政治哲学家罗尔斯对"作为社会之公共政治文化组成部分的政治哲学"的"四种作用"所做的区分，可以说为我们提供了一个很好的参考性的解释框架。在罗尔斯看来，一般来说，政治哲学具有四种作用①，笔者认为，正是在这四个方面的意义上，中国和古希腊古典政治哲学可以说既具有基本相同的作用而又具有重要的差异性：

第一，"政治哲学的一个任务——也就是说，它的实践作用——就是关注那些高度争论的问题，并且抛开现象，看一看是否能够揭示出哲学一致和道德一致的基础。或者，即使我们不能发现这种一致的基础，至少我们有可能缩小由政治分裂所导致的在哲学和道德观点方面的分歧，以使基于公民之间相互尊重的社会合作得以维持。"所以说，"这种实践作用既产生于分裂性的政治冲突，也产生于解决秩序问题的需要"。

从政治哲学产生的政治背景来说，竞争并存的众多政治共同体之间分裂性的政治冲突和价值观念上的多元事实，自始便是中西政治哲学家们必须面对的最为棘手的现象，因此他们极为关注的就是现实政治的衰退和健全政治的重建问题，如果说古希腊的情况只能从苏格拉底与他人逐渐深入展开的对话中设想的话②，中国的情况则在中国的政治哲学家

---

① 参见［美］约翰·罗尔斯：《作为公平的正义——正义新论》，姚大志译，上海三联书店，2002年，第3—8页。

② 据列奥·施特劳斯、约瑟夫·克罗波西主编《政治哲学史（上）》："在《理想国》中，苏格拉底同许多人讨论了正义的本性问题……我们无从了解这种有关政治原则的对话发生的政治背景。不过我们可以设想它发生于雅典政治上的衰退时代，因为苏格拉底及其他主要的对话者（格劳孔和阿得曼托斯兄弟）极为关注的就是这种衰退和健全政治的重建。"（［美］列奥·施特劳斯、［美］约瑟夫·克罗波西主编：《政治哲学史（上）》，李天然等译，河北人民出版社，1993年，第31页。）

们直接"紧扣主题"①的政治话语中体现得是再明显不过了,如所谓的"天子式微""礼坏乐崩","诸侯异政,百家异说""天下不一,诸侯反俗",以及"天下大乱,贤圣不明,道德不一,天下多得一察焉以自好"而"道术将为天下裂"(《庄子·天下》),或"天子既绝,贤者废伏,世主恣行,与民相离,黔首无所告诉"(《吕氏春秋·振乱》),等等。有鉴于此,政治哲学家们均致力于探讨政治衰败的根本原因,并试图揭示出人类重新走向团结或和谐相处的"哲学一致和道德一致的基础",即为健全政治和社会秩序的重建寻求一个合理一致的基础。

第二,"政治哲学的一种作用是有助于人们思考作为一个整体的政治制度和社会制度,以及作为具有自己历史的社会—— 一个国家——的基本目标和目的,这些目标和目的同作为个人或家庭和团体之成员的目标和目的是不一样的。而且,任何文明社会的成员都需要这样一种观念,这种观念能够使他们把自己理解成为具有某种政治地位的成员。"罗尔斯将政治哲学的这一作用称之为"定向作用",即"这是一种属于理性和反思(理论上的和实践上的)的观念,它能够在(概念)空间中为我们定向,比如说,使我们拥有各种可能的目标,这些目标可能是个人的,也可能是团体的;可能是政治的,也可能是社会的"。

应该说中国与古希腊古典政治哲学均具有这样一种作用,关于这一点并不需要多加辨析,然而也恰恰是在对作为一个整体的政治制度和社会制度的思考方面,中国与古希腊的政治哲学家们所关注的问题与思考问题的方式表现出了根本性的差异,后面我们会做详细的论述。

第三,政治哲学的第三种作用是黑格尔在其《法哲学原理》(1821

---

① 金岳霖先生在《中国哲学》一文中对中国哲学的"入世"特点有过这样精湛的描述:"在三大哲学思想主流中,人们曾经认为印度哲学是'来世'的,希腊哲学是'出世'的,而中国哲学则是'入世'的。哲学从来没有干脆入世的;说它入世,不过是意图以漫画的笔法突出它的某些特点而已。在懂点中国哲学的人看来,'入世'的说法仅仅是强调中国哲学与印度、希腊的各派思想相比有某些特点;但是对于那些不懂中国哲学的人,这个词却容易引起很大的误解。它的本意大概是说,中国哲学是紧扣主题的核心的,从来不被一些思维的手段推上系统思辨的眩目云霄,或者推入精心雕琢的迷宫深处。"参见金岳霖:《中国哲学》,胡晓明、傅杰主编《释中国(第二卷)》,上海文艺出版社,1998 年。

年)中所强调的,即调和作用:政治哲学有助于安抚我们的挫折感和平复我们对社会及其历史的愤怒,即它向我们表明,当从一种哲学观点加以正确理解的时候,我们社会的制度是合理的并且是随时间而发展的,正如它们现在已经达到的合理形式那样。正如黑格尔的一句名言所说的那样:"当我们合理地看这个世界的时候,反过来这个世界看起来就是合理的。"他为我们寻求调和,也就是说,我们应该积极地接受和认可我们的社会世界,而不是仅仅听命于它。

　　事实上,无论是中国还是古希腊的古典政治哲学家们,他们都面临着一个共同的将世界合理化的调和课题,即如何将现实世界的社会等级秩序与阶级统治予以合理化,以便说服人们积极地理所当然地接受和认可其社会世界。也正是因为这一点,他们往往受到崇尚自由平等的现代人的激烈批判,如英国著名哲学家卡尔·波普尔对柏拉图的批判,他在《开放社会及其敌人》一书中将柏拉图在《理想国》中所主张的正义观描述为"极权主义的正义",在波普尔看来,"如果城邦三个阶级的任何一个都能各司其职、各尽其责……城邦就是公正的","这一陈述意味着柏拉图把正义与阶级统治和阶级特权原则等同了起来。因为各个阶级各司其职、各尽其责的原则,简洁明白地说就意味着:只要统治者统治,工人们工作,而奴隶们被奴役,国家就是正义的"。这实际上也就是要"用保持严格的阶级差别和阶级统治的方法,来遏止一切变化"①。而如果说"正义"(正义的本性及如何实现城邦的正义的问题)乃是柏拉图《理想国》的"中心话题"的话,那么与之相类的儒家的"中心话题"则是"人伦"(人伦的本性及如何实现群居和一之道或人伦的至平的问题),正如荀子所言:"先王案为之制礼义以分之,使有贵贱之等,长幼之差,知愚能不能之分,皆使人载其事而各得其宜,然后使谷禄多少厚薄之称,是夫群居和一之道也。故仁人在上,则农以力尽田,贾以察尽财,百工以巧尽械器,士大夫以上至于公侯,莫不以仁厚知能尽官职,夫是之谓至平……故曰:'斩而齐,

---

　　① [英]卡尔·波普尔:《开放社会及其敌人(第一卷)》,陆衡等译,中国社会科学出版社,1999 年,第 177、176 页。

枉而顺,不同而一。'夫是之谓人伦。"(《荀子·荣辱》)唐代大儒韩愈在其《原道》一文中更是简洁明白地如是说:"君者出令者也,臣者行君之令而致之民者也,民者出粟米麻丝、作器皿、通货财以事其上者也。君不出令则失其所以为君,臣不行君之令而致之民,民不出粟米麻丝、作器皿、通货财以事其上,则诛。"如此说来,如波普尔将柏拉图的正义观描述为"极权主义的"并自认为这一描述是"颇为公允的",那么我们亦不能不说五四新文化运动的健将们对儒家纲常阶级制度的主张所展开的激烈攻击也是"颇为公允的"。不过笔者在此想强调的却主要是,柏拉图的正义观与儒家的人道观(天下古今人所共由之道),其实在本性上是相通的,而且所具有的调和作用更有着异曲同工之妙。

第四,"政治哲学的第四种作用是前一种的变体",罗尔斯"把政治哲学视为现实主义的乌托邦,即探索可行的政治可能性的界限",并认为"问题的关键在于,可能性的界限不是由现实决定的,因为我们能够在或大或小的程度上改变政治制度、社会制度,以及许多其他的东西"。

柏拉图对"理想国"与孔子对"有道"世界的构想,在具有这样一种政治哲学的作用方面是十分相似的,他们怀着一种由哲学家统治或仁人在位、圣王统治的政治期望,真诚地探索可行的政治可能性的界限,并希望能够实现建立符合正义或人道的现实主义的乌托邦。在《理想国》中,柏拉图的苏格拉底如是说:"我们关于国家和政治制度的那些意见并非全属空想;它的实现虽然困难,但还是可能的,只要路子走得对,像我们前面说过的那样做。只要让真正的哲学家,或多人或一人,掌握这个国家的政权。他们把今人认为的一切光荣的事情都看作是下贱的无价值的,他们最重视正义和由正义而得到的光荣,把正义看作最重要的和最必要的事情,通过促进和推崇正义使自己的城邦走上轨道。"[①]而孔子虽然明知"有道之世"的实现是困难的,但他仍然怀着一种"不义而富且贵于我如浮云"的孤独的光荣而"守死善道",以为只要让仁人君子在位(孟荀更推崇圣王统治),掌握任何一个国家的政权并实行仁政或推行人伦(礼义)

---

① [古希腊]柏拉图:《理想国》,郭斌和、张竹明译,商务印书馆,1986年,第310页。

教化,便必然会使这个国家走上正确的轨道。不过也正是在这种对"可行的政治可能性的界限"的探索上,双方亦存在着根本性的差异。笔者认为,我国先哲对乌托邦的构想似乎更为丰富多彩和富于想象力,而且其作用亦是多种多样的,如法家商韩"一断于法"的政治理想意在开创一个全新的时代,而道家庄子对"无何有之乡"的自由梦想则对现实的一切最具有颠覆、解构的意义。

三、政治思考的对象与核心问题

据上所述,通过比较,我们将不难发现中西古典政治哲学的旨趣无疑是既相通、相类、相似而又相异的,如果说上面我们重在揭示其政治理念的相通、相类、相似的方面的话,那么我们下面将主要阐明其政治理念相异的方面,或者重点辨析其即同即异之处。

如上文所言,中西古典政治哲学同样是"既产生于分裂性的政治冲突,也产生于解决秩序问题的需要",笼统地这样讲似乎并无不可,但是若仔细推究的话,我们就会发现其产生毕竟又有着各自不同的特殊的社会历史条件与政治背景,而笔者认为,正是这种不同直接决定并导致了中西古典政治哲学家们政治关切的问题意识及其主导性政治理念上的根本差异。具体来说,西方古典政治哲学虽然产生于古希腊城邦民主政治衰退的政治背景下,然而古希腊的政治哲学家们即苏格拉底、柏拉图和亚里士多德却"都认为人类社会的最完美形式是 polis city(即城邦)"①。中国的古典政治哲学虽然产生于西周宗法政治衰败与封建天下解体的政治背景下,然而中国古典政治哲学家们的"天下"情怀却始终不泯,他们思考和关注的政治对象与问题范围及其政治价值取向,尽管有这样那样的差异甚至是根本相反的,如小至个体一己一身而大至整个自然宇宙,或是留恋或是背弃封建宗法制,但有一点是他们殊途同归的,或者能够在

---

① [美]列奥·施特劳斯、[美]约瑟夫·克罗波西主编:《政治哲学史(上)》,李天然等译,河北人民出版社,1993 年,第 5 页。

政治见解上达成共识的，即要从根本上解决当时人类社会的混乱失序状态，就必须重建"天下"秩序。司马谈所谓《易大传》：'天下一致而百虑，同归而殊途。'夫阴阳、儒、墨、名、法、道德，此务为治者也，直所从言之异路，有省不省耳"（《史记·太史公自序》）。依笔者之见，这样来理解和解释司马谈所言的意思是最为合适的，即诸子百家汲汲于"干世主"而所务为治者，从根本上来讲正是以天下为对象的，如孔儒因感怀于"天下"之"有道"与"无道"而卓然以"平天下"为己任，墨子因愤激于"天下之人异义"而不遗余力地倡导一同天下之义，道家因悲伤于"天下之人各为其所欲焉以自为方"而一心要将天下托付给拒绝治天下的人，法家有感于实力为一国生存之根本而极力鼓吹以一国之强并吞天下。诚如梁启超所言："我国先哲言政治，皆以'天下'为对象，此百家所同也。""中国人说政治，总以'天下'为最高目的，国家不过与家族同为达到这个最高目的中之一阶段。"①虽然当时人所谓的"天下"仅局限于指称"赤县九州"的"中国"，但我们且莫看轻了它与"城邦"之间的区别，正是这一区别造成了中西古典政治哲学家们关于政治的问题意识及思考方向上的巨大反差，以及他们所分别建构的政治学理论的各自独具特色的异彩。

由为数众多、政体各异的城邦所形成的政治背景，为古希腊政治哲学家们对城邦的各种政体进行系统的比较分析提供了最佳的便利条件，诚如英国学者麦克里兰所言："一趟古希腊之旅，就是上一堂比较政府课的好机会。"②而且苏格拉底、柏拉图和亚里士多德们不仅怀着极为浓厚的兴趣而孜孜不倦地考察城邦的政体问题，并不厌其烦地比较论究各种政体的优劣，他们不仅深切关注什么是城邦最好的政治制度，而且还认真探索城邦的最佳规模问题，如苏格拉底说："我国的当政者在考虑城邦的规模或要拥有的疆土大小时似乎应该规定一个不能超过的最佳限度。""国家大到还能保持统一——我认为这就是最佳限度，不能超过它。"③对"有关

---

① 梁启超：《先秦政治思想史》，东方出版社，2012年，第212、266页。

② [英]约翰·麦克里兰：《西方政治思想史》，彭淮栋译，海南出版社，2003年，第19页。

③ [古希腊]柏拉图：《理想国》，郭斌和、张竹明译，商务印书馆，1986年，第137页。

最好城邦的规模问题的简要论述"亦是"亚里士多德政治学说的一独特方面"。①

而中国的政治哲学家们自始便是"封建天下"的不幸产儿,他们虽然生活在"封建天下"已趋于解体的时代,却始终难以割舍掉"天下"的情怀,只因这无法排遣的"天下"情怀,他们不仅没有兴趣比较考察各国政体的问题,而且均极力主张应彻底消除"诸侯异政"的混乱政象。因此可以说胸怀天下的情结寄托了中国政治哲学家们最深切的"大一统"的政治诉求,他们所最关切的核心问题也就是天下统一和"王天下"的问题,这一问题对墨子来说是"一同天下之义",对孟荀来说是行仁政、义术而王霸天下,对老子来说是"以无事取天下",对法家来说是"独制于天下而无所制"。

总之,城邦与天下是中西古典政治哲学家们所关注的两种性质极为不同的对象,它们亦寄托着中西古典政治哲学家们的不同的政治理想与最高目的追求。当然这并不是说西方人便因此不会再拥有大帝国的梦想②,而同样中国人除了关于天下苍生的宏大叙事之外,也还有关于"小国寡民"的桃源之梦。

四、谁应当统治?

由于其政治思考所关注的对象与核心问题的不同,亦引发出了另外一个他们对这样一个共同的政治学的基本问题即谁应当统治的问题的不同回答,他们提供了一种看起来相似而其实极为不同的政治纲领与方

---

① [美]列奥·施特劳斯、[美]约瑟夫·克罗波西主编:《政治哲学史(上)》,李天然等译,河北人民出版社,1993年,第162页。

② 如雅斯贝尔斯所言,中西印"轴心时代"的终结都首先是以政治的发展为其特征的,庞大的专制帝国几乎同时出现于中国、印度和西方。不过,在西方,帝国的兴衰呈现出一种由不同民族国家的扩张征服——分裂瓦解的此起彼伏的态势特征,而中国则往往只是陷于自身一治一乱的循环和分合,少数民族政权以武力征服入主中原却反被中原主体文化所同化尤为中国兴衰史上的一大特征,故中国文化一直享有着一种"孤立的光荣",这更反过来强化了中国人崇尚"天下一统"的政治文化心态。

案,柏拉图《理想国》的主题是"推崇哲学家的统治"①,中国古典政治哲学家解决天下失序问题的政治纲领与方案的主题却是推崇圣王的统治。笔者认为,若简单地将柏拉图的哲学王理念与中国哲人的圣王理念比而同之,肯定是会犯根本性的错误的。

在波普尔看来,柏拉图的正义理论揭示了政治学的一个基本问题,即"谁应当统治国家?"②对这一问题,柏拉图的建议是"城邦"应由真正的哲学家来统治,这一建议究竟意味着什么?而中国政治哲学家们的建议是"天下"应由圣王来统治,这又意味着什么?这一问题首先涉及的是两个方面的问题:一是我们上面已揭示的中西古典政治哲学家所关注的治理与统治对象(城邦与天下)上的区别,二是哲学王与圣王两者含义上的差异。

柏拉图之所以建议由哲学家来统治城邦,主要是基于使城邦和人类免于腐败的考虑,即将"哲学与王权的符合一致"作为"拯救城邦及人类的条件",③如苏格拉底所言:"除非哲学家成为我们这些国家的国王,或者我们目前称之为国王和统治者的那些人物,能严肃认真地追求智慧,使政治权力与聪明才智合而为一;那些得此失彼,不能兼有的庸庸碌碌之徒,必须排除出去。否则的话……对国家甚至我想对全人类都将祸害无穷,永无宁日。""在哲学家成为城邦的统治者之前,无论城邦还是公民个人都不能终止邪恶。"④而中国古典政治哲学家之所以建议由圣人作王统治天下以便挽救天下失序混乱的政象,则主要是出于天下之至重、至大、至众而唯有圣王"足以为天下极"的考虑,对此荀子讲得至为明确,他说:"天子者,势位至尊,无敌于天下。""故天子唯其人。天下者,至重也,

---

① [美]列奥·施特劳斯、[美]约瑟夫·克罗波西主编:《政治哲学史(上)》,李天然等译,河北人民出版社,1993年,第33页。

② [英]卡尔·波普尔:《开放社会及其敌人(第一卷)》,陆衡等译,中国社会科学出版社,1999年,第227页。

③ [美]列奥·施特劳斯、[美]约瑟夫·克罗波西主编:《政治哲学史(上)》,李天然等译,河北人民出版社,1993年,第67页。

④ [古希腊]柏拉图:《理想国》,郭斌和、张竹明译,商务印书馆,1986年,第214—215、255页。

非至强莫之能任；至大也，非至辨莫之能分；至众也，非至明莫之能和。此三至者，非圣人莫之能尽，故非圣人莫之能王。圣人，备道全美者也，是县天下之权称也。"（《荀子·正论》）"圣也者，尽伦者也；王也者，尽制者也；两尽者，足以为天下极矣。"（《荀子·解蔽》）而道家又反其道而说之曰："天下神器，不可为也"（《老子·第二十九章》），"夫天下至重也，而不以害其生，又况他物乎！唯无以天下为者可以托天下也。"（《庄子·让王》）

那么，哲学家统治城邦与圣王统治天下的政治理念，究竟有什么意义上的区别呢？笔者认为，主要存在着两大区别：一是表现在他们对其各自主张的政治态度上，二是表现在他们所主张的合法统治的根据及方式上，试依次分别申论之。

如果说西方的哲学家与中国的圣人同样代表了人类最优秀的心灵的话，那么无论是柏拉图建议由哲学家掌握城邦政权还是中国哲人呼唤由圣人作王，可以说他们表达的是这样一种共同的政治意愿，即人类最优秀的心灵与人间至尊无上的王权结合为一体才是政治上最大的善。但是由于他们所关注对象的不同，他们的这一主张也就具有了极为不同的政治意味。对柏拉图来说，他的这一建议是基于对城邦各种政体进行比较分析的基础上而提出来的一种政治理想，哲学家的统治事实上也就意味着它是一种理想的特殊的政体形式，是城邦体制的另一种可能更好的理想选择①，它的实现虽困难却具有某种可能性。这是一种什么样的可能性呢？据苏格拉底说："只有在某种必然性碰巧迫使当前被称为无用的那些极少数的未腐败的哲学家，出来主管城邦（无论他们出于自愿与否），并使得公民服从他们管理，或者，只有在正当权的那些人的儿子、国王的儿子或当权者本人、国王本人，受到神的感化，真正爱上了真哲学时——只有这时，无论城市、国家还是个人才能达到完善。我认为没有理由一定说，这两种前提（或其中任何一种）是不可能的。""因此，如果曾经在极其

① ［美］列奥·施特劳斯、［美］约瑟夫·克罗波西主编：《政治哲学史（上）》："提出最好的政体不过是试图阐明据以改革任何现存政体的设想和选择。"（李天然等译，河北人民出版社，1993年，第160页。）

遥远的古代,或者目前正在某一我们所不知道的遥远的蛮族国家,或者以后有朝一日,某种必然的命运迫使最善的哲学家管理国家,我们就准备竭力主张:我们所构想的体制是曾经实现过的,或正在实现着,或将会实现的,只要是哲学女神在控制国家。"①苏格拉底的这番说辞实在太耐人寻味了,我们从中可以体味出这样几点:第一,哲学家的统治事实上只是他的一种理论构想;第二,他对这一构想能否实现似乎并不十分地肯定;故第三,这一构想实现的可能性只能是一种偶然的可能性。

而对中国的古典政治哲学家来讲,"天下"只有一个,唯有圣人作王方能解天下万民于"倒悬",因此圣王的统治不是另一种可能的选择而是一种作为天下之唯一希望的必然选择。唯其如此,所以哲学王的理念在西方似可仅视为是柏拉图个人的偏好,而且"由于哲学家的统治不被当作正义城邦的一个要素而是被当作实现正义城邦的手段",所以不久柏拉图哲学王的理念就遭遇到了其弟子亚里士多德的"漠视"②,西方近现代的政治哲学家更认为"国王成为哲学家,或者哲学家成为国王,似乎是不可能发生的,也不需要发生,因为权力之位将不可避免地降低理智及独立的判断力",或者是柏拉图的"谁应当统治"的旧问题应被另一个新问题所取代,即"我们怎样组织政治机构才能避免无能力的糟糕的统治者带来太多的损害?"。③而圣王的统治却是中国政治哲学家们共同的普遍的主张及其政治追求的最高目的,而且是一个在历史上愈演愈烈亦愈趋扭曲,并持久而深入地支配、决定着中国人政治信念的根本性的观念。对中国古典政治哲学家们来说,圣王的统治不仅是历史的常态,亦不仅是当下的希望所在,更应是天下未来的必然命运,故这一观念往往被后世的帝王转换为"王圣"的观念并利用之以圣化自己,而且关于圣王统治的政治话语逻辑更在汉儒那里发生了一种微妙的思维转折,他们面对

① [古希腊]柏拉图:《理想国》,郭斌和、张竹明译,商务印书馆,1986年,第251—252页。

② [美]列奥·施特劳斯、[美]约瑟夫·克罗波西主编:《政治哲学史(上)》,李天然等译,河北人民出版社,1993年,第54页。

③ [英]卡尔·波普尔:《开放社会及其敌人(第一卷)》,陆衡等译,中国社会科学出版社,1999年,第276—277、228页。

天下已成一统之局的大帝国,不再提出"谁应当统治"即天下之大应由圣王统治的问题,更不是用波普尔的新问题取代这一旧问题,而是以一种逆向思维的逻辑推论说,因这天下如斯之大之重,所以凡是能王天下者必定是受命之圣人,故曰:"王者必受命而后王"(《春秋繁露·三代改制质文》),"非圣不能受命"(《白虎通义·圣人》),而"太史公读秦楚之际,曰:初作难,发于陈涉;虐戾灭秦,自项氏;拨乱诛暴,平定海内,卒践帝祚,成于汉家。五年之间,号令三嬗,自生民以来,未始有受命若斯之亟也……故愤发其所为天下雄,安在无土不王。此乃传之所谓大圣乎?岂非天哉,岂非天哉!非大圣孰能当此受命而帝者乎?"(《史记·秦楚之际月表·序》)正是在这种思维与话语的转向中,圣王统治的理想被切换为了一种别无选择的王者崇拜的宗教。

五、合法统治的根据与基础

一般而言,现实政治是一种强者的政治,对此中西古典政治哲学家们都有一种明确的意识,如苏格拉底的对话者色拉叙马霍斯所说:"谁强谁统治""正义就是强者的利益"。①《庄子·应帝王》亦有言:"君人者以己出经式义度,人孰敢不听而化诸!"也正因为如此,政治哲学家们基于对现实政治这一本性的批评性反思,试图通过倡导某种理想的政治价值追求以期提升统治者的政治理性或者修正、转化现实政治,故他们一般会格外关注统治的合法性来源与基础,或合法统治与正确使用权力的根据及正当理由的问题。柏拉图之所以推崇哲学家统治而中国哲人亦鼓吹圣王统治,均是为此,他们之间的第二大区别亦表现在这一方面。这第二大区别又包括两个方面的问题:一是西方哲学家与中国圣人理念上的不同,二是他们所据以统治的根据与基础有别。

哲学家在古希腊是现实生活中的一种特殊类型的人或少数人,一般人只能或必须通过系统的教育并经过严格的哲学训练才能成为哲学家,

---

① [古希腊]柏拉图:《理想国》,郭斌和、张竹明译,商务印书馆,1986 年,第 19 页。

这一点颇与荀子强调学习的重要性，以及圣人可积善修行而致的成圣理念相似，荀子曰："今使涂(途)之人伏术为学，专心一志，思索孰察，加日县久，积善而不息，则通于神明，参于天地矣。故圣人者，人之所积而致矣。"(《荀子·性恶》)毫无疑问，对他们来说，要想成为哲学家或圣人，都需要具备某些基本的天赋和优秀的个人品质，但就其本质属性而言，哲学家之与圣人又是根本不同的。哲学家是爱智者，因为"在柏拉图看来，知识或追求知识本身即是哲学"，"哲学努力追求的是关于整体的知识或关于整体的沉思"①，故哲学家对知识或真理的爱是爱其全部，其中"最大的知识问题"就是"善的理念"，而"关于正义等等的知识只有从它演绎出来的才是有用的和有益的"②。圣人则不同，而且对先秦诸子而言，各家自有各家的圣人，各家的圣人理念甚至是相互排斥而不兼容的，但有一个共同点就是圣人似乎并不以追求知识为根本目的，圣人是追求与道为一的"体道"者，而"道"在诸子各家那里又是具有极为不同的含义的，儒墨所推崇的是古圣先王之道，而儒家的"道"又可称之为"人之为人之道"，墨子的"道"实亦可称之为"天志"，道家所发明的"道"是自然之道，而老子的"道"是指天地万物之本原、宇宙自然的根本法则与规律，庄子的"道"则体现为一种人生的超越性的精神境界，法家将借用来的老子的"道"转化为事理而运用为治国的法术。尽管诸子所推崇、阐释的"道"的含义有这样那样的不同，但对他们来讲，无论在人格还是智慧上，作为体道者的圣人无疑体现了为人的极则，是人的最高理想范型或人生境界。

对哲学家来说，哲学生活优于政治生活，也就是说，真正的哲学家是喜欢过沉思生活而轻视政治权力的爱智者，故未必愿意出来治理国家，但是理想国的构想"就是要不爱权力的人掌权"③，这与道家的理念是十分相似而又极为不同的。对道家圣人而言，退隐的生活无疑优于入世的

---

① [美]列奥·施特劳斯、[美]约瑟夫·克罗波西主编：《政治哲学史(上)》，李天然等译，河北人民出版社，1993年，第76页。

② [古希腊]柏拉图：《理想国》，郭斌和、张竹明译，商务印书馆，1986年，第260页。

③ [古希腊]柏拉图：《理想国》，郭斌和、张竹明译，商务印书馆，1986年，第281页。

生活,而他之所以喜欢过退隐的生活则是出于"重生""贵己",即对个体生命价值的重视,故曰:"道之真以治身,其绪余以为国家,其土苴以治天下。由此观之,帝王之功,圣人之余事也,非所以完身养生也。"(《庄子·让王》)但正如墨子所说的那样,与道家的圣人理念不同的是,其他诸子各家几乎都是主张"圣人以治天下为事"(《墨子·兼爱上》)的。

总之,古希腊哲学家是以追求全部知识与真理为目的的爱智者,而中国的圣人不管爱不爱权力,也不管愿不愿意治天下,或者不专以治国平天下为事,但作为体道者的圣人,他生来就是要么为天下苍生树立人生的仪表法式,要么积极引领世人走向正确合理的生活轨道,要么亲自推行有效统治国家与平治天下的道术。他的整个生命价值所在,绝不是像哲学家那样以追求知识本身为终极的目的,即使是像柏拉图区分真正的知识与意见那样而区分真知与俗见的庄子也不例外。

正是基于上述不同,哲学家与圣人据以合法统治的根据与基础亦是旨趣有别的,真正哲学家的统治依据的是最大的哲学知识即善的理念,而圣人则依道而治。对儒家来讲,所谓的依道而治,就是遵循人之为人之道来教化百姓,他们亦格外重视善的理念并以"止于至善"为政治的最高目的或境界。关于柏拉图的善的理念论与儒家善的理念之间含义上的差异,我们留给哲学史家们去讨论辨析,这里笔者只想指出一点,就是柏拉图的善的理念是关于实在的形式的知识,它既是为每一个灵魂所追求的"目标",亦是全部知识和真理的"源泉"。[①]然而儒家的"善"不是人的一切道德行为的根芽,如孟子的性善论所示,就是人通过努力改造人性中恶的基因而获得的果实,如荀子曰"人之性恶,其善者,伪也"(《荀子·性恶》),故成圣的过程不是由初始的善的根芽不断得以充实而呈现、焕发出美大光辉的自我实现的过程[②],就是不断对自身的恶性进行改造以积善乃至通于神明的过程。

---

① [古希腊]柏拉图:《理想国》,郭斌和、张竹明译,商务印书馆,1986年,第261、267页。

② 如《孟子·尽心下》:"可欲之谓善,有诸己之谓信,充实之谓美,充实而有光辉之谓大,大而化之之谓圣,圣而不可知之之谓神。"

哲学家是通过获取知识而被命名的,中途而废者亦可能猎取哲学家之名,那就是冒牌的哲学家,以致柏拉图不得不区分什么是真正的哲学家和什么是冒牌的哲学家,并因此而推崇真正的哲学家的统治。而儒家的圣人只能通过实践修行而自我证成,在这一实践修行的过程中只有至诚无欺者才能真正成为圣人,故圣人本人不可能是冒牌的,唯一的问题是拥有权力者可能会给自己穿上一件虚假的圣衣而装扮成冒牌的圣王。对柏拉图来讲,只有真正的哲学家的统治才能实现城邦的正义,而真正的哲学家是作为"制度的画家"并依据善的理念来为城邦创制立法的,他亦应是城邦和法律的守卫者,故波普尔评之曰:"柏拉图的政治纲领更多的是制度的而不是个人主义的。"[①]而儒家所推崇的作为"尽伦"之圣与"尽制"之王合二为一的圣王,亦可以说是仁政、礼义法度的创制立法者[②],但儒家的圣王统治的政治纲领更为关注的是发挥人即政治角色(主要是君主)的能动性的教化作用,如孟子曰:"君仁,莫不仁;君义,莫不义;君正,莫不正。一正君而国定矣。"(《孟子·离娄上》)故他们最为强调的是统治者道德权威的至关重要性。诚如萧公权先生所言:"柏拉图之哲君为一尚智之哲人,孔子之君师为一尚德之仁者。君师以德化人,哲君以智治国。其为人与操术俱不相同。"[③]

除了柏拉图哲学王与儒家的圣王仁君有"以智治国"与"以德化人"的区别之外,道、法两家的圣人治国理念尤其与柏拉图的哲学家统治理念两相反对,如老子最反对的就是"以智治国"[④],故主张依道而治的圣人"抱一为天下式"(《老子·第二十二章》)、"清静为天下正"(《老子·第四十五章》),而韩非更有言:"有道之主,远仁义,去智能,服之以法。"(《韩非子·说疑》)"所谓智者,微妙之言也。微妙之言,上智之所难知也……今所治之政,民间之事,夫妇所明知者不用,而慕上知之论,则其于治反矣。故

---

① [英]卡尔·波普尔:《开放社会及其敌人(第一卷)》,陆衡等译,中国社会科学出版社,1999年,第251页。

② 如荀子曰:"礼义者,圣人之所生也。"(《荀子·性恶》)

③ 萧公权:《中国政治思想史》,新星出版社,2005年,第45页。

④ 《老子·第六十五章》:"民之难治,以其智多。故以智治国,国之贼;不以智治国,国之福。

254

微妙之言,非民务也。"(《韩非子·五蠹》)"夫圣人之治国,不恃人之为吾善也,而用其不得为非也。恃人之为吾善也,境内不什数;用人不得为非,一国可使齐。为治者用众而舍寡,故不务德而务法。"(《韩非子·显学》)显然,若具体而言,道、法两家所反对者未必就是柏拉图所主张者,但就其治国理念的价值取向或精神本质来讲,则无疑是截然相反的,哲学家以追求全部的知识与真理为务并模仿善的理念以治国,而道、法两家的圣人治国依道不恃善并以消除民智或排斥微妙意志之言为务。

综上所述,就合法统治的根据与基础而言,实又可一言以蔽之,即哲学家的统治是一种源于哲学的理念或理性的统治,而圣王的统治是根于"道"的统治。哲学家追求的是关于永恒不变的实在的形式理念的知识,而圣人追求的是对亘古长存的普遍的自然或人道法则的体认、领悟与实践。如果说柏拉图的哲学家已由一个苏格拉底式的热心的真理的追求者退化为了一个"因其具有魔幻般的权力而使他凌驾于普通人之上"的"真理的占有者"[1],那么中国的圣人作为"体道者"自始便应是与魔幻般的至尊无上的权力合为一体的,而"道"之为"道",不管它具有什么样的含义,就其本性而言,在实践的意义上它天然就是只与圣人的修身治世相关联的,唯其如此,"体道者"实际上也就是"道"的占有者,即荀子所谓的"备道全美者",圣王的统治亦因此而具有天然的合法性,而由于在诸子的时代"道"与"王"实际处于悲哀的分离状态,故诸子极力鼓吹圣人与王权的重新合体才是天下唯一的出路。

六、统治的方式与效果

统治之所以是统治,或统治的有效性,必须通过某种方式(道术、方术)体现、落实在被治者的身上,据此而评判中西古典政治哲学的异同,我们不难发现双方政治思维的真正特色之所在及诸多足可两相发明互

---

[1] [英]卡尔·波普尔:《开放社会及其敌人(第一卷)》,陆衡等译,中国社会科学出版社,1999年,第265、290页。

诠的精妙之处。总的来讲,他们政治思考的出发点是各个不同的,关于治术的主张更是众说纷纭而歧异丛生,这种不同无疑正是他们各自政治学说的独具特色之所在。但是他们所追求的统治效果却又具有令人惊奇的一致性, 即任何一家治术均追求达到或实现一种共同的神奇的政治效果,这可以说是最耐人寻味的一个政治文化现象。

政治统治的对象说到底是对人的统治或对人类事务的治理,故对人的本性、人的身体、人的心灵、人的行为等的独到思考、不同描述、阐释与评判,构成了其各自整个政治理论的基础或出发点。众所周知,柏拉图在其《理想国》中,将人的心灵或灵魂分解为三个部分,即理性(或理智)、激情和欲望,前两者追求智慧和勇敢,而欲望则必须加以遏制,与之相对应的是城邦也分成三个等级或三部分人,即生意人、辅助者(或武士)和护国者(或统治者)。只有一个人的灵魂处于健康状态,即灵魂的三部分各司且只司其职,这个人才是正义的,相应的只有城邦中的三部分人"各做各的事而不相互干扰",这个城邦才是正义的。显然中国哲人并没有像柏拉图那样就人的心灵和城邦的等级提出这样一种明确的三分法,但却有着与之相类似的说法和主张,除了我们在上文中指出的儒家的人伦观念之外,诸子的相关理念尽管存在着诸多细微的差别,但大体都强调不同身份地位的人应当各尽其责、各服其事,儒家的"正名"主张,墨子的"分事"论①,法家的"定分"说②,其主旨均在于此,而且都是为了达到同一个目的即维系等级秩序的"上下调和",所不同的是儒家最重视伦理情谊,墨子主要强调"各从事其所能"(《墨子·节用中》),而法家则对君臣上下的尊卑关系持一种绝对的观念。

---

①《墨子·非乐上》:"君子不强听治,即刑政乱;贱人不强从事,即财用不足。今天下之士君子,以吾言不然,然即姑尝数天下分事,而观乐之害。王公大人,蚤朝晏退,听狱治政,此其分事也;士君子竭股肱之力,亶其思虑之智,内治官府,外收敛关市山林泽梁之利,以实仓廪府库,此其分事也;农夫蚤出暮入,耕稼树艺,多聚叔(通'菽')粟,此其分事也。妇人夙兴夜寐,纺绩织纴,多治麻丝葛绪捆布缘,此其分事也。"

②《商君书·定分》:"圣人必为法令置官也置吏也为天下师,所以定名分也。名分定,则大诈贞信,民皆(当作'巨盗')愿悫而各自治也。故夫名分定,势治之道也;名分不定,势乱之道也。

柏拉图对哲学家统治的推崇,实际上也可以说是对哲学或理性的统治的推崇,在他看来,正义就意味着一个人心灵的三部分或一个城邦内的三部分人既要"各自分立"而"各做各的事",又能在理性或智慧的主宰或指导下相互协调而保持一种"有节制的和和谐的整体"状态。这种和谐状态事实上也就是"自己主宰自己,自身内秩序井然"的状态,故柏拉图特别强调的是,他所谓的"正义",即一个人心灵的三部分或一个城邦内的三部分人"各做各的事",并"不是关于外在的'各做各的事',而是关于内在的,即关于真正本身,真正本身的事情"。①也许我们可以说,对柏拉图而言,哲学家的统治乃是一个正义城邦最本己内在的需要。正是基于这样一种认识,所以依柏拉图之见,从统治的最理想状态或最佳效果来讲,"当一个国家最像一个人的时候,它是管理得最好的国家","管理得最好的国家最像各部分痛痒相关的一个有机体",或者说"一个管理得好的国家"就好比"个人的身体","各部分苦乐同感,息息相关","这是一个国家最大的善";与之相反,对一个国家来讲,"没有什么比闹分裂化一为多更可恶的",也没有什么"比讲团结化多为一更善的"。②

耐人寻味的是,将一个国家乃至整个天下比之于一个人的身体这一政治譬喻,对我们中国人来讲实在是再熟悉不过的了,因为中国古典的政治哲学家们最为精通并热衷于宣讲这一政治譬喻,而且基于这一譬喻,他们提出的治国平天下的要道妙术实在比之柏拉图的哲学家统治更加丰富精彩得多!如《管子·君臣下》:"君之在国都也,若心之在身体也。""四肢六道,身之体也;四正五官,国之体也。"《礼记·礼运》:"圣人耐以天下为一家、以中国为一人者,非意之也,必知其情,辟于其义,明于其利,达于其患,然后能为之。"直至近代,著名思想家王韬仍然在津津乐道于阐述这一政治譬喻,他说:

天下虽大,犹一人之身也。治天下之事,犹治人身之疾病也。

① [古希腊]柏拉图:《理想国》,郭斌和、张竹明译,商务印书馆,1986年,第172页。
② [古希腊]柏拉图:《理想国》,郭斌和、张竹明译,商务印书馆,1986年,第197、200页。

善治病者,必先使一身之神气充足,血脉流通,然后沉疴可去。善治国者,必先使上下之情不形扞格,呼吁必闻,忧戚与共,然后弊无不革,利无不兴。故礼乐刑政,可因时以为变通者也;宽猛张弛,可随俗以为转移者也。而独至民志之孚,民情之洽,则固有其道焉,初非智术得而驭之,权势得而驱之也。(《弢园文录外编·卷三·达民情》)

上述譬喻的政治含义,事实上也就意味着治理一个国家或天下与治理一人之身应遵循同样的道理,因为这二者之间就其本性而言是相同一致的,故《吕氏春秋·情欲》:"人与天地也同,万物之形虽异,其情一体也。故古之治身与天下者,必法天地也。"儒家将此一理念发挥至极致,即以修身作为其整个政治价值理念的基础或根本支点,《大学》:"自天子以至于庶人,一是皆以修身为本",孟子亦曰:"人人亲其亲、长其长,而天下平"(《孟子·离娄上》),其旨皆归本于此,故而他们极力推崇修身、齐家、治国、平天下一体连贯的连续性的治理观念。而且孟子对真正王者的统治更有一精妙绝伦的阐述,其言曰:"乐民之乐者,民亦乐其乐;忧民之忧者,民亦忧其忧。乐以天下,忧以天下,然而不王者,未之有也。""与百姓同乐,则王矣。"(《孟子·梁惠王下》)从这一简洁明快而又感人至深,陈义亦最是"精当高远"的"王天下"之论,我们可以真切地感受到孟子理想化的政治期望,即希望统治者能够与人民打成一片。对孟子来讲,政治之为政治显然理应成为最能充分或淋漓尽致地发挥人类休戚与共的精神的场所,也只有这样一种以追求"与民同忧偕乐"为目标或以君民情感交融共鸣为基础的王道政治才是最值得统治者希求的,这在"以攻伐为贤"的时代的确显得有些"迂远而阔于事情",但这却是孟子整个政治理论中最精彩的闪光点。而主张礼治的荀子,虽然其人性论与孟子相反,但他亦有着与孟子和柏拉图同样的理想政治追求,就是能够将一个国家或整个天下治理得如同一个人那样,所谓"推礼义之统,分是非之分,总天下之要,治海内之众,若使一人"(《荀子·不苟》),这也就是圣人的统治所能达到的最佳政治效果或追求的最高目标,故曰:"平正和民之善,亿万之众而

258

抟若一人，如是，则可谓圣人矣。"(《荀子·儒效》)

不只是儒家，其他诸子各家所追求实现的政治统治的最佳效果或最高目标，亦是将整个国家抟为一体，如主张尚同兼爱的墨子和提倡耕战而主张法治的商君。墨子将社会祸乱篡害的根源归之于人与人之"不相爱"或"天下之人异义"，而根本的原因则在于"天下之所以乱者，生于无政长"(《墨子·尚同上》)，故既主张以兼爱平视的精神①来消除人与人、家与家、国与国之间的隔膜疏离的生存状态，同时更希望通过尚同的统治方式，亦即通过一种高度专制性的整合方式，或者说在一个是非(天子一个人的是非)或一个理想仪法(天志)的强制性的统合下，来重新实现整个国家或天下的和谐整体状态。《商君书》的整个核心思想，亦可以说是关于如何将整个国家抟为一体的问题，故曰："凡治国者，患民之散而不可抟也，是以圣人作一抟之也。"(《商君书·农战》)而且对商君、韩非这些法家的政治理论家来讲，不仅权势、法术只是君主统治的工具，而且整个国家也不过是君主的坐下之物而已，如韩非所言"国者君之车也，势者君之马也"(《韩非子·外储说右上》)，因此通过"一赏""一刑""一教"或"一断于法"而将整个国家抟为一体，既需要强化君主的绝对专制权力，又是以实现君主利益的最大化为目标的。说到底，将一个国家抟为一体又不仅仅是使"一个国家最像一个人"，而是使一个国家最易于受一个人的专制统治，以至于"人主处匡床之上，听丝竹之声，而天下治"(《商君书·画策》)。

统治要想达到如上效果，有一点是至关重要的，即统治必须被合理化，它要么必须被看作是内在的，而不能被看作是外在强加的，要么如法国著名哲学家布尔迪厄所说，"统治要成为统治，必须首先被看作是非统治"②，或者是统治必须被转化为被统治者的自我统治。儒家之所以主张修身为本，其意即在于以每个人的自我修养或自我治理为基础来实现整

---

① 即《墨子·兼爱中》所谓："视人之国，若视其国；视人之家，若视其家；视人之身，若视其身。"

② 冯俊等：《后现代主义哲学讲演录》，商务印书馆，2003 年，第 273 页。

个天下的太平,这当然需要统治者首先自己以身作则做到这一点。而儒家自我修养或自我治理的观念又是基于他们所倡导的人道价值理念的基础之上的,儒家所谓"道"乃人之为人或古今天下人所共由之道,故修身既须以道为准则,即《中庸》所谓"修身以道",更是一种人之为人的规范性的内在要求。如果说儒家的这一自我治理的观念在政治上属于中间道路的话,那么道家与法家的"自化"与"自治"的政治理念则代表了两个截然相反的极端。老子欲以"无为"之治以收"无不为"之效,故曰:"我无为而民自化,我好静而民自正,我无事而民自富,我无欲而民自朴。"(《老子·第五十七章》)将这种无为而治的主张推向极端,便是庄子推崇放任自由而完全回归自然的不治主义。相反,法家不遗余力地鼓吹一种使臣民"不得不"服从君主统治的所谓的治国理民的"必然之道"①,这种所谓的"必然之道",不过是通过运用政治或行政的强制性的赏罚手段来营造一种能够为权力独操的君主所完全操纵与控制的政治环境与条件,在这种纯粹人为的政治环境与条件下,臣民"不得不"或只能生存在对君主的政治依赖性的关系之下,唯有如此,吏民才会"皆务自治奉公"(《商君书·定分》),故商君极力主张行告奸之法,"有奸必告之,则民断于心","断于心"者即"以法自治"(《商君书·说民》),而这仅仅是将外在的强制与惩罚被迫不得不转化为内在的自我规训与统治而已,而商君美其名曰"以刑去刑"。如果说儒家主张以教化的手段来造就良民的话,那么法家则完全是把良民当作奸民来治理,从而使之想不做良民都不可能,这就是法家"必然之道"的真谛,这也是他们反对儒家推行仁义主张的一个主要理由。②

由上可见,中西古典政治哲学家们尽管在有关统治方式的问题上充

---

① 如《商君书·画策》:"圣人见本然之政,知必然之理,故其制民也,如以高下制水,如以燥湿制火。"《韩非子·显学》:"夫圣人之治国,不恃人之为吾善也,而用其不得为非也。恃人之为吾善也,境内不什数;用人不得为非,一国可使齐。为治者用众而舍寡,故不务德而务法……国法不可失,而所治非一人也。故有术之君,不随适然之善,而行必然之道。"

② 如《商君书·画策》:"仁者能仁于人,而不能使人仁;义者能爱于人,而不能使人爱;是以知仁义之不足以治天下也。"

满了歧见和异议,但在他们的政治理论构想中,对政治统治效果的目标追求又有着令人惊奇的一致性,这其实一点都不奇怪,因为他们都无法接受和容忍以至于因敌视而极力主张消除"理性多元性的事实"①,他们追求实现的是一种高度一体化的整体和谐的有机体式的国家状态或天下秩序。而且依笔者之见,追求人类生存状态的整体和谐状态,即所谓的"贵和",实在不能算作是中国传统思想的特色所在,特别是就政治思想而言,这不仅是因为西方的思想家也有讲人类的和谐与团结者②,而是就诸子百家而言,其实他们莫不以追求实现和谐一体之治为目标,果如是言的话,与其说其思想的特色在求和,毋宁说其思想的特色在怎样对待和处理思想的矛盾、价值观的冲突或利益的纷争,正因为他们在这一问题上所主张采取的因应之道或解决之方不同,才凸现出了其各自思想主张的特色。③譬如孔子主张"道不同不相为谋",并主张统治者与被统治者之间应是一种教化的关系;墨子对"天下之人异义"深恶痛绝,故力主尚同兼爱之法,并痛斥孔儒之学;孟子的仁政主张以"性善说"为出发点而归本于教养之道,同时极力排诋杨墨之学为禽兽之道;荀子一反孟子的

---

① 据罗尔斯《作为公平的正义——正义新论》:"理性多元论的事实是实行自由制度的社会的一个典型特征,而这一事实使人们无法认可相同的统合性学说。这个事实反映了在公民的理性的、统合性的宗教和哲学世界观方面,以及他们在人类生活中所寻求的道德和美学价值观方面,存在着深刻的和不可调和的分歧。虽然这是一个令人难以接受的事实,但是政治哲学有助于说服我们接受它,因为政治哲学向我们表明接受这个事实是符合理性的,也表明这个事实确实是一种政治的善,我们能从中受益匪浅。"([美]约翰·罗尔斯著:《作为公平的正义——正义新论》,姚大志译,上海三联书店,2002年,第6—7页。)

② [挪威]希尔贝克等:《西方哲学史——从古希腊到二十世纪》,童世骏等译,上海译文出版社,2004年,第2页。"和谐与秩序——既是自然中的,也是社会中的——的观念,可以笼统地说是希腊哲学中的根本性观念,从公元前5世纪的第一批哲学家到亚里士多德时期,都是这样。"

③ 如人们解决冲突,既可能用民主协商的办法解决,也可能用专制一统的办法解决;同样,人们追求和谐,既可能"通过承认竞争的要求和竞争的集团各自的价值而促进它们之间的实际和解"。([美]列奥·施特劳斯、[美]约瑟夫·克罗波西主编:《政治哲学史(上)》,李天然等译,河北人民出版社,1993年,第154页。)也可能通过压抑竞争的要求和竞争的集团各自的价值而维持它们之间的虚假和解。

"性善说"而视人性为恶,故主张礼法兼用;商君主张推行强权政治的"王道",与孟子竭力倡导的"以德行仁"的"王道"有着天壤之别;老庄的无为政治主张虽然同归本于自然,而其对人世间纷争的态度又显有不同,老子以不争为争,庄子绝乎对待而一任心灵遨游于无何有之乡。而诸子百虑一致之处可以说大体上又同归于这样一个问题,即统治者与被统治者构成的是一对永恒的矛盾体,如何既维持这一统治的关系又化解其矛盾,中国古典的政治哲学家们因共同关注这一核心主题而又提出了各自不同的化解之道,这才是他们思想的真正特色所在。

七、圣王崇拜的政治宗教

处于从西周封建天下到秦汉专制天下的历史演进的过渡时期,中国轴心时代的思想生长具有一种既富有连续性而又表现出深刻断裂性的总体特征,"思想自由,学无拘禁"的竞争性的政治与文化的生存条件与话语空间,催生了中国古典政治哲学不期而遇的万家灯火。

从政治发展的意义上讲,一方面是周天子"天下共主"的权威的式微与没落,以及各诸侯国君主权力的衰落与下移;另一方面是封建宗法政治向郡县官僚政治的体制性转换,以及随之而来的君主权力的重新加强与集中。在这一政治发展的历史进程中,知识阶层及其中的思想家群体的崛起具有特殊重要的意义,不管他们的政治态度及价值取向如何,他们发出了一个共同的呼声,天下秩序的重建急需新圣王的奋然兴作。当他们怀着这样一种政治信念而去"干世主"的时候,一方面既凸现出了他们自身对权力的强烈渴望(老庄另当别论),另一方面则表达了他们共同推崇圣王统治的深切的政治期望,这一政治期望既是他们据以批评人君世主或现实政治的正当理由,更是他们据以将现实的统治者塑造成为或是拥有超凡道德魅力的,或是权力独操而强大神明的,或是善于以柔弱胜刚强以至于无为而无不为的政治主体。

中国的古典政治哲学家们关注的核心政治主题可以说就是推崇圣王的统治,而他们之所以推崇圣王的统治,是与他们所处的时代环境密不可分的。在他们之前及之后,占据着主导地位的可以说是一种占有性的王权理念,即《诗·北山》所表达与秦刻石所颂扬的"天下王有"的政治理念,所谓"溥天之下,莫非王土;率土之滨,莫非王臣",或"六合之内,皇帝之土""人迹所至,无不臣者",然而诸子生存其中的是一个占有性的王权衰落的时代,宗法政治的统治秩序、社会架构与控制模式或机制的衰败与解体,意味着天下或国家的政治团结不能再仅仅依靠礼仪习惯与情感纽带来维系了,故他们不得不怀着一种对占有性王权理念的深刻质疑,鼓吹一种对他们来讲更富有统治的合理根据和哲学基础的新圣王的兴作。

周天子权威的失落甚至是"周室既灭,而天子已绝"(《吕氏春秋·谨听》)的时代的到来,对诸子来讲似乎意味着一个由一人永久而武断地占有天下的时代的结束①,而谁能重新获得统治天下的资格问题便占据了他们政治思考的核心位置。他们并不反对一人的统治,相反,他们认为唯有一人统治才是最合理的,或者说极力推崇一人统治在他们中间形成了一种普遍的政治文化心态。如孔子曰:"天无二日,民无二王。"(《孟子·万章上》)慎到曰:"多贤不可以多君,无贤不可以无君。"(《慎子·逸文》)《管子·霸言》云:"使天下两天子,天下不可理也;一国而两君,一国不可理也。"荀子曰:"君者,国之隆也……隆一而治,二而乱。"(《荀子·致士》)当然,他们所推崇的一人统治并不是任意妄为的一人统治,而是一种治理有方而合乎道、理的一人统治。如孟子曰:"得道者多助,失道者寡助。"(《孟子·公孙丑下》)《吕氏春秋·当染》云:"凡为君非为君而因荣也,非为君而因安也,以为行理也。"《管子·君臣上》云:"君一国者,其道君之也;王天下者,其道王之也。大王天下,小君一国,其道临之也。"《韩非子·解老》亦云:"夫缘道理以从事者,无不能成。""得事理则必成功。"对诸子来讲,最符合道、理的统治无疑就是圣王的统治了,因为圣王之为圣王,不是孔子所谓的"博施于民而能济众"者,就是墨子所说的"天下贤良圣知

---

① 如《吕氏春秋·贵公》:"天下非一人之天下也,天下之天下也。阴阳之和,不长一类;甘露时雨,不私一物;万民之主,不阿一人。"

辩慧之人";不是孟子的"由仁义行"的人性的化身,就是荀子的"知通乎大道,应变而不穷,辨乎万物之情性者"的"大圣"①;不是法家的"察要"以治国或"守始以知万物之源,治纪以知善败之端"的神明之君②,就是道家的遵循自然大道"无为而任物之自为"的圣王③。一言以蔽之,圣王的统治就是与终极的人道价值、永恒的古圣先王之道、自然宇宙的根本法则与神圣秩序、爱利天下的最高仪法(天志)相符合的最为合理的统治。从历史叙事的意义上来讲,如孟子所言"天下之生久矣",而对诸子来说,人类社会的历史不是由乱而治的演进(墨法),就是由治而乱的退步(老庄),或者是一治一乱的循环(儒家),但不管诸子各家如何来描述人类社会的历史状况,他们相反而又相成地认同同一个理念,即圣王作为整个天下秩序的中心或枢纽对天下国家的治乱起着决定性的作用!

对诸子来讲,凡是合乎道、理的统治,不仅政治成本最低而且又易于获得最为神奇的治理效果,如杨朱认为仅仅采取童子牧羊式的统治方式便足可以收到"治天下如运诸掌"的奇效(《说苑·政理》),孟子则曰:"老吾老,以及人之老;幼吾幼,以及人之幼。天下可运于掌。"(《孟子·梁惠王上》)"以不忍人之心,行不忍人之政,治天下可运之掌上。"(《孟子·公孙丑上》)"夫君子所过者化,所存者神。"(《孟子·尽心上》)荀子亦曰:"夫民易一以道,而不可与共故。故明君临之以势,道之以道,申之以命,章之以论,禁之以刑。故民之化道也如神。"(《荀子·正名》)而且它亦能使统治者在人民心目中真正树立起一种神明的强权型的或道德型的权威,儒家推崇的是基于道德感化之上的神明权威,如荀子曰:"礼义则修,分义则明,举错则时,爱利则形。如是,百姓贵之如帝,高之如

①《荀子·哀公》:"所谓大圣者,知通乎大道,应变而不穷,辨乎万物之情性者也。大道者,所以变化遂成万物也。"

②《商君书·农战》:"圣人明君者,非能尽其(陶鸿庆曰:'其当作知。')万物也,知万物之要也。故其治国也,察要而已矣。"《韩非子·主道》:"道者,万物之始,是非之纪也。是以明君守始以知万物之源,治纪以知善败之端。"

③ 道家对圣王的推崇:"所贵圣王者,非贵其能治也,贵其无为而任物之自为也。"([晋]郭象注:《庄子注·在宥篇》。)

天,亲之如父母,畏之如神明。故赏不用而民劝,罚不用而威行,夫是之谓道德之威。"(《荀子·强国》)法家强调的是基于强权之上的神圣权威,如《商君书·修权》曰:"权者,君之所独制也。"而《管子·霸言》则有言:"夫权者,神圣之所资也。"合而言之,即君主之神圣权威是由权力独制造成的。《管子·国蓄》亦曰:"人君挟其食,守其用,据有余而制不足,故民无不累(系)于上也……予之在君,夺之在君,贫之在君,富之在君,故民之戴上如日月,亲君若父母。"

西方著名的自由主义经济学家哈耶克说:"从对个人知识的局限性的认识,需要对所有的强权或专制给以严格的限制。"①而中国古典的政治哲学家恰恰最缺乏的就是这种限制性的政治意识,如墨子汲汲于寻找一个世间最贤良圣知辩慧的人做天子以一同天下之义,殊不知一旦天子非其人而人们又必须完全认同于一个最高的政治意志或绝对的是非仪法的时候,天下更有何解救之道?孟荀殷切地期盼一个最富有仁德的超凡魅力或"备道全美"的圣人来作王以平治一统天下,他们虽深知成圣之路的艰难,却仅仅希望通过提升满怀贪欲好利之心的君王们的人生境界来解救天下的倒悬。②老庄吊诡地深愿一个最不愿意治理天下的人不经意间就能轻取天下,老子大讲特讲暗藏着玄机的谦卑弱用之术,其实充满了理性的狡计和权谋的诡诈,故能被尊奉为人君南面之术的经典,而

① [英]弗里德里希·A.哈耶克:《个人主义与经济秩序》,贾湛等译,北京经济学院出版社,1989年,第16页。

② 如齐宣王曰:"寡人有疾,寡人好货。"孟子则对曰:"王如好货,与百姓同之,于王何有?"齐宣王又曰:"寡人有疾,寡人好色。"孟子亦只是说:"王如好色,与百姓同之,于王何有?"(《孟子·梁惠王下》)另如齐宣王曰:"寡人有疾,寡人好勇。"孟子则对曰:"王请无好小勇。夫抚剑疾视曰,'彼恶敢当我哉!'此匹夫之勇,故一人者也。王请大之!……文王一怒而安天下之民……而武王亦一怒而安天下之民。今王亦一怒而安天下之民,民惟恐王之不好勇也。"(《孟子·梁惠王下》)由此足见,孟子对于满怀私好的君主只是希望能够因其所好而"引之以当道","王请大之"一语正道明了孟子之意仅在于使君王一己之私好得以超拔、升华而已。当这种以政治主体为中心而旨在通过提升其人生境界的正面的解决问题的办法归于失效之后,便只剩圣人易姓"革命"之一途了,而其实圣人"革命"亦不过是以主体为中心来寻求解决政治出路问题的一种非常办法而已。

庄子虽然不像老子那样宣讲谦卑,其实应该说他是先秦诸子中另一种意义上(破除人类中心主义的偏见)的最富有人类卑微意识的哲学家,但他寻求解决人类出路问题的办法亦不过是提升人的精神境界而已,故在政治上无办法的情况下,庄子所追求的内在的绝对精神自由,虽不能说是虚妄的,却肯定是虚幻而难以实现的。法家虽然对于作为一个个体的君主在个人知识、德行和才能上的局限性有着最清醒的意识,但也正是他们因此而主张需要对君主的专制权力给以绝对的强化,如《商君书·画策》:"凡人主德行非出人也,知非出人也,勇力非过人也;然民虽有圣知,弗敢我谋;(有)勇力,弗敢我杀;虽众,不敢胜其主;虽民至亿万之数,县重赏而民不敢争,行(重)罚而民不敢怨者,法也。"显然法家并没有为我们留下一份旨在约束、限制权力的滥用或者是保障公民权利免受国家和政府的任意侵扰的法治理念的珍贵思想遗产,尽管法家的政治理论家们主张尚公抑私,如慎到曰:"立天子以为天下,非立天下以为天子也。立国君以为国,非立国以为君也。"(《慎子·威德》)《商君书·修权》中亦有"为天下位天下""为天下治天下"之语,仅就此而言,这道理是会让一个懂道理的人怎么也不忍心去批驳它的,但问题的关键仍然是当一个统治者被塑造成了一个强大而神圣的政治主体的时候,他一旦不再"为天下"怎么办,法家却连"革命"的观念也没有。同样笔者认为儒家的贵民重民或民本主义理念也没有为我们留下一份民主性的珍贵思想遗产,这不是说贵民重民有什么不好,而是说儒家民本主义的政治思维同样有着其他各家一样的严重缺陷,因为对他们而言,真正的政治统治的主体是君主圣王而不是人民,而当一个"贵为天子,富有天下,名为圣王"的统治者可以"兼制人,人莫得而制"(《荀子·王霸》)的时候,又怎么能够确保他以民为贵、以民为本呢?

比较而言,古希腊古典政治哲学可以说遵循的是以制度为中心来寻求解决城邦政治出路问题的思维路向,故柏拉图虽然推崇哲学家的统治,即其《理想国》"全神贯注于一种最好的政治制度",但又"大量涉及政治制度的类型和本性的问题",而且柏拉图自己对哲学家的统治也并不像中国的诸子对圣王的统治那样怀着一种漫无限制的崇拜情结,而是

"又承认这种制度不说不可能也几乎是无法实现的"。①尤其是从柏拉图的政治哲学到亚里士多德的政治科学或政体科学的思维转向，对我们来讲更具有发人深思的特殊意味，如果说柏拉图的政治哲学旨在追求"最好的政治制度"，那么亚里士多德的政体科学，则不仅"考虑绝对好的政体"，也"探讨适用于特殊城邦的最好的政体"，"以及既是最好的同时又对绝大多数城邦最适合或可接受的政体"，而且"亚里士多德的主要兴趣在于改造现存的政体，这一点对于理解他的全盘研究来说是至关重要的"。②然而中国的古典政治哲学家不是以科学的兴趣研究政治现象，而是怀着一种宗教般救世的热忱或实际功利的目的去推崇圣王的统治，他们始终未能跳出圣王崇拜的窠臼，不仅没有从推崇圣王统治的政治理想转向科学的政治探究方式，而且对圣王的推崇与崇拜可以说日渐深入人心而几乎变成了一种宗教般的政治信仰，如汉儒又重新复兴了传统的天命信仰以为圣人作王做宗教性的合法论证。诸子对圣王统治的推崇与崇拜，可以说集中体现了中国古典政治哲学以主体为中心来寻求解决政治出路问题的思维路向，不管他们推崇的是哪一种类型的圣王统治或主张采取什么样的统治方式。他们也并非不关注制度的问题，如儒家的礼治主义和法家的法治主义甚至也可以说是一种制度主义的③，但对他们来讲这却是低一层次的政治问题，他们所推崇的圣王明君是完全超然凌驾于国家与制度之上的独一无二、至尊无上的政治主体，正所谓"礼莫大于圣王"(《荀子·非相》)、"国者君之车也"(《韩非子·外储说右上》)。针对这一直接决定着天下兴亡与国家治乱的政治主体，他们的主要兴趣所在不是国家与政府应该怎样组织或"改造现存的政体"的问题，而是政治路线或统治方式的品分与取舍的问题，如孟子的王霸、义利之辨，商君先后以帝道、王道、霸道和强者之术说秦孝公的故事(《史记·商君列传》)，汉儒

①［美］列奥·施特劳斯、［美］约瑟夫·克罗波西主编：《政治哲学史(上)》，李天然等译，河北人民出版社，1993年，第144页。

②［美］列奥·施特劳斯、［美］约瑟夫·克罗波西主编：《政治哲学史(上)》，李天然等译，河北人民出版社，1993年，第155页。

③如《商君书·壹言》："凡将立国，制度不可不察也，治法不可不慎也。"

刘向在《说苑·政理》中亦曰："政有三品：王者之政化之，霸者之政威之，强者之政胁之。夫此三者各有所施，而化之为贵矣。"

综上所论，先秦诸子的圣王观表达的究竟是一种什么样的政治信念呢？或者说他们由推崇圣王的统治究竟开显出了一种什么样的政治精神呢？如果要归结为一句话的话，那就是：如何将一个有限的个体塑造成为一个无限的政治主体？

天下之为天下，乃是最难以统治与掌控的至大至重至众之神器；而诸子恰恰希望由一个独一无二、至尊无上而又无所不能的个体，以一种最符合道、理即政治成本最低、最简单易行而又能取得最神奇治理效果的统治方式将整个天下运之掌上。那么世间还有什么比这个个体更神圣而不可思议的呢？从"神圣者王"（《管子·君臣下》）到王者神圣[1]，这是再顺理成章不过的了，从推崇圣王统治到对圣王统治的崇拜似乎并不需要什么特殊的心理转换过程。天下是"神器"，能统治它的人也必须是神圣的；所谓的符合道、理，说到底不过是通过将王者的统治与神圣的秩序（天秩）、永恒的法则（天道）、最高的意志或绝对的仪法（天志），以及人所共由而别无选择的人之为人之道建立起一种真理性的联系，从而无可置疑地赋予其一种全能型统治的普遍合理性。梁任公曰："'天下'云者，即人类全体之谓。"[2]而"王者无外"，人无所逃乎天地之间，也就无法逃脱王者的掌控，于是王者注定便是全体人类的主宰；一切既尽在圣王的掌握之中，天下的兴亡治乱是非等亦一切系之于圣王一人之身。王者不仅可以通过对人的政治生存环境与经济生活条件的彻底控制，而且亦可以通过在学术思想、伦理道德、是非价值观等文化领域树立一种绝对的价值评判和意识监控的标准，努力塑造或建立起一致遵从的思想与行为模式，以实施对社会生活的全面有效的政治统治。王者的全能统治，不是从正面全面地塑造全人类的生活方式，就是从反面彻底消除一切他认为有害或有罪的东西，争权夺利之心有罪、持异议者有罪、微妙意志之言有

---

① 如《管子·度地》："能为霸王者，盖天下圣人也。"

② 梁启超：《先秦政治思想史》，东方出版社，2012年，第212页。

罪、《诗》《书》辩慧有罪、崇尚学问有罪、独立思想有罪、学者有罪。因此当我们从对话性上去审视诸子百家的时候,一种欣慰而又悲凉之情不能不油然而生,因为诸子百家之间的对话与争鸣既谱写了一曲中国思想文化史上最光辉灿烂的华美乐章,同时他们又极力要"以圣王为极"而终止这一对话。圣王的统治,既是他们政治理想的最高追求,更是他们用以终止对话的政治归宿,则我们不得不承认诸子对圣王统治的推崇实乃出自一种宗教般的虚幻信仰。圣王的理念再加上传统天命的信仰,能够贯通天地人而集圣性、王权和天命三者于一身的必是人世间的"独一真神",故如果说中国人缺乏西方的那种对全能的上帝的宗教信念的话,不缺的却是对全能的承载着天命的圣王的政治信仰。

辜鸿铭氏曾经有一妙语:"在欧洲,政治成了一门科学,而在中国,自孔子以来,政治则成为一种宗教。"①

钱穆先生亦有言:"西方宗教是'不与闻政治'的,而中国宗教则是'以政治为生命'的。"②

笔者则愿意说:中国的古典政治哲学家对圣王统治倾注了无限期许与无限深情,他们所开显出的政治精神带有鲜明的宗教性,圣王崇拜既是他们最热衷于追求的政治理想,更是他们停止思考而万宗朝归的政治宗教。

---

① 辜鸿铭:《中国人的精神》,黄兴涛、宋小庆译,广西师范大学出版社,2002 年,第 42 页。另,第 270 页:"政治在欧洲是一种科学,在中国是一种宗教。"

② 钱穆:《中国文化史导论》(修订本),商务印书馆,1994 年,第 129 页。另,第 127 页:"中国的读书人,无有不乐于从政的。做官便譬如他底宗教。因为做官可以造福人群,可以发展他的抱负与理想。"

重读中国古典政治哲学
——兼论中国政治思想史研究诸范式

一、中国政治思想史研究诸范式

无论是在西方,还是在中国的学术界,就政治思想史的研究来讲,存在着不同的问题意识与方法论自觉实是不可避免的正常现象,而且依笔者之见,各种不同的问题意识与方法论自觉既是优劣互见的,对于我们全面认识和完整把握政治思想史这一研究对象来讲,也应是皆具价值,互为补益的。

对于中国政治思想史这一学科的建立具有开创奠基之功的梁启超先生在其经典名著《先秦政治思想史》一书中曾经将中国政治思想史的研究法概括为三种,即"问题的研究法""时代的研究法"和"宗派的研究法",尽管我们还可以据此而做进一步的具体细分,但大体来讲,中国政治思想史的断代和通史类著作一般采用的乃是一种将问题、时代与宗派结合为一体的综合性研究途径与叙述方法。不过这还不是我们所谓的"范式"意义上的研究法。

在笔者看来,所谓"范式"乃是指基于对中国政治思想的问题意识与义理结构之核心理念与特色的某种实质性看法而进行的研究或展开的论述。据此,如果说中国传统政治思想围绕着"统治"的问题而展开,而"统治"之为"统治"又必然涉及三个基本关系要素即政治主体(谁之统治)、统治方式(怎样统治)与统治对象(统治什么)的话,那么侧重于或围绕着这三大要素之一而提出某种实质性的看法并就中国政治思想的主旨与特色展开研究与论述,便会形成一种研究"范式"。因此笔者认为,就中国传统政治思想史的研究来讲,能够真正形成"范式"的其实不过有三种取向。

其一可称之为"政术"或"治道"的范式,该范式重点关注的是就政治思想家对于"统治"之方式方法问题的有关思想与论述进行系统的梳理、阐释与解读,即主要是从"政术"或"治道"的内容方面来解读中国政治思想的"问题意识、义理结构和思想脉络"。如梁启超和萧公权二先生分别在其具有开创性意义的研究先秦政治思想史和中国政治思想史的经典论著中,一般将先秦政治思想的四大家划分为这样几个流派,依梁先生的说法,即以儒墨为代表的人治主义、以法家为代表的法治主义、以道家为代表的无治主义,以及专属于儒家的礼治主义,而萧先生的说法是,以儒墨为代表的人治派(即主张贤人政治)、以法家为代表的法治派和以道家为代表的无治派。显然这样一种流派的划分,其划分的标准或尺度事实上依据的主要就是各家论"政术"或"治道"方面的主张与理念。另如牟宗三先生在其所著《政道与治道》一书中对各家政治主张与理念的主旨即直接以"治道"名之,且论之详明,以为儒家所主张者为"德化"的治道,道家所主张者为"道化"的治道,而法家所主张者为"物化"的治道。其中萧公权先生尤着意于从中西学术之不同来凸显"中国政治思想最显著之特点",即中国学术"本于致用","重实际而不尚玄理",西洋学术"重在致知",且其致知"以求真理为目的",故"能不拘牵于一时一地之实用,而建立普遍通达之原理",正因为如此,相对于西方之丰富的政理思想,中国"二千余年之政治文献,十之八九皆论治术。其涉及原理,作纯科学、纯哲学之探讨者,殆不过十之一二。就其大体言之,中国政治思想属于政术(Politik;Art of Politics)之范围者多,属于政理(Staatslehre;Political Philosophy,Political Science)之范围者少"。①最近,徐大同先生亦从中西政

① 萧公权:《中国政治思想史》,新星出版社,2005年,第588—589页。

治思想比较的视角而对中国传统政治思想以"治国之道"为重心的问题意识与特点做了精到的阐释和论述。[①]可以说,这是迄今为止在有关中国政治思想方面的经典论著或研究性文献中占据主导地位的主流观点、视角或解释模式。

其二可称之为民本主义或"民学"的范式,该范式重点关注的是就政治思想家针对"统治"之对象同时亦是"统治"之正当性的依据与目的问题的有关思想与论述进行系统的梳理、阐释与解读。如梁启超先生所言:"我国先哲言政治,皆以'天下'为对象,此百家所同也。""中国人说政治,总以'天下'为最高目的,国家不过与家族同为达到这个最高目的中之一阶段。"[②]据此,我们可以将中国传统政治思想的主旨与特色称之为"天下主义"或"'平天下'主义",当然根据思想之历史背景来讲,如萧公权先生所言,我们又可将中国传统政治思想的演进历程划分为两个不同的时期,即"封建天下之思想"和"专制天下之思想"。不过从对象的视角来讲,更能凸显中国传统政治思想之特色而具范式意义的乃是谢扶雅先生《中国政治思想史纲》一书的解读模式,依谢先生之见,所谓的"'平天下'主义"实亦可说是一种民本主义的"伦理政治",亦可称之为"民学",此最能体现"中国政治思想之特征"。故谢先生将整个中国政治思想的演进历程划分为这样几个主要时期:原始时期(前子学时代的民学)、创建时期(子学时代的民学)、继承时期(经学时代的民学)、再造时期(科学时代的民学)。

其三可称之为"王权主义"的范式,该范式重点关注的是就政治思想家围绕君主统治或旨在维护君主之统治问题的有关思想和论述进行系统的梳理、阐释与解读,刘泽华先生的中国政治思想史研究即为此一范式的典型范例。就先秦诸子来讲,在刘先生看来,不管诸子各家的政治思想是怎样的千差万别,但它们都最终归结于一点,即君主专制主义,换言

---

① 徐大同:《从政治学角度研究中国古代政治思想史——中国古代政治思想史的线索与特色》,《政治思想史》2010 年第 1 期。

② 梁启超:《先秦政治思想史》,东方出版社,2012 年,第 212、266 页。

之,即都维护君主的专制统治。正如刘先生自己所说的:

> 中国古代政治思想内容极为丰富,可以从多方面、多角度进行开拓。我在学习中感到,最为突出的问题是君主专制主义的思想与理论,可以这样说,它是传统政治思想的中心。基于这种认识,我着重研讨了君主专制主义的各种理论形态。①

而相对于"君主专制主义"这一说法,刘先生后来提出了一个更具解释力的概念,即"王权主义"。所谓的王权主义,既是对中国古代政治思想与政治文化之核心主旨,更是对中国历史之特征与中国传统社会的一种控制和运行机制的高度理论概括,如刘先生所言:"我用'王权主义'来概括中国历史的特征。我所说的王权主义既不是指社会形态,也不限于通常所说的权力系统,而是指社会的一种控制和运行机制。大致说来又可分为三个层次:一是以王权为中心的权力系统;二是以这种权力系统为骨架形成的社会结构;三是与上述状况相配的观念体系。"②依笔者之见,这一基于维护"谁"之统治的政治主体视角的解读模式,对于深化我们对中国传统政治思想之实质性含义的理解具有非常重要的启示性意义。

二、调整视角与思路以重读中国古典政治哲学思想

显然对中国传统政治思想的解读,并不存在单一的或唯一正确的视角与范式。每一特定的视角与范式,都揭示了中国政治思想的某一方面的特质或特征。下面笔者尝试提出和阐述另一种从政治主体的视角来重新解读中国古典(先秦诸子)政治哲学思想的思路与范式。换言之,相对

---

① 刘泽华:《中国传统政治思想反思》前言,生活·读书·新知三联书店,1987年。

② 刘泽华:《中国政治思想史集》总序,人民出版社,2008年。对刘泽华先生"王权主义"说得更全面而系统的评价,参见林存光:《思想、社会与历史——刘泽华先生的"王权主义"说评析》,《天津社会科学》2009年第3期。

于上述三种范式来讲,为了更好地理解中国古典政治哲学思想的主旨与特质,有必要在视角和思路方面做出一些调整。

(一)主题与特质

先从中国哲学思想的主题和特质谈起。

笔者认为,我们要想贴切地把握中国政治哲人的问题意识中所集中关注的核心思想议题,必须对他们最为关注而欲求解决的问题的性质有所体认,才能真正理解和把握他们思想的主题和精神的特质。为此我们首先需要认真倾听一下中国哲学史家们的声音,看他们是怎样概括和描述中国哲学的问题、精神、主题与特质的。冯友兰先生对中国哲学的问题和精神曾经做过极精彩的概括和描述,他在《中国哲学简史》一书中首先对"哲学"下了一个经典的定义,即"对于人生的有系统的反思的思想"[1],从这一定义来看,显然冯先生是把中国哲学体认作一种人生哲学的,照中国哲学家们说,一个人作为人所可能有的最高成就就是成为圣人,圣人的最高成就就是个人与宇宙的同一,而问题就在于要达到这个同一,究竟应"入世"还是应"出世"? 依冯先生之见,中国哲学的主要传统是讲求"既入世而又出世"的。所以他说:

> 入世与出世是对立的,正如现实主义与理想主义也是对立的。中国哲学的任务,就是把这些反命题统一成一个合命题……如何统一起来?这是中国哲学所求解决的问题。求解决这个问题,是中国哲学的精神。[2]

根据冯先生所概括的中国哲学的问题与精神,可以完成这个统一而能够"既入世而又出世的"就是圣人,唯有圣人"最宜于为王"。因此中国哲学的主题便是"内圣外王之道"[3]。

---

[1] 冯友兰:《中国哲学简史》,北京大学出版社,1985年,第2页。

[2] 冯友兰:《中国哲学简史》,北京大学出版社,1985年,第9—10页。

[3] 冯友兰:《中国哲学简史》,北京大学出版社,1985年,第7—13页。

牟宗三先生在其《中国哲学的特质》一书中,开篇第一讲的引论便对"中国有没有哲学"这一问题做了回应,牟先生认为,如果说"凡是对人性的活动所及,以理智及观念加以反省说明的,便是哲学"的话,那么"任何一个文化体系,都有它的哲学,否则,它便不成其为文化体系",不过,"问题是在东西哲学具有不同的方向和形态"。①那么就中国哲学而言,其形态和特质究竟是什么? 牟先生说:

> 用一句最具概括性的话来说,就是中国哲学特重 "主体性" (Subjectivity)与"内在道德性"(Inner-morality)。中国思想的三大主流,即儒释道三教,都重主体性,然而只有儒家思想这主流中的主流,把主体性复加以特殊的规定,成为"内在道德性",即成为道德的主体性。②

根据中国哲学"以'生命'为中心"的上述特质,它是完全不同于"西方式的以知识为中心,以理智游戏为一特征的独立哲学"和"西方式的以神为中心的启示宗教"的,因此如果我们"以西方哲学为标准,来在中国哲学里选择合乎西方哲学的题材与问题"的话,"那将是很失望的,亦是莫大的愚蠢与最大的不敬"。③

蒙培元先生则从哲学思维方式的角度来强调中国哲学的"主体性特征",他认为,中国哲学思维方式的基本的或最根本的特点是一种"以人为中心的主体思维",这一哲学层次的思维方式体现了"中国哲学家和思想家看待和解决宇宙人生问题的最基本的方式或模式",它"同西方哲学以主客体相分离、相对立为特征的主体思维,性质有所不同甚至完全相反,因为它是以主体与客体、人与自然相统一为基本前提的"。④

---

① 牟宗三:《中国哲学的特质》,上海古籍出版社,1997 年,第 4 页。
② 牟宗三:《中国哲学的特质》,上海古籍出版社,1997 年,第 4—5 页。
③ 牟宗三:《中国哲学的特质》,上海古籍出版社,1997 年,第 6—7 页。
④ 蒙培元:《中国哲学主体思维》绪论,东方出版社,1993 年。

笔者认为,上述中国哲学史家对中国哲学的问题、精神与主题或形态、特质与思维特征的概括,大体是令人信服而可以接受的。不过所谓的"内圣外王之道"与其说是中国哲学的主题,毋宁说是中国政治哲学的主题。如果我们再进一步追问的话,所谓的"内圣外王"究竟是一个什么性质的问题或主题?一言以蔽之,在笔者看来,就是一个理想的政治主体的问题,反身以求而以"主体"为中心来思考和寻求解决客观世界的问题的根本办法这一政治思维特征,可以说真正体现了中国古典政治哲学思想的形态与特质。因此所谓的"主体性特征"或"主体思维"从根本上讲亦正是中国古典政治哲学思想的特色所在,据此,我们不是"照着"而是"接着"中国哲学史家的说法而可以重新解读中国古典政治哲学思想。

(二)政体与主体

依笔者之见,若从中西比较的视角来讲,中国古典政治哲学思想的主体性特征,可以说正是相对于古希腊政治哲学思想的制度性特征而言的,这是两种截然不同的政治哲学的思维方式。正是这种思维特征上的根本差异,对我们理解和把握中西方政治哲学思想的各自特性来说,才最具有实质性的意义。

那么为什么说古希腊乃至整个西方政治哲学的主流主要具有一种制度性特征呢?又怎么理解体现在柏拉图"哲学家-王"的观念和中国思想中的"内圣外王"观念之间的那种相似性呢?我们只要稍微具备一些有关古希腊政治哲学的常识就会知道,古希腊政治哲人关注的中心问题主要是政治制度即国家构成的政体问题①,故苏格拉底、柏拉图和亚里士多德们才会广泛而系统地考察城邦的本性及其政体种类问题,深入地比较论究各种政体的优劣利弊,孜孜于研讨什么是城邦最好的政治制度等。

---

① 据美国著名政治哲学家列奥·施特劳斯和约瑟夫·克罗波西主编的《政治哲学史(上)》,"'政体'(regime)一词是我们对希腊语 politeia(国家构成)的翻译。我们称之为《理想国》的这本书在希腊文中就叫 Politeia。这个词通常被译作'政制'(constitution),指的是被理解为城邦形式的政府形式,即这样的东西:它通过规定城邦所追求的目的或其仰望的最高目标,以及通过规定城邦的统治者而确定城邦的特征。"([美]列奥·施特劳斯、[美]约瑟夫·克罗波西主编:《政治哲学史(上)》,李天然等译,河北人民出版社,1993年,第59—60页。)

因此古希腊政治哲学可以说遵循的是以制度为中心来寻求解决城邦政治出路问题的思维路向。即使是柏拉图,虽然他在《理想国》中推崇哲学家的统治,认为只有真正的哲学家的统治才能实现城邦的正义,但对柏拉图来讲,真正的哲学家是作为"制度的画家"并依据善的理念来为城邦创制立法的,他亦应是城邦和法律的守卫者,故波普尔评之曰:"柏拉图的政治纲领更多的是制度的而不是个人主义的。"①

因此柏拉图的"哲学家–王"理念与中国哲人的"圣王"理念之间的相似性只具有次要的意义,更具根本性意义的是它们之间存在着一些绝不容忽视的实质性的差异。概括地讲,它们之间的实质性差异有这样几点:

其一,"哲学家–王"的理念仅仅表达了柏拉图个人的关于城邦的最好的政治制度的理想,而且即使是他本人也承认"这种制度不说不可能也几乎是无法实现的"②,所以他会在其后的《政治家》中"揭示了《理想国》没有说出的东西,即《理想国》中描述的最好的政治制度的不可能性"③;而中国哲人的"圣王"理念却是中国政治哲人的普遍性的政治信念④,在他们看来,由圣人作王乃是拯救整个天下的唯一希望所在。

其二,在《理想国》中,"由于哲学家的统治不被当作正义城邦的一个要素而是被当作实现正义城邦的手段,所以亚里士多德有理由在批判分析《理想国》时漠视这一制度"⑤,而圣人作王对于中国的政治哲人来讲却

---

① [英]卡尔·波普尔:《开放社会及其敌人(第一卷)》,陆衡等译,中国社会科学出版社,1999 年,第 251 页。

② [美]列奥·施特劳斯、[美]约瑟夫·克罗波西主编:《政治哲学史(上)》,李天然等译,河北人民出版社,1993 年,第 144 页。

③ [美]列奥·施特劳斯、[美]约瑟夫·克罗波西主编:《政治哲学史(上)》,李天然等译,河北人民出版社,1993 年,第 71 页。

④ 当然,亦存在极少数的例外情况,如《汉书·艺文志》评农家:"无所事圣王,欲使君臣并耕,悖上下之序。"然而这一评语亦透露出了一个重要消息,中国主流的知识分子的政治心态是反对农家"无所事圣王"的政治理念的。

⑤ [美]列奥·施特劳斯、[美]约瑟夫·克罗波西主编:《政治哲学史(上)》,李天然等译,河北人民出版社,1993 年,第 54 页。

是重整天下秩序或实现平治统一天下这一最高政治目标的一个决定性的要素，"内圣外王"观念表达的是中国政治哲人的终极理想，如荀子曰："圣也者，尽伦者也；王也者，尽制者也；两尽者，足以为天下极矣。"（《荀子·解蔽》）

其三，如果说柏拉图推崇哲学家统治的政治纲领更多的是制度的话，那么中国政治哲人推崇圣王统治的政治纲领则更多的是个人主义的，因为圣人代表的是一种纯粹个人的修身为人或人格完全发展的最高成就。

其四，在柏拉图和亚里士多德师徒之间有一发人深思而最值得重视的转向，即从政治哲学向政治科学的转向，这一转向之所以发人深思而最值得重视，是因为它预示甚或决定了整个西方政治思维理路的基本走向。虽然柏拉图的《理想国》对政治现象的哲学探讨"大量涉及政治制度的类型和本性的问题"，但与亚里士多德的政治科学相比仍然有着"本质区别"，柏拉图的《理想国》"全神贯注于一种最好的政治制度"[1]，亚里士多德的政体科学"不仅要考虑绝对好的政体，也要探讨适用于特殊城邦的最好政体，以及既是最好的同时又对绝大多数城邦最适合或可接受的政体"[2]；而在中国的政治哲人之间，他们的政治哲学与圣王理念虽然存在着这样那样的差异，但始终遵循着以主体为中心来寻求解决政治出路问题的思维路向。

总之，柏拉图的"哲学家-王"的理想在西方政治哲学史上应该说是一个"异数"，以至于他那《理想国》中的"令人惊异的理论"在西方不断遭遇到自他的学生亚里士多德以来的政治哲学家们的漠视、非议和批评，而中国的政治哲人却始终未能跳出圣王崇拜的窠臼，始终没有从推崇圣王统治的政治理想转向科学的政治探究方式。

---

① ［美］列奥·施特劳斯、［美］约瑟夫·克罗波西主编：《政治哲学史（上）》，李天然等译，河北人民出版社，1993年，第144页。

② ［美］列奥·施特劳斯、［美］约瑟夫·克罗波西主编：《政治哲学史（上）》，李天然等译，河北人民出版社，1993年，第155页。

(三)"政治哲学"的定义

正是由于上述中西政治思维路向上的根本差异,所以我们有必要反省和讨论一下"政治哲学"的定义及其适用性问题。但我们并不打算在此对定义问题进行一种学究式的探究。我们所要讨论的问题是,我们能否给"政治哲学"下一个普遍适用的定义?西方政治哲学家的"政治哲学"定义是否适用于我们的政治哲学传统与理念?毫无疑问,普遍适用的定义肯定也是最笼统的。那么怎样给"政治哲学"下定义才算是恰当而适切的呢?美国著名政治哲学家施特劳斯在他的那篇《什么是政治哲学?》的名文中,曾经给"政治哲学"下过这样一个经典定义:

> 政治哲学就是要试图真正了解政治事务的性质以及正确的或完善的政治制度这两方面的知识。①

施特劳斯为何会给"政治哲学"下这样一个定义?从西方政治哲学的最初形式来讲,古希腊的政治哲人们在"对政治现象进行哲学的或科学的探讨"时,他们最主要关注的乃是政治制度即政府形式、国家构成或城邦政体的问题,因此可以说施特劳斯的"政治哲学"定义是完全适用于古希腊的政治哲人的,或者说他的"政治哲学"定义也正是在西方文化自身的范畴内来加以体认和界定的。显然施特劳斯的"政治哲学"定义并不完全适用于解读中国古典的政治哲学思想。如此说来,并不存在一个普遍适用的"政治哲学"的定义,试图给"政治哲学"下一个普遍适用的定义对于我们解读不同的政治哲学传统并无多少助益。

不过施特劳斯的"政治哲学"定义对我们而言仍然具有借鉴的意义。我们可以借鉴和参照施特劳斯的定义思路,并依据中国政治哲人"固有的问题意识、义理结构和思想脉络",即从"政治主体"的角度来给"政治哲学"下这样一个定义:

---

① [美]詹姆斯·A.古尔德、[美]斯文森特·V.瑟斯比编:《现代政治思想——关于领域、价值和趋向的问题》,杨淮生、王缉思、周琪等译,商务印书馆,1985 年,第 61 页。

政治哲学就是试图真正了解政治事务的性质，以及最适宜于统治天下或作天下王的政治主体这两方面的统一之道。

笔者希望这样一个定义能够更适用于解读中国的古典政治哲学思想。

对于上述定义的适当性，我们可以从三个方面来予以解释和说明：

首先，我们虽然保留借用了施特劳斯"了解政治事务的性质"的说法，但这一说法对于中西古典政治哲人却具有截然不同的含义。对古希腊政治哲人来讲，政治事务主要是关于城邦的，而且他们"都认为人类社会的最完美形式是 polis city（即城邦）"①，因此所谓"了解政治事务的性质"，主要是了解和探究城邦的事务和本性。而对中国的政治哲人来讲，政治事务却主要是关于天下的。平治和统一天下乃是他们所追求的最高政治目标，因此从根本上来讲他们所思考和关注的政治对象乃是天下，所谓"了解政治事务的性质"，对中国的政治哲人而言，主要指的就是了解和探究天下的事务和本性。

其次，正因为中西政治哲人所思考和关注的政治对象的不同，他们追问和探讨的政治问题亦极为不同。古希腊政治哲人热衷于探讨城邦的政治制度或政体问题，或者是"全神贯注于一种最好的政治制度"，或者是"主要兴趣在于改造现存的政体"，②城邦的最佳规模亦是他们所认真探索的一大重要问题。而中国政治哲人所关注和思考的对象"天下"却是一种没有明确的疆域边界的、关于"人类全体"③的总称，所以城邦规模和政体种类问题是很难被纳入中国政治哲人的理论视野和思考问题的范围的，对中国的政治哲人来讲，最大的政治问题便是由谁和如何来平治

---

① [美]列奥·施特劳斯、[美]约瑟夫·克罗波西主编：《政治哲学史（上）》，李天然等译，河北人民出版社，1993 年，第 5 页。

② [美]列奥·施特劳斯、[美]约瑟夫·克罗波西主编：《政治哲学史（上）》，李天然等译，河北人民出版社，1993 年，第 155 页。

③ 梁启超：《先秦政治思想史》，东方出版社，2012 年，第 212 页。

和统一天下的问题,答案是最好或最理想的就是由圣人作王才能平治和统一天下。圣人作王并不是一个制度性的问题而是一个主体性的问题,因此在我们的"政治哲学"的定义中,第二个方面是用"政治主体"来替换施特劳斯定义中的"政治制度",应该说是完全契合于中国政治哲人的政治情怀、问题意识和思想脉络的。

第三,我们之所以用"道"来替换施特劳斯定义中的"知识",因为"道"是中国古典政治哲学的核心概念。对于古希腊政治哲人而言,如在柏拉图看来,"知识或追求知识本身即是哲学""哲学努力追求的是关于整体的知识或关于整体的沉思"[①],故哲学家对知识或真理的爱是爱其全部,其中"最大的知识问题"就是"善的理念","关于正义等等的知识只有从它演绎出来的才是有用的和有益的"[②]。而对于中国的政治哲人而言,不管他们之间存在着什么样的思想分歧与争议,总的来说,对于他们"道"与其说是一种"知识",毋宁说是一种关于正确的生活方式或行为准则的信念。如果说柏拉图关于"善的理念"是形式的和抽象性的,那么中国政治哲人关于"道"的信念则是具体的和实践性的,正如人所共知的那样,"道"的本义或初始义是"路",而路是由人"行之而成"(《庄子·齐物论》)的,中国政治哲人关于"道"的信念始终是以"路"这一初始的含义为根基的,信如孟子所谓"夫道若大路然"(《孟子·告子下》)。因此中国政治哲人的圣人理念虽然义各有宗,却有一个基本的共同点,就是圣人并不以追求知识为根本目的,圣人是追求与道为一的"体道"者,圣人是体道而行、"以治天下为事"(《墨子·兼爱上》)的最理想的政治主体。

综合而言,了解天下的事务与本性并期之以必待圣人而治之,这便是中国政治哲人的最根本的政治信念。荀子将此义阐发得最为明确而详尽,他说:"天下者,至重也,非至强莫之能任;至大也,非至辨莫之能分;

---

① [美]列奥·施特劳斯、[美]约瑟夫·克罗波西主编:《政治哲学史(上)》,李天然等译,河北人民出版社,1993年,第76页。

② [古希腊]柏拉图:《理想国》,郭斌和、张竹明译,商务印书馆,1986年,第260页。

至众也,非至明莫之能和。此三至者,非圣人莫之能尽,故非圣人莫之能王。圣人,备道全美者也,是县天下之权称也。"(《荀子·正论》)而道家则又反其道而说之曰:"天下神器,不可为也"(《老子·第二十九章》),唯无为之圣人可"以无事取天下"(《老子·第五十七章》);"夫天下至重也","唯无以天下为"的圣人"可以托天下也"(《庄子·让王》)。故曰:"政治哲学就是试图真正了解政治事务的性质,以及最适宜于统治天下或作天下王的政治主体这两方面的统一之道。"

(四)"主体"的含义与特性

笔者所强调的中国古典政治哲学思想的主体性特征,不仅区别于西方古典政治哲学的制度性特征,亦有别于上述三种主要的研究范式和解读模式对中国政治思想所持有的基本观点和看法。在笔者看来,中国古典政治哲学最根本的思想特性是它的主体性特征,所以主张应优先从"主体"的视角来重新审视和反思它,或对它做主体主义的重新解读与诠释。但笔者并不主张漠视、否定乃至简单地摒弃其他的研究视角和解读模式,我们需要的只是视角的补充与修正、调整与转换!

那么视角的调整与转换,即从"主体"的视角对中国古典政治哲学的主题——"内圣外王之道"重新进行解读,究竟意味着什么?或者说这一解读究竟能带来和产生什么样的阅读效果和思想意义?要想令人信服地回答这一问题,在做出回答之前,我们尚须对所谓"主体"的含义做一辨析和分疏,并给以清晰的界定。

我们所谓"主体",当然主要是指政治的主体。有学者是这样来界定"政治主体"的含义的:

> 所谓政治主体,即政治行为主体,就是政治权力的占有者和行使者,政治活动的参与者。
>
> 一般而言,政治主体既可以是一个具有政治意识和独立政治人格的个体,也可以是以共同的政治理想、政治纪律而组成的政治组织,也可以是基于共同利益而形成的政治群体,同时还可以

是以一定的强制力为后盾的政治实体。①

这一对"政治主体"含义的界定,主要是就政治权力的实际占有者和行使者来讲的,可以说是针对现实意义上的政治主体来给出的一个定义。笔者所谓的"主体"或"政治主体"主要是指中国古典时期的政治哲人在其政治理论构想中标榜和推崇的理想意义上的政治主体,而且主要是一种个体意义上的政治主体,即所谓的仁人君子、圣贤人物或明君圣王,都是指的这种理想意义上的政治主体。太史公司马迁言战国诸子"各著书言治乱之事,以干世主"(《史记·孟子荀卿列传》),诸子所"干"之人君世主,即实际的政治行为主体或政治权力的实际占有者和行使者,我们不妨通称之为实际的统治者。

诸子所以标榜和推崇理想的政治主体正是欲以影响、激励、引导、转变、改造乃至驯化这些实际的统治者。由于诸子处在一个由封建制贵族分权专政向郡县制君主个人专制过渡的时期,故他们所面对的实际的统治者,要么是诸侯国君及享有独立分权的世袭的贵族阶层,要么是专制之君主及代君而治并食君俸禄的依附性的官僚集团。但不管面对的是什么样的实际统治者,他们对现实社会政治问题诸如天下秩序的崩解、社会生活的失范、专制暴政的祸患、国家实力的贫弱等所做出的回应,如笔者一再强调的,主要就是遵循着以主体为中心来思考解决问题办法的政治思维理路,要么在理论的层面希望理想的政治主体能够掌握实际的统治权如圣人作王,要么以政治主体的理想来转化实际的统治者即激励、引导、驯服、改造他们,使他们能够回心向道、体道而治。因此从与实际统治者的关系上讲,诸子所推崇或我们所谓的政治主体与实际的统治者绝不是一回事,否则这一概念也就没有任何意义了。当然在诸子的理论构想中,在政治主体与实际的统治者之间,从称谓上来讲有时又是难以区分的,比如对于符合他们政治主体理想的统治者或理论构想中掌握了实际统治权的理想政治主体,他们有时是仅以实际统治者的名称直接来称

---

① 吴大英、杨海蛟主编:《政治主体论》引论,山西教育出版社,2001年。

谓之的。另外在诸子的理论构想中,作为理想政治主体的圣王与历史上已有的实际统治者的最高当权者的"天子"称谓亦是无区别的,并常常是交互混用的。①

但在理论上,理想的政治主体不等于实际的统治者,这一点对于理解中国古典政治哲学的思想特性即其主体性特征来讲是至关重要的,对于理解我们为何要从主体主义的视角来重新解读中国的古典政治哲学及其解读的意义所在亦是至关重要的。因为我们唯有从与实际的统治者相对的意义上,才能真切地把握中国古典政治哲人所标榜和推崇的理想政治主体的特性。概括地讲,理想的政治主体主要具有这样几大特性:

其一,它是一种个体性的存在。在现实政治生活中,实际的权力占有者和行使者既可能是居于独一至尊地位的君王个人,也可能是整个富有组织性的官僚群体,也可能是一种以强制力为后盾的行政实体,但我们所谓的政治主体主要是指"具有政治意识和独立政治人格的个体"意义上的政治行为主体,而且特别是在其古典时期的本来意义上,所谓的政治主体并不一定是权力的实际占有者和行使者,正如孔子所谓不必入仕做官才叫作"为政"②。孔子理想中的政治主体是仁人君子,而仁人君子之作为社会道德风教的良知的风向标本身便具有深刻的政治含义,这与他对"政治"本质的理解即"政者,正也"(《论语·颜渊》)与"为政以德"(《论语·为政》)之义是相一致的,而且在孔子看来,君子应是"群而不党"的(《论语·卫灵公》),也就是说,仁人君子主要是作为一种富有独立的人格意志和道德品格的个体意义上的政治行为主体而受到孔子推崇的。仁人君子尚且如此,就更遑论圣人了,圣人作为一种终极理想意义上的、能够"尽伦""尽制"的政治主体无疑只能是一种个体性的存在,特别是能够作

① 如荀子之谓"天子唯其人",即意在申论唯圣人最宜于作王而治理天下,故所谓"天子唯其人"之"人"实即指"圣人"(《荀子·正论》)。

② 据《论语·为政》篇,或谓孔子曰:"子奚不为政?"子曰:"《书》云:'孝乎惟孝,友于兄弟,施于有政。'是亦为政,奚其为为政?"

天下王的圣人就更具有一种独一至尊性,正所谓"天无二日,民无二王"(《孟子·万章上》)。

那么政治主体的个体特性究竟意味着什么呢?笔者认为最值得我们关注的有两个方面:一个方面是,对于现实政治生活中政治权力占有和行使的群体性、组织性和实体性的问题,中国古典政治哲人们主要是倾向于从政治主体的个体角度来寻求解决问题的办法;另一方面是,如我们在前文中已指出的,相对于西方政治哲人政治纲领的制度取向,中国古典政治哲人的政治纲领主要是一种主体取向的,即中国古典政治哲人以主体为中心寻求解决问题办法的政治纲领的主旨是个人主义的,主要是希望通过政治主体个人的修身体道或自我完善来解决问题!

其二,它是一种道德性的存在。实际的统治者之所以是统治者,不管其获取权力的方式是由封赏、世袭还是盗取,他们毫无疑问是以其对政治权力的实际占有和行使而成为实际的统治者的。而所谓的政治主体又是如何成为政治主体的呢?在中国古典政治哲人的理论构想中,政治主体之作为政治主体的根本属性与对政治权力的实际占有和行使并不存在必然的因果联系,一个人之所以能够成为仁人君子或圣贤式的政治主体,主要是由于他的道德性,但需要说明的一点是,我们是在中国古典政治哲人用语的本来含义上来使用"道德"一词的。因此我们所谓的政治主体,它所具有的主要是一种道德的主体性,其道德主体性的获得不是由于对政治权力的实际占有和行使,而是通过体道修德的方式,即政治主体是由个人德性的不断修养与对道的体认的不断深入而逐渐成长起来的。

不过在诸子各家的理论构想中,一个成熟起来的政治主体与政治权力之间的关系模式可能是极为不同的,对老庄而言,政治主体是排斥对世俗政治权力的占有欲望的;对墨子来讲,贤人生来就是来做"政长"的,圣人生来就是"以治天下为事"的;对法家来讲,体道者理应是世俗政治权力的实际占有者;对儒家来讲,一个富有道德理性的政治主体不应该刻意地去追逐对世俗政治权力的占有,甚至有时对世俗的政治权力采取一种排斥、藐视①和"以德抗位"的态度,当然最理想的就是世俗的政治权力会理所当然地随着一个人道德主体性的成长而到来②,所以儒家又乐于满怀希望地祝愿"惟仁者宜在高位"(《孟子·离娄上》)或圣人最宜于作王的。但不管怎样,诸子各家一个共同的理想或愿望就是,唯有由修德体道的人来平治天下国家,天下国家才能真正走上社会太平、自然和谐或国家富强的轨道,虽然这只是诸子各家的一种理想的政治期望,但也正是从这种理想的政治期望的意义上来讲,那些修德体道的圣贤人物才是他们心目中真正的关乎天下兴亡与国家治乱的政治主体,甚至可以说,对中国古典的政治哲人而言,唯有符合道、德的才是真正意义上的政治,故就道、德的本来意义来讲,道德的就是政治的。③

其三,它是一种层级性的存在。众所周知,无论是宗法贵族的分权体制还是君主专制的官僚体制,现实的权力结构大体上讲都是一种"金字塔型"的层级结构,但从前者向后者的过渡却需要在政治角色录用的标准与规则方面必须进行根本性的调整与转换,中国古典时期的政治哲人们正是处在这样一个政治体制上的过渡时期,在他们中间占据主流的政治理念便是努力促进这种调整和转换,即打破世袭的体制而转向主要以贤德才能为标准来录用政治角色。尽管诸子各家所谓"圣""贤""能"的内涵不同,但儒、墨、法各家大体都是主张任贤使能的,孔子有"举贤才"之教 (《论语·子路》),墨子更汲汲于宣讲 "尚贤为政之本"(《墨子·尚贤中》),韩非亦主张明主用人"不羞其卑贱也,以其能"(《韩非子·说疑》),而且他们都推崇圣王明君之治。这是他们以主体为中心来寻求对宗法世袭制的权力结构的转化与改造而设计的基本政治纲领与方案。

---

① 如孟子曰:"说大人,则藐之,勿视其巍巍然。"(《孟子·尽心下》)而荀子亦曰:"志意修则骄富贵,道义重则轻王公;内省而外物轻矣。"(《荀子·修身》)

② 如孟子曰:"有天爵者,有人爵者。仁义忠信,乐善不倦,此天爵也;公卿大夫,此人爵也。古之人修其天爵,而人爵从之。今之人修其天爵,以要人爵;既得人爵,而弃其天爵,则惑之甚者也,终亦必亡而已矣。"(《孟子·告子上》)

③ 即使对于主乎权术的申不害和韩非这些法家者流也是一样,司马迁将老、庄、申、韩列于一传是有其深意的,其评申韩之语,即认为他们皆"归本于黄老"而"原于道德之意",是饶富意味而发人深省的(《史记·老子韩非列传》)。

因此与实际的权力结构的层级性相对应的,诸子各家所推崇或我们所谓的政治主体亦是一个层级性的概念,依儒家的理念来说,大体可分三个层级,即士、仁人君子和圣人。而且在诸子各家的理论构想中,理想的政治主体虽然不等于实际的统治者,但诸子各家之所以标榜理想的政治主体绝不是要让他们永久地仅仅保持在无权无位的纯粹理想的存在状态上,政治主体要想发挥他们对于整个天下国家政治生活的决定性影响,最终必然是需要进入到现实的权力结构与关系当中或充实到各种层级的权位上去的,如墨子的激进尚贤主张要求上至天子的各级政长皆应选择贤圣之人来担任,儒家则明确倡言"为政在人"(《中庸》),故亦极力主张"尊贤使能,俊杰在位"(《孟子·公孙丑上》)或"贵贱有等"而"德必称位"(《荀子·富国》)。而道家虽然反对"尚贤",法家更是极力攻击儒家圣贤可期的政治理念,但他们同样推崇圣王明君之治,只是他们所谓的"圣王明君"不同于儒墨的"圣王明君"而已,道家主张应将整个天下托付给无以天下为的"圣人",法家所推崇的则是超绝于众生之上与道同体而能够随心所欲地操纵和控制臣民为其一己尽力卖命的"圣王明君"。因此可以说,居于理想中的最高层级而具备统理天下国家的绝对政治主体资格的"圣人"乃是诸子各家共同推许的终极理想,"圣人"相对于其他层级的、可能会受到各种因素(如其身份地位)制约的主体而言,其终极性就在于他是一个绝对的"自由无限体",唯有他可以"兼制人,人莫得而制"(《荀子·王霸》)或"独制于天下而无所制"(《史记·李斯列传》)而居于层级结构的权力之巅!说到底对于这样一种"圣王明君"的无限推许与绝对信任,可以说正是诸子各家政治哲学信念的主脑与灵魂,也是他们留给后世的主要思想遗产,而在我们的文化传统中之所以不能自觉地发展出一种基于对政治人不信任的心理基础之上的权力相互制衡的民主控制或制度性制约机制来,①笔者认为与我们的这一政治哲学信念有着直接

---

① 如孟德斯鸠在其名著《论法的精神(上册)》中所说:"一切有权力的人都容易滥用权力,这是万古不易的一条经验。有权力的人们使用权力一直到遇有界限的地方才休止。""要防止滥用权力,就必须以权力制约权力。"(商务印书馆,1961 年,第 184 页)而在我们的文化传统中,我们却不缺乏法家那种基于对臣民的不信任心理基础之上的权术理论。

的因果关系。

其四,它是一种境界性的存在。理想的政治主体的政治境界必高于实际的统治者,或者说中国古典政治哲人的政治理念是境界型的,这就是笔者要在下面着重予以阐发的中国古典政治哲人的一大核心理念。

(五)政治的境界

冯友兰先生在哲学上的一大创获就是他的人生四境界说[1],唐君毅先生更有"心灵九境"之说[2],不论是"概括的"四境还是"缜密的"九境,对我们来讲,都是极富启示性意义的。将"境界"之说引申发挥到中国古典政治哲学的领域,尤其能够揭示中国古典政治哲人思维取向的主体性特征的主旨与特色,甚至可以说境界说更适用于解读与诠释政治主体心灵生命的状态、意向、目标与层级。因为对于抱持着人生与政治一贯信念而其思想"罔不归宿于政治"的古典政治哲人来讲,唯有政治主体(不管是理想的政治主体还是实际的统治者)人生境界的提升才能从根本上转化现实政治的污浊与昏君虐政的残暴,从而给动荡不安、灾难重重的世界带来一线生机、希望与福祉。

下面笔者将主要参照冯友兰先生的人生四境界说,对政治境界的问题,做一概括地阐发。依冯先生之见,"人对于宇宙人生底觉解的程度,可

---

[1] 冯友兰先生在其 20 世纪三四十年代所著"贞元六书"之一的《新原人》(1942 年)一书中,将"人所可能有底境界"主要分为四种,即自然境界、功利境界、道德境界和天地境界。关于人生境界之说,亦可参见冯友兰:《中国哲学简史》,北京大学出版社,1985 年。

[2] 唐君毅:《生命存在与心灵境界》,中国社会科学出版社,2006 年。该书初版于 1977 年,是唐君毅先生的晚年巨著,在该书中,唐先生综贯古今中外哲学、道德和宗教上的各家各派的形而上学、知识论和人生哲学而将人的心灵生命的存在境界划分为九个层级,即万物散殊境(个体)、依类成化境(种类)、功能序运境(功利)、感觉互摄境(时空)、观照凌虚境(哲学)、道德实践境(道德)、归向一神境(耶教)、我法二空境或众生普度境(佛教)、天德流行境或尽性立命境(儒学)。前四境为一般人日常生活中的心灵境界,而后三境则为人的精神超越的道德宗教境界,中间二境既属于现实世界中的人们的心灵境界,有了此二境的自觉明朗,则人在前四境中的生活就会同时具有美善的价值表现,同时又是人的心灵存在向上超越由"世间之境"升进到"出世间之境"即进入道德宗教的智慧境界的阶梯。参见梁瑞明:《唐君毅的"心灵九境"及由"心灵九境"论说当今人类的危机及中国文化之提神向上》,载何仁富主编:《唐学论衡——唐君毅先生的生命与学问(上册)》,中国文史出版社,2005 年。

有不同。因此,宇宙人生,对于人底意义,亦有不同。人对于宇宙人生在某种程度上所有底觉解,因此,宇宙人生对于人所有底某种不同底意义,即构成人所有底某种境界。"①冯先生所谓"觉解",分开讲即指"自觉"和"了解"。据此我们亦可说,人对于政治的觉解程度以至政治对于人所可能具有的意义,即构成了人的某种政治境界。但需要说明的是,我们所谓的"政治"指的并不是一种孤立的、纯权力运作或行政事务性的领域,而是一个与宇宙人生关联一体并常常被置于宇宙人生问题的大背景下来加以反省的问题领域。因此我们所谓的"政治"乃是一种可以称作"大政治"的概念,而所谓政治的境界亦是以对宇宙人生的觉解程度为大背景的。另外,我们一般所谓的"政治的境界",是针对包括理想的政治主体和实际的统治者在内的所有人而言的,并非是专门或单纯就我们所谓政治主体的理想境界来讲的。

冯友兰先生"把各种不同的人生境界划分为四个概括的等级"②,我们同样亦可以把各种不同的政治境界划分为四个概括的等级。为了避免由于概念上另造新词而徒滋混乱,我们不妨依照冯先生的说法,亦同样将四种政治的境界从低到高分别概括为:自然境界、功利境界、道德境界、天地境界。当然我们不过是要借冯先生的说法来阐发自己的理解而已,或者说冯先生的境界说主要关注的是其内圣方面的含义,我们所要做的就是将冯先生境界说的未尽之意充分地抉发出来,这未尽之意便是其关乎天下兴亡、国家治乱和百姓祸福的外王方面的政治含义。

一个人为一己之私欲或权力欲望所支配,恣意妄为而滥用权力,浑浑噩噩,以至于亡国灭身而不自知③,也就是说,这种人对于他作为政治行为主体,并无觉解或不甚觉解,他不了解他的所作所为对于他自己究竟有什么意义,而只是一味地顺从其本能的欲望而行,政治对于他完全意味着一种欲望实现和放纵的最大的可能性。这种顺从欲望或依乎本能

---

① 冯友兰:《贞元六书(下)》,华东师范大学出版社,1996年,第552页。
② 冯友兰:《中国哲学简史》,北京大学出版社,1985年,第376—379页。
③ 如《管子·形势解》曰:"乱主淫佚邪枉,日为无道,至于灭亡,而不自知也。"

的政治境界,就是自然的境界。

　　一个人可能意识到完全顺从欲望或依乎本能而行所造成的恶果,与其自身的利益是相背离的,于是他便从利己的或致力于维护自身的权力与权威地位的动机出发来从事政治活动,虽然其动机是利己的,而其政治行为的后果却可能对他人也是有利的。从其自觉的政治行为的动机上来讲,政治对于他意味着最大限度地实现个人功利的目标。这种人的政治境界,便是功利的境界。

　　还有的人,可能完全是为了道德的或利他的社会目的去参与政治、从事政治活动,为此他总是反身以求,在道德上严于律己、以身作则,或努力通过道德修养的方式来不断地完善自己的品格。他是一个富有道德理性的人,他要么把政治视作实现社会福祉的工具和手段,要么把实现人类社会的道德生活视作政治的根本目的,因此政治对他便具有一种以追求实现美政善治为目的的道德价值。这种人的政治境界,便是道德的境界。

　　最后,一个人可能最终觉察到他之参与政治、从事政治活动乃是为了完成一项最崇高的使命,即参赞天地之化育,故他对于生长在宇宙天地之间者无不切己关怀、一视同仁,他有着平视万物众生、包容一切、民胞物与的博大胸怀,他有着通于神明的大智大慧,他是自然大道或天地之心的人格化身,他以身载道,至诚尽性①,以天民、天吏自任,天覆地载般孜孜于化育众生、平治天下并使德泽广被草木鸟兽虫鱼②。因此政治对于他成了一个最淋漓尽致地实现和发挥天地万物一体之仁和人类休戚与共的精神的场所。这种对政治的目的与意义的最高程度的觉解,便是天地的境界。

　　上述四种境界,当然只是一种纯粹"理想类型"的划分,依照这样一种境界的"理想类型"的等级序列,我们可以将实际的统治者与理想的政

---

　　① 《中庸》:"唯天下至诚,为能尽其性;能尽其性,则能尽人之性;能尽人之性,则能尽物之性;能尽物之性,则可以赞天地之化育;可以赞天地之化育,则可以与天地参矣。"

　　② 《中庸》:"大哉圣人之道!洋洋乎发育万物,峻极于天。"

治主体大体上归一下类。在实际的统治者中,诸子各家所共同斥责和批判的那些愚、暗、贪、暴、衰、乱、危、亡之人君世主便属于自然境界的人,因为他们的行为只是一味顺从和放纵自己本能的欲望而滥用权力,以至做出种种喜怒无常、违道逆理、背信弃义、是非颠倒、不合礼法、滥赏妄罚的事情来,且至死都不醒悟。在实际的统治者中,亦不乏功利境界的人,法家所谓的法术之士及其心目中推许的中人之君可算作功利境界的人的代表,他们共同追求实现君主个人利益的最大化,以便牟取霸王之大利,而君主个人利益最大化的追求却可能与实现国富兵强的公共利益目标是相一致的。儒墨心目中推许的士君子或贤人一类的人,在这类人之间虽然亦存在着层级品格上的一些差异,但他们基本上属于道德境界的人,他们既以道义为重、为贵,同时亦深切关怀国家之安康、人民之福利,他们贵仁行义,以爱人利他为己任,正所谓"君子之仕也,行其义也"(《论语·微子》)。最后,便是诸子各家都推崇和标榜的"达到人作为人的最高成就"的所谓"圣人",或那些理想中或实际政治生活中的"圣君明王"们,他们属于天地境界的人,因为他们是上达"天德""天道"而能够"体道"以化行天下者。当然我们上文中主要是依据儒道两家的圣人理念来描绘天地境界的,墨家的圣人以"天志"为仪法,其德"章明博大"亦可拟诸天地①,故亦可说是天地境界的人。唯法家之"圣人"有些特殊,但从其"归本于黄老"而"原于道德之意"的意义上讲,他们理想中的"圣人"或"圣君明王"亦是"体道"而治者,但如果结合其政术或治道的品级来讲,其"圣人"的境界与儒道两家的"圣人"相比,应该说只能归于"功利"境界的类型。②

对我们而言,上述境界之说究竟具有什么样的实际政治意义呢?试从以下四个方面略做分析:

第一,政治境界的划分,主要意在阐明具有什么境界的政治行为主

---

① 《墨子·尚贤中》:"圣人之德盖总乎天地者也。"

② 当然在中国古典政治哲人对政治的自觉和了解程度的本来意义上,他们虽有境界的不同,但并不一定按我们的划分境界等级的标准和方法而把自己归于某一种境界,如墨法两家就只是以纯功利、实用的标准来判定自家和他家的政治学说或治道主张究竟是有用还是无用、有利还是有害。

体相应地也就会有什么样的政治行为方式与事功作为，反之，我们也可以从一个政治行为主体的行为方式和事功作为上来确定其政治的境界。①因此境界说可以用于对实际统治者或现实政治主体及其行为方式和事功作为的品分与评价。事实上中国古典时期的政治哲人们正是自觉不自觉地以其各自理想的政治境界为标准来衡量、考察和评判当时的人君世主们的，而且对人君世主的品分与评价可以说是他们政论中至关重要的一项内容，对于我们理解他们政治思维的主体性特征来讲具有特殊的意义。

第二，政治主体的境界与其采取的政术或治道是密切相关的，因此境界的问题又必然会引出另外一个重要问题，即政术或治道的品级优劣问题。不管对政术或治道的品级怎么划分，但依中国政治哲人的基本看法，境界的高低必然决定政术或治道的品级优劣，如汉儒刘向在《说苑·政理》中所说："政有三品：王者之政化之，霸者之政威之，强国之政胁之。夫此三者各有所施，而化之为贵矣。"魏名士阮籍《通老论》则说："三皇依道，五帝仗德，三王施仁，五霸行义，强国任智：盖优劣之异，薄厚之降也。"②

第三，讲求境界的政治哲学的主要功用与任务，亦可说一如冯友兰先生所说："按照中国哲学的传统，它的功用不在于增加积极的知识(积极的知识，我是指关于实际的信息)，而在于提高心灵的境界——达到超乎现世的境界，获得高于道德价值的价值。"③"哲学的任务是什么？……按照中国哲学的传统，它的任务不是增加关于实际的知识，而是提高人的精神境界。"④在笔者看来，冯先生关于哲学的功用与任务的一般看法，其实更适合于用来阐明中国古典政治哲学的功用与任务，因为"境界"的问题显然并不是一个具有对所有人都要求他应该达到圣贤境界的普遍

---

① 如《管子·法法》："贤人之行，王主之道。"

② 陈伯君校注：《阮籍集校注》，中华书局，1987年，第160页。

③ 冯友兰：《中国哲学简史》，北京大学出版社，1985年，第6页。

④ 冯友兰：《中国哲学简史》，北京大学出版社，1985年，第375页。

性的意义,中国的古典政治哲人还没有提出那种"圣人满街走"或"满街都是圣人"的命题,如冯先生所言:"生活于道德境界的人是贤人,生活于天地境界的人是圣人。哲学教人以怎样成为圣人的方法。"①但对中国古典时期的政治哲人而言,成为圣贤显然还只是社会、政治和文化精英们应该做的事,因此圣贤的境界对于实际的政治行为主体来讲才是一种普遍性的要求,也就是说境界说的主要功用和任务主要就是向实际的统治者提出了一种理想的要求,旨在敦促他们努力提升自己的心灵或精神的境界,以节制自己本能的欲望和滥用权力的政治行为,真正担负起安定国家、平治天下、解万民于倒悬的重任。

第四,果如上言的话,则内圣外王之道便可说是中国古典政治哲学的全体大用之所在,因为圣人可说是诸子各家理想中的主体之主体,他们不是期望实际的统治者提升境界以做圣君明王,就是希望实际的统治者提升境界以任用圣人②,这是他们以主体为中心提出的他们那个时代所面临的社会政治的和思想文化的问题的最根本性的解决办法,亦是他们以主体为中心来为整个天下寻求出路而设计的根本性政治纲领与方案。在诸子各家的政治期望与构想中,由于君主理应处于主导性的中心地位,因此从实际的政治行为主体的层级上讲,他们主要关注和进言的对象便是各国居于政治秩序与权力结构中心地位的君主们,故不仅他们的政论是以君道为中心的③,而且所谓的内圣外王之道无疑亦主要是为大大小小的各国君主们准备的。而这也正是境界说所面临的最大政治困境,问题的症结就在于君主处于政治秩序与权力结构的中心地位这一点上,这有两个方面的含义,一方面是说君主决定着一个国家的治乱存亡④,

---

① 冯友兰:《中国哲学简史》,北京大学出版社,1985 年,第 378 页。

② 如《管子·形势解》:"明主之治天下也,必用圣人。"

③ 诚如徐复观先生所言:"不论守法用人,在封建及专制时代,皆决定于人君自身的条件。故中国过去言政治,最后必归于君道。"[徐复观:《两汉思想史(第二卷)》,华东师范大学出版社,2001 年,第 160 页。]

④ 如《管子·君臣上》:"治乱在主而已。"《管子·七臣七主》:"一人之治乱在其心,一国之存亡在其主。天下得失,道一人出。"

另一方面君主所处的是一种"兼制人,人莫得而制"(《荀子·王霸》)或独立于无过之地、人莫得而稽的位置①。由此推言,则一国之治乱存亡完全取决于人君的一念之差或一心之转。中国古典政治哲人之所以大谈特谈"主道"或"君道"的问题,原因就在:"所谓治国者,主道明也。"(《管子·明法》)而"君道"问题的核心便是如何说服人君世主遵循、奉行圣君明王之治的问题,这也正是中国古典政治哲人对自己的政治观念被付诸实施的根本途径的基本设想②,商君先后以帝道、王道、霸道和强国之术说秦孝公的故事(《史记·商君列传》)告诉了我们这一点,韩非的《说难》更是明证。就连崇尚法治的法家都是如此,更遑论其他各家了。

这究竟意味着什么呢?

正是基于一国之治乱存亡完全取决于人君的一念之差或一心之转的问题意识,故中国古典政治哲人们才要汲汲于标榜和推崇政治主体的理想境界,以砥砺、激发人君世主向上提升自己的心灵或精神境界,这一点最能凸显中国古典政治哲学思维的主体性特征,这一以主体为中心寻求解决问题办法的思维理路实质上是将政治问题境界化了,即希望通过政治行为主体特别是君主的精神境界的提升来奠定和确立整个政治生活的根基与方向。因此他们也许并不缺乏实际的统治者易于受本能欲望的摆布和权力的腐蚀以至于恣意妄为地滥用自己手中的权力的政治问题意识,但他们对政治问题的关注及其主要兴趣所在却不是国家与政府应该怎样组织或"改造现存的政体"的问题,而是如何提升主体的境界及对政治路线或统治方式的品分与取舍的问题,如孟子汲汲于尊王黜霸和义利之辨。同时也正因为一国之治乱存亡完全取决于人君的一念之差或一心之转,那么境界说的价值与功用之能否真正实现,关键也是完全要

---

① 如《管子·君臣上》:"官人不官,事人不事,独立而不稽者,人主之位也。"
② 美国学者马克·里拉在其所著《当知识分子遇到政治》一书的"致中国读者的短札"中讲过这样一段话:"正因为他们对政治怀着思想层面上的深刻兴趣,只有试图考虑到他们会怎样设想自己的观念被付诸实施后所产生的深远意涵,我们才能真正充分地理解他们的著作。"([美]马克·里拉:《当知识分子遇到政治》,邓晓菁、王笑红译,新星出版社,2005年。)对这话的意思若能善加体会的话,也可以帮助我们更加深刻地理解中国古典政治哲人的著作。

看君主用不用的主观意向了,即完全取决于人君之一心或一念之间的好恶取舍。

　　总而言之,以提升境界为主旨的中国古典政治哲学,虽然异说纷呈,但并不能像古希腊政治哲学那样增进我们关于政体方面的积极的知识①,它的功用与价值在于提升统治者的精神境界。如果有人相信它并真的努力提升自己的精神境界的话,内圣外王之道或许真的会发挥其全体大用之功效而制造出奇迹来,然而我们毕竟只能寄望于奇迹,在奇迹偶然发生之前或之后,所谓的全体大用恐怕只能是全无用处了。然而我们古典时期的政治哲人们却并不寄望于奇迹的发生,而是真诚地诉诸一种宿命式的信念,即作为至重、至大、至众之"神器"或"大器"的天下国家,唯有圣人才可得而治之的,或者说国家的祸乱、天下的倒悬、人民的悲苦命运应该、必须且只能够靠圣人来作王或君王转化为圣之一途才能从根本上得到挽救。从他们的这一政治信念可知,在他们的心目中,由圣作王的政治必为不许凡人议论和参与的神圣之物②。当他们将"内圣外王"的政治理想内化为一种终极的、普遍的人生与政治信仰的时候,这一理想对他们而言实已具有了一种十分强烈的宗教性的意味了。这决定了中国古典政治哲人以"内圣外王之道"为主题的政治哲学思想要想向以科学的方式探究政治事务或政治现象的方向发生内在的转向,一如古希腊从柏拉图推崇"哲学王"统治的政治哲学转向亚里士多德的政治科学那样,终归是不可能的。比较而言,中国古典政治哲人的政治思维的根本特征是主体性、境界型的,并带有浓重的宗教性的意味;而古希腊政治哲人的政治思维的根本特征是制度性、科学型的,并具有鲜明的比较政府学的意味。就提升主体境界的观念本身而言,从人生的角度讲也许是一个好的观念,具有许多的积极意义,但从政治的角度讲却可能是一个坏

───────────────

　　① 诚如英国学者麦克里兰所言:"一趟古希腊之旅,就是上一堂比较政府课的好机会。"([英]约翰·麦克里兰:《西方政治思想史》,彭淮栋译,海南出版社,2003年,第19页。)也就是说,一趟古希腊之旅,西方古典的政治哲人是能够让我们增进许多的有关政府形式、城邦制度或政体科学的实际知识的。

　　② 如孔子曰:"天下有道,则庶人不议。"(《论语·季氏》)

的观念,甚至是极为有害的。有时我们可能因为它在人生方面的积极意义而忽视了它在政治方面的消极影响,或者因它在人生方面的好处而深受它在政治方面的害处。笔者这样说并不是要对它采取简单蔑弃的态度,因为套用一句俗语讲,对促进民生的福祉和实现国家的治理来说,统治者有境界并不是万能的,若是统治者完全没有境界的话,那也将是万万不能的。但笔者认为,中国古典政治哲学的主体性思维特征是绝对值得我们去做认真系统的总结、清理并予以批判性反思的,正像刘泽华先生对中国政治思想与政治文化传统中的君主专制主义或王权主义所做的认真系统的清理、总结和批判性反思那样。